恐ロシア航空機列伝

ユーリィ・イズムイコ

はじめに

本書は、主として冷戦期のソ連で開発されながら実現に至らなかった軍用機プロジェクトをまとめたものである。

軍事面から見た冷戦は、米ソというグローバル超大国の対立であり、戦争という営為が人類を滅ぼすかもしれないという史上初の局面であった。こうしたなかで米ソは互いの技術力の粋を集めた先端兵器開発に邁進し、軍事的優位の獲得にしのぎを削った。その結果が、航空史上に刻まれる傑作機を生んだわけだが、成功の陰には多数の失敗した試みが存在する。

こうした未完のプロジェクトを追うことの意義はいくつか見出せよう。それらは単にひどく魅力的であるだけでなく、ソ連が来るべき第三次世界大戦をいかにして戦おうとしていたのかという舞台裏を、ミクロな視点から読み解くことを可能とするためである。

そして、これらのプロジェクトが結局は未完に終わった背景を知ることは、過去や現在において実用化された軍用機の存在理由を知ることにもつながる。あるプロジェクトはアイデアとして優れていてもあまりに高コストであり、またあるプロジェクトは政府の無理解によって陽の目を見ることがなかった。一種の惰性によって時代遅れのプロジェクトが弄り回され続けることもあれば、技術的困難の壁に突き当たったものもある。実用化されなかったのはそれなりの理由があるのであり、そうであるがゆえに生き残ったプロジェクトの存在意義を浮かび上がらせてくれる。

また、冷戦末期に構想されていたプロジェクトは、現在のロシアの兵器開発と思わぬ連続性を持っている場合もある。ソ連崩壊によって中断を余儀なくされたプロジェクトの技術遺産はまだ部分的に生きており、部分的な手直しによって現在でも通用しうるものが存在するためだ。

いうなれば、本書はソ連における未完のプロジェクトは、過去と現在、そして将来をも読み解くよすがとなるのではないか、というのが筆者の望みである。

もちろん、単にソ連が産み出した幻の怪鳥図鑑として本書を眺めていただいても一向に構わない。なにしろ、本書に収められた翼たちは、きわめつけに個性的なものばかりであるから。

本書は酣燈社発行の「航空情報」の連載（２００９年８月～２０１４年６月）をアップデート・再編集し、イラストなどを追加した内容になります。

目次

1 〝お尻から着陸する!?〟テイル・シッター戦闘機「シクヴァル-1」

ミサイル万能論により軽んぜられた航空機開発

1950年代末から1960年代初頭といえば、米ソ冷戦が全面核戦争の危機とともに語られ始めた時代である。のちの感覚からすれば、こういう時代の軍需産業というのは国家からいくらでも予算がついて笑いが止まらない——という気もするが、実際はそうでもなかったらしい。

ことに航空機技術者たちにとってはそうだった。急発展を遂げるロケット技術が、「ミサイル万能論」の台頭へとつながったからだ。アメリカのF-4ファントムII戦闘機が機関砲を搭載しない前提で設計されたことは有名だし、イギリスに至っては1957年の国防白書で戦闘機の自主開発を打ち切り、以降の防空をすべてミサイルで賄うとまで宣言していた。

事情は「鉄のカーテン」の向こう側でもさほど変わらなかった。当時のソ連指導者であったフルシチョフ書記長は、第二次世界大戦によって荒廃した国土の復興と肥大化した軍の削減という二重の課題を達成すべく、大陸間弾道ミサイル（ICBM）の大量配備と引き換えに通常戦力を大幅に削減しようとしていたのだ。この結果、装備開発費は大半が核兵器とその運搬手段に投じられ、通常の戦術航空機の開発は軒並み中止という憂き目に遭っていた。

こうしたなかで1960年、スホーイ設計局内に小さなグループが立ち上げられた。メンバーはローラン・マルチロソフを中心に、A・ブリノフ、L・アンドリアノフ、V・ババク、I・エメリヤノフ、V・ソーピンなど10名で、ほとんどがモスクワ航空大学（MAI）を卒業してから1、2年の新人技術者ばかりだった。グループの目的は「根本的に新しい航空機を設計すること」。革新的な航空機計画に予算が下りない現状への〝異議申し立て〟であった。

機体の姿勢に合わせて座席が可変する

マルチロソフのグループはさまざまなプランを検討したようだが、その中で最もユニークでしかも現実味を帯びていたのが、今回のテーマである「テイル・シッター型ＶＴＯＬ戦闘機計画」だった。

米ソが全面戦争に至った場合、前線付近の飛行場が真っ先に攻撃を受けることはほぼ確実であり、このため破壊された滑走路や空き地からでも飛び立てるＶＴＯＬ（ロシア語の軍事用語ではＳＶＶＰ）機の開発は急務とされていた。ソ連では主にヤコヴレフやミコヤン、スホーイなどの主要戦闘機設計局が（冷遇を受けながらも）開発にあたっていたが、これらはいずれも機体背部にリフトエンジンを搭載し、機体は水平に保ったまま離着陸を行なうというものであった。のちのＹａｋ-38はこの形式だし、西側のハリアー（ホーカー・シドレー ハリアー）もリフトジェットこそ搭載しないものの、やはり水平姿勢で離着陸する方式を採用していた。

これに対してアメリカでは、機体自体を垂直にして離着陸を行なうプランが１９５０年代に検討されていた。コンベアＸＦＹ-1や、ロッキードＸＦＶ-1、ライアンＸ-13がそれで、いずれも通常の降着装置を持たず、機体尾部で地面と接触しているためテイル・シッター型ＶＴＯＬと呼ばれる。

コンベア社が開発した、水平飛行中のＸＦＹ-1「ポゴ」。デルタ翼と大きな垂直尾翼を持ち、十字形の機体をしていた。計画は1955年に中止された。

XFY-1と競作の形でロッキード社が開発したXFV-1「サーモン」。飛行試験で垂直に離陸することはできたが、空中で姿勢を変えて水平飛行に移ることができなかった。

ライアン・エアロノーティカル社が開発したX-13A。ワイヤでつながれた状態で飛行実験を行なっている。垂直離陸から水平飛行へ移行し、再び垂直飛行へ移行してランディングワイヤにフックを掛けての着陸という飛行実験は成功したが、1957年に計画は中止された。

これらテイル・シッター機はメインエンジンの推力線が垂直方向を向いているため、離着陸用のリフトエンジンを別途搭載する必要がなく、機体重量上の不利を被《こうむ》らないという利点を持っている（降着装置が要らない分、有利でさえある）。その反面、着陸時には背後がまったく見えないまま機体を垂直に降下させるという危険な作業を要するため、アメリカは実用化を諦めていた。特にアメリカはこれらテイル・シッター型ＶＴＯＬを揺れる艦船の上で運用するつもりだったから、困難はなおさらだった。

これに対してマルチロソフたちのグループは、機体の姿勢に合わせて座席を可変させることで問題を解決しようとした。すなわち、機体が上を向いているときは射出座席が底部を軸として前のめりに傾き、パイロットは左右下方を見ながら機体の位置を把握できるというアイデアである。発案者はアンドリアノフであったらしい。このほかに当時最新の自動制御技術を導入するつもりであったようだが、その詳細は伝わっていない。

この案は高く評価され、スホーイ設計局はマルチロソフたちのグループに「臨時設計局」の資格を与えて研究作業の継続を認めた。ただし、すべての作業は勤務時間外に限るように命じられていたという。まだ右も左も分からない新入社員たちにとっては終業後の活動はかなり過酷な条件であったはずだが、彼らは精力的に働いた。その結果、まとめ上げられた設計案は、グループの設立目的通り、極めて革新的なものだった。

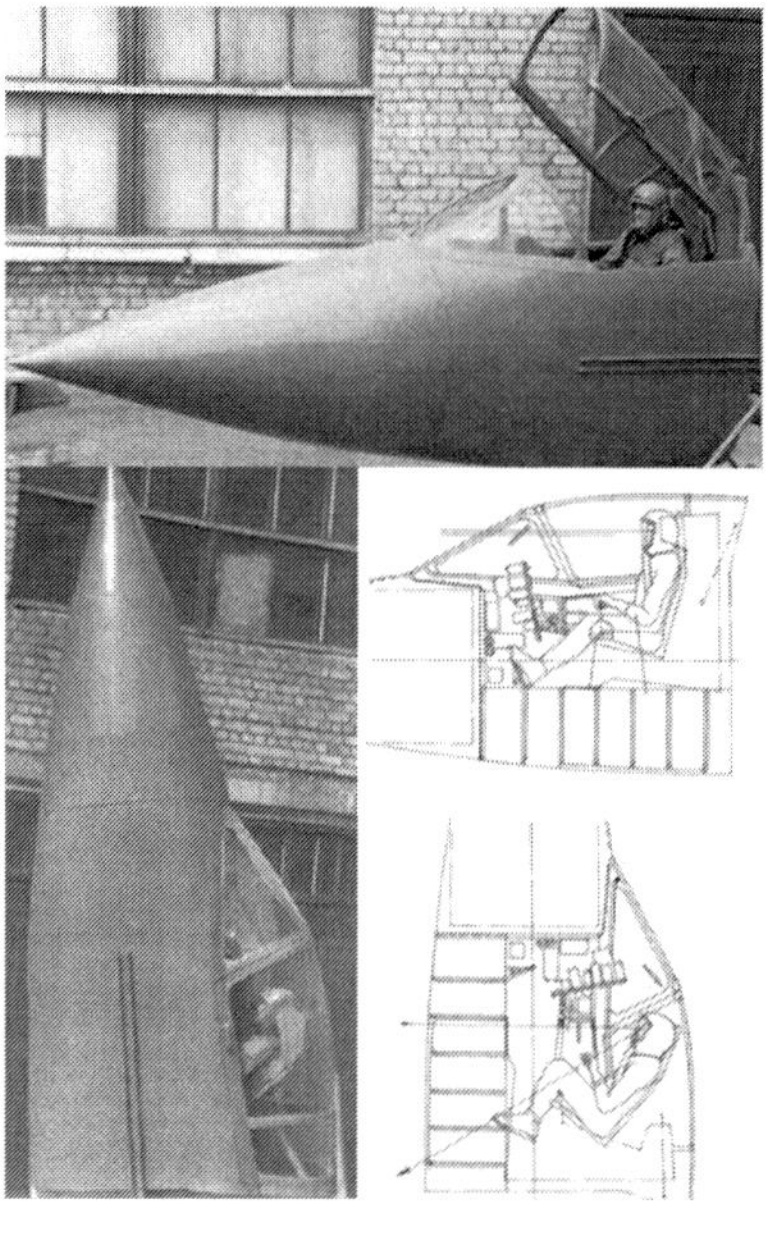

上が「シクヴァル-1」の飛行時、左下の着陸体勢時で、右下がそれぞれのときの図面。座席が前に傾いているのが分かる。

「シクヴァル-1」計画

まず、何より目を引くのはＸ型に配置された４枚の主翼である。この特異な配置が選ばれた理由ははっきりしないが、おそらくは全幅を小さく抑えるためではないだろうか。実際、設計案によれば全幅はわずか５・８メートル、全長も15メートルしかないため、前線ではミサイルのようにトレーラー式発射台に載せて運搬することが可能であったと思われる。

またそれぞれの翼端には円筒形のフェアリング(空気抵抗を減らすための覆い)がついており、その大部分は燃料タンクとして使用されているが、後端には降着装置として用いられる緩衝装置と高圧空気の噴射口が取り付けられている。これは離着陸時の姿勢を制御するためのもので、それぞれの噴射口は推力偏向ノズルとして機能するようになっていた。噴射される空気はエンジンとは独立したコンプレッサーから供給される予定だったが、バックアップとしてエンジンから空気供給を受けることも可能であったらしい。

エンジンは胴体後端に2基並列して搭載される。ツマンスキー設計局の協力を得て、新型ターボファンエンジンを採用することを考えていたようだ(後述)。

機首の左右に装備されるインテイクは当初、MiG-23に似た一次元式だったようだが、研究に進むにつれ、当時としては最新型の二次元式が採用された。また本機は通常の尾翼の代わりにカナードを採用する予定だった。その装備位置についても機首に装備する案とインテイク横に装備する案とがあったが、最終的には後者が選ばれたようだ。この後者の案を「シクヴァル-1A」と呼ぶこともあるらしい。

射出座席は前述の通り、前方に傾いて左右下方の視界を得る方式が採用された。ただし現在まで残っている図面にはパイロットの正面方向(普段であればコクピットの床にあたる部分)にも視界をあらわす線が延びており、このあたりにも小さな窓が設けられていたのかもしれない。

最高速度に関する想定は明らかでないが、形状からしておそらく超音速機として設計されていたはずだ。用途としては戦闘爆撃機のような使い方を想定していたと思われるが、固定武装や兵装搭載方法、搭載量などを含めて、運用についての想定もまったく分かっていない。

マルチロソフたちはこの機体に「シクヴァル(Shkval)-1」と名付けた。「シクヴァル」とはロシア語でスコールの意味である。

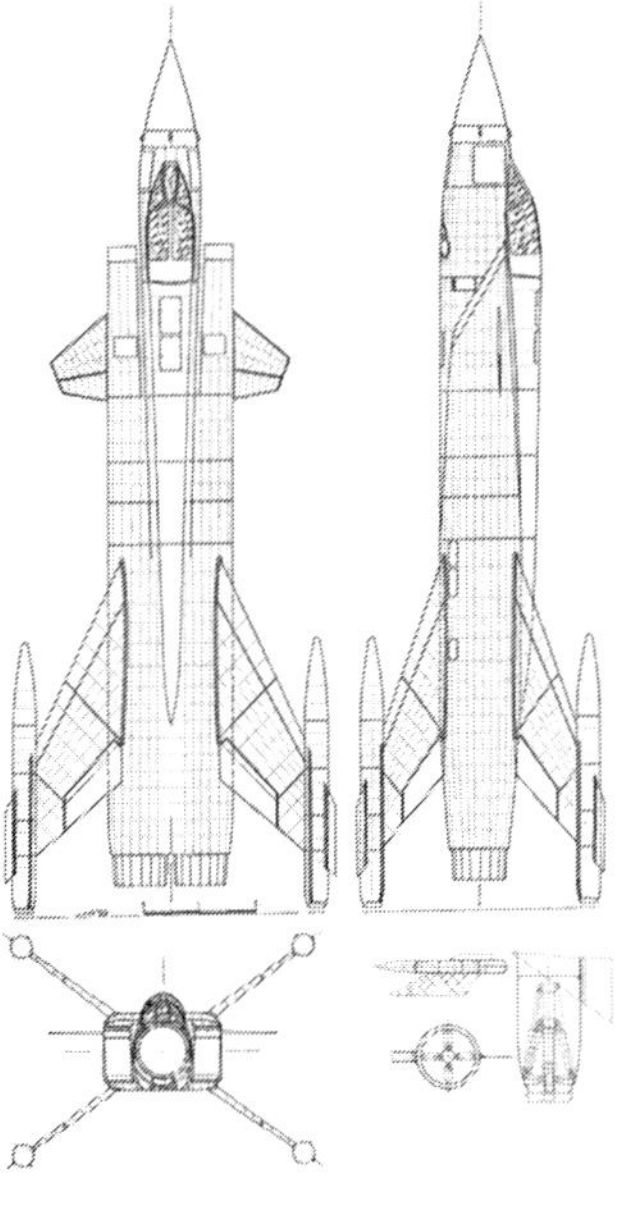

「シクヴァル-1」の三面図。前方から見ると、主翼がXの形に配置されているのが印象的。

「シクヴァル-1」のイメージ図。垂直尾翼や水平尾翼を持たない変わりに、インテイク横にカナード翼が設けられた。

立ちはだかった予算の壁

問題は予算だった。

「シクヴァル-1」は確かに優れた設計案だったが、軍からの発注があるわけではない。風洞実験やモックアップの製作など、具体的な開発作業に入るためには公的資金の裏づけが不可欠だった。

そこでマルチロソフたちは、設計局長であるパーヴェル・スホーイへの直訴を試みる。しかし、このスホーイという人物そのものがまた難物だった。グループの一人であったエメリヤエンコの回想によれば、スホーイは無駄話が大嫌いで、部下には常に的確で簡潔な報告を要求する上司であったという。また話がつまらないと相手がどれほどの階級の人物であっても興味を失って話を聞くのを止めてしまう悪癖があった。スホーイ自身も自分の偏屈さを理解しており、若い設計官たちとはなるべく関わらないようにしていたという。

「シクヴァル」計画案を携えて訪問したマルチロソフたちへの反応も素っ気ないものだった。すなわち、設計局は自主開発機に出資することはできず、通常のルートから資金を得るように、というのが彼の返事だった。

しかしソ連政府の方針が戦略核重視である以上、「シクヴァル-1」のような戦術機に予算がつくわけがない。事実上、「シクヴァル-1」は見捨てられたようなものだった。

冷遇されていた航空技術者たちの共感を呼ぶ

だが、救いの手は意外な方面から差し伸べられた。

VLKSM（全ソ連邦レーニン共産主義青年団）中央委員会の第一書記セルゲイ・パヴロフがイリューシン設計局のノヴォジロフ設計官を伴ってスホーイ設計局を訪問し、「シクヴァル-1」計画への支援を約束したのである。共産党青年組織の高官がどこで「シクヴァル-1」計画のことを聞きつけ、なぜ関わりを持とうとしたのかは不明である。スホーイが口を利いたのか、さもなくばメンバーのなかに個人的なコネクションを持つ者がいたのかもしれない。あるいはVLKSMの中に若い技術者たちを援助するような仕組みがあったのかもしれない。

ともあれパヴロフの助力によって、グループは機首部分の実物大モックアップを製作する予算を得ることができた。またノヴォジロフは「シクヴァル-1」計画を高く評価した報告をMAP（航空工業省）に送り、さらなる支援を約束してくれた。

その効果はてきめんだった。

「シクヴァル-1」計画が広く知れ渡ったことで、ソ連中の航空産業から援助を受けられるようになったからだ。たとえばエンジンについてはツマンスキー設計局のツマンスキー局長本人が協力を約束してくれたし、そのほかにも多くの国営企業や研究機関のトップと接触して支援を仰ぐことが可能になった。

またモックアップの製作にあたっては、ゲオルギー・ベレガヴォイやウラジーミル・イリューシンなど多くのテストパイロットが協力してくれた。なかでも後に宇宙飛行になるベレガヴォイはモックアップで可動式座席を実際に試した結果、「これなら離着陸時の視界が十分に得られる」と太鼓判を押してくれた。また中央流体力学研究所（TsAGI）や中央航空エンジン研究所（TsIAM）、LIIなどの研究所からも多くの研究者たちが個人的に協力を申し出てくれるようになっていた。

おそらくマルチロソフたちの「シクヴァル-1」は、冬の時代を迎えていたソ連航空産業界のなかで一種のシンボル的な意味を帯び始めていたのではないだろうか。前述のテストパイロット、イリューシンが「若者たちは大したものだ」と述べているように、新型機の開発が軒並み中止されていくなか、独力で革新的なVTOL戦闘機を開発しようとするマルチロソフたちの姿は、すべての航空技術者たちの共感を呼んだのだろう。

計画は潰えたが、経験は活かされた

しかし国家の壁は厚かった。

１９６３年８月、マルチロソフのグループは「シクヴァル-1」計画に関する研究活動の最終報告書をＭＡＰに提出し、計画の存続を求めた。

報告書を受け取ったＧＫＡＴ（国家航空装備委員会）の委員たちのなかには「シクヴァル-1」設計案を高く評価し、続行を求める声も強かったが、それは政府の方針に逆らうことを意味していた。当時、フルシチョフは依然として戦略核重視主義をとっており、戦術航空機の優先順位は低いままだった。

結局、「シクヴァル-1」計画は中止に追い込まれる。ソ連で戦術航空機の開発が活発に再開されるには、翌１９６４年のフルシチョフ失脚を待たねばならなかった。

だがすべてが無駄になってしまったわけではない。

再びエメリヤエノフの回想によれば、「シクヴァル-1」計画の過程では20の新しい技術が考案され、後の新世代機に活かされることになったという(ただし具体的な項目についてはエメリヤエノフは触れていない)。

計画に携わった若き技術者たちにとっても、「シクヴァル-1」計画は貴重な経験だった。計画・設計・資材発注・実験などをすべて自分たちでこなすことで、航空技術者として大きな成長を遂げていたからだ。グループの中心人物であったマルチロソフをはじめ、エメリヤエノフやババクなどはいずれものちに主任設計官の地位を得ており、なかでもマルチロソフはＳu-34戦闘爆撃機の設計を、ババクは傑作攻撃機Ｓu-25の設計を手がけた（Ｓu-25の兵装管制システムにも「シクヴァル」という名がつけられているが、関係は不明）。ブリノフは空力および構造の専門家として副設計官の地位についたし、ソーピンとアンドリアノフも優秀な技術者に成長したという。

日の目を見ることなく潰えた「シクヴァル-1」計画ではあったが、その遺伝子は航空技術者にとっての冬の時代を乗り越え、確かに受け継がれたと言っていいだろう。

なお、本稿の執筆にあたっては、エメリヤエノフ自身が『航空宇宙評論（Aerokosmicheskoe Obozrenie)』誌（２００３年２月号）に発表した回想録"Eksperimeental，nyi <<Shkval>>"を大いに参考にさせていただいた。

2 天才技術者モスカリョフの「DSB-LK」戦略爆撃機案

急ぎ必要とされた戦略爆撃機

1957年、ソ連空軍は、将来の革新的な爆撃機に関する研究をLKVVIA（モジャイスキー記念レニングラード赤旗技術アカデミー）に依頼した。

当時、すでに米ソ冷戦の高まりは誰の目にも明らかになっており、米ソは水素爆弾を含む核のにらみ合いを始めていた。しかし、アメリカがB-47やB-52などの長距離爆撃機を多数保有していたのに対し、ソ連は1956年頃からようやく米本土に到達可能なM-4やTu-95の配備を始めたばかりの段階であり、数的に大きく劣勢であった。

また、ソ連は1957年に世界初の人工衛星「スプートニク1号」の打ち上げを行ない、間接的に大陸間弾道弾（ICBM）による米本土攻撃能力を誇示したが、アメリカ内でのいわゆる「ミサイル・ギャップ」論とは裏腹に、実戦配備に就いているICBMはほぼ皆無であることを米ソの首脳は知っていた。

ミヤシーシェフ設計局が開発した戦略爆撃機M-4「バイソン」。ジェットエンジンを搭載した画期的な爆撃機であったが、航続距離が短く、戦略爆撃機としての役割を果たせないと見なされた。

しかも、ソ連空軍の側から見れば、30分程度でアメリカの心臓部を直撃できるICBMの出現は、爆撃機の存在価値をさらに低下させることになりかねない。実際、フルシチョフ・ソ連共産党書記長は、これより2年後の1959年にICBMを運用する戦略ロケット軍を創設する一方、「今や飛行機は博物館行き」であるとして、爆撃機の優先順位を下げることを示唆している。

その根底にあったのは、大戦中に膨れ上がった軍事力をICBMの配備と引き換えに大

ツポレフ設計局が開発した戦略爆撃機Ｔu-95「ベア」。後退角の主翼・尾翼と二重反転プロペラを備えた四発ターボプロップ機で、時速926キロとプロペラ機としては高速であった。

幅削減し、戦後の経済復興に役立てようという、それ自体はまともな思想であったのだが、問題はフルシチョフがＩＣＢＭの抑止力をかなり過大に見ていたらしいことで、息子のセルゲイの証言によれば、フルシチョフは「ロケットさえあれば、陸軍など２０００人まで減らしてもかまわない」と述べていたという。もちろん、フルシチョフ一流の大風呂敷であることは差し引いても、首の掛かっている軍人たちとしては心中穏やかではなかったはずだ。

　以上のような内外の事情から、空軍としては飛躍的に高い性能を持つ戦略爆撃機がどうしても必要だったわけである。

夢物語のようなスペック

　依頼を受けたLKVVIAでは、アレクサンドル・セルゲーイエヴィチ・モスカリョフを中心とする研究チームを発足させ、革新的な爆撃機に必要な要素の検討を開始した。

　モスカリョフ・グループの想定によれば、この革新的な爆撃機は高度２万から３万メートルをマッハ２から４で飛行できねばならないとされた。また、武装には自由落下爆弾や巡航ミサイルだけでなく、射程約２５００キロの空中発射弾道ミサイル（ＡＬＢＭ。ロシア語の軍事用語ではＳＢＳ）も含むものとされ、このため兵装搭載量は５０００〜１万５０００キログラム、最大離陸重量は１５０〜５００トンにも及ぶことが想定されていた。

　現在の眼から見てさえ、かなり途方もない性能であると言えるが、モスカリョフ・グループは、全翼や可変後退翼、無尾翼、飛行艇形式など、あらゆる技術的可能性を検討し、膨大な量の素案を書きあげていった。そして、この結果まとめられたより具体的な想定スペックは、やはり途方もないものであった。

　これによれば、新型爆撃機の最大離陸重量は300トン以内で、離陸速度 時速350キロ、着陸速度 時速250キロ、滑走距離1600メートル、高度3万～3万5000メートルをマッハ4・4からマッハ4・6で飛行する。エンジンは2種類の混合動力式で、マッハ2～3・2付近までは6～10基のターボジェットまたはターボファンを使用し、その後、ラムジェットとの併用でマッハ3・8を狙う（これでは上記の最高速度には達しないが、想定している高度の問題か、もしくはマッハ3・8以上ではさらに他の方法を考えていたのかは不明）。

　また、自己防御用に4～5基の短距離空対空ミサイル（射程約10キロ）と2基の機関砲塔（発射速度 毎分7000～9000発）、電子妨害システムを搭載すること、爆撃管制システムとしてM-4と同じ「ルビーン1」レーダーを搭載することなども決定された。

　この当時、ソ連はまだ超音速爆撃機を実用化できておらず、2年後に初飛行するミヤシチェフM-50も結局はエンジンが想定通りのパワーを発揮できずに失敗に終わったことを考えるならば、ほとんど夢物語のように聞こえるスペックではある。しかし、フィージビリティ・スタディ（実証試験）を行なったモスカリョフ・グループは、これを1950年代末の既存技術の組み合わせで実現可能なものと判断し（!）、より詳細な設計作業を開始した。

「ＤＳＢ-ＬＫ」戦略爆撃機計画を担当したアレクサンドル・セルゲーイェヴィチ・モスカリョフ。

水上離発着陸型の「ＧＳＢ-1」案

作業は、中央流体力学研究所（ＴｓＡＧＩ）やジューコフスキー記念空軍アカデミー（ＶＶＩＡ）、ミヤシチェフ設計局の協力のもとに行なわれ、最終的に2つの設計案がまとめられた。

その第一は、「GSB-1」と呼ばれる案で、降着装置として折り畳み式の水上スキーを装備し、湖などの水上から発進することを想定していた。これはアメリカからの先制核攻撃によって飛行場が全滅した場合を想定したもので、巨大な内海をいくつも抱えるソ連らしい発想と言えるだろう。

エンジンはクリモフのVK-15FまたはVK-15M（推力1万5800キログラム。アフターバーナー使用時）を8基搭載し、離水時のみ、補助ロケットを併用する。これによって最大速度マッハ2・8（高度2万メートル）、航続距離1万4300キロの性能を発揮する予定だったが、チタン合金の構造材が使用できるようになれば、最大速度はマッハ4・2（高度2万8000メートル）まで、航続距離は1万5000キロまで向上させることが可能であると見積もられていた。

滑走距離は2200メートルと前述の想定スペックよりかなり長いが、水上からの発進であるため、さして問題にならなかったのだろう。武装としては、射程500～600キロ級（300キロトン級熱核弾頭）や、射程1000キロ級（1～5メガトン級熱核弾頭）、射程3000キロ級（10メガトン級熱核弾頭）の3種類の巡航ミサイルが予定されていたほか、弾道ミサイルの搭載も依然として考慮されていたようだ。自衛システムや爆撃管制システムについては、前述の想定スペックをそのまま踏襲している。

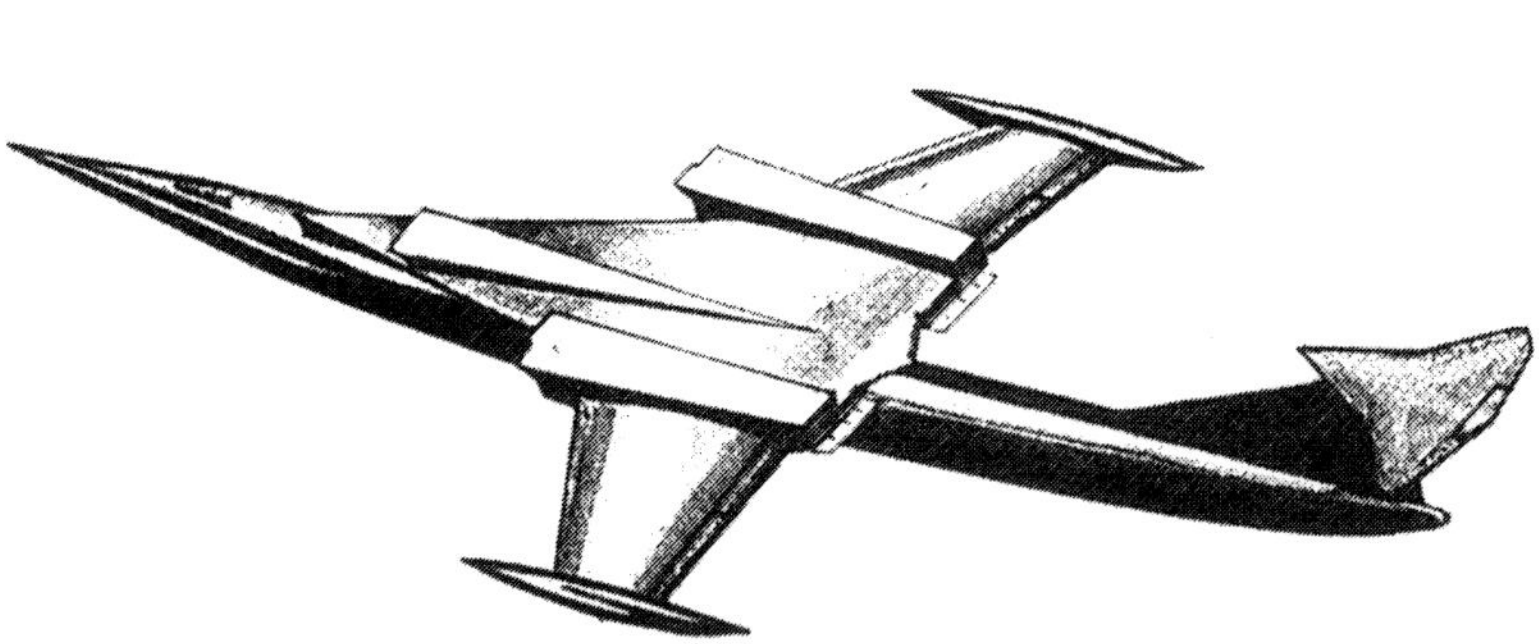

「GSB-1」構想のイメージ。降着装置として折り畳み式の水上スキーを採用していた。

ＳＦ映画の宇宙船のような「ＤＳＢ-ＬＫ」案

一方、陸上発進型として検討された案が「ＤＳＢ-ＬＫ」である。

何よりも目を引くのがその形状だ。ＧＳＢ-1も相当にＳＦ的な外見ではあったが、ＤＳＢ-ＬＫに至ってはＳＦ映画（それも決して最新のものではない）に登場する宇宙船のようだ。

機体全体は全翼形式になっており、矢じりのような鋭く平たい胴体を、ボックス型のエンジン・フェアリングを介して外翼に接続している。この特徴的な平面形（特にエンジン・フェアリングから外翼にかけて）は、同時期にミヤシチェフが計画していたM-56超音速戦略爆撃機案と明らかな共通性が見られ、最大速度もマッハ２・８とＤＳＢ-ＬＫと同じ水準を想定したものであったが、どちらが先に構想され、影響を与えたのかは分からない。すでに述べたように、ミヤシチェフはこのＤＳＢ-ＬＫ構想に正式に参加していたから、同じアイデアが並行して現れたのかもしれない。

また、ＤＳＢ-ＬＫの外見上のもうひとつの特徴は、その驚くべき平たさで、全長45・9～52メートル（諸説あり）、全幅（36・8～37・6メートル）に対して、全高は降着装置まで含めて6・7メートルしかなかった。まさに矢じりである。乗員は３名で、機首先端付近のカプセル状のコクピットに収容される。

エンジンには、ＧＳＢ-1と同じくクリモフVK-15Mが想定され、これを3基ずつ、内翼と外翼の間のフェアリングに収める予定だった。最大速度はマッハ２・８とＧＳＢ-1と同じである。おそらく、この段階ではやはりマッハ3～4を狙うのは技術的にかなり厳しいという結論になったのではないだろうか（それでも大変な高速爆撃機ではあるが）。

それ以外の性能は、離陸速度 時速３３５キロ、着陸速度 時速１８０キロ、離陸重量２５０～２８０トン、滑走距離１１２０メートル、最大航続距離1万６８００キロ、搭載量5～15トンで、概ね想定スペック内に収まる予定であった。搭載ウェポンについてははっきりしないが、おそらくＧＳＢ-1とほぼ同じであったと思われる。

「ＧＳＢ-１」構想のイメージ。降着装置として折り畳み式の水上スキーを採用していた。「ＤＳＢ-ＬＫ」構想のイメージ。

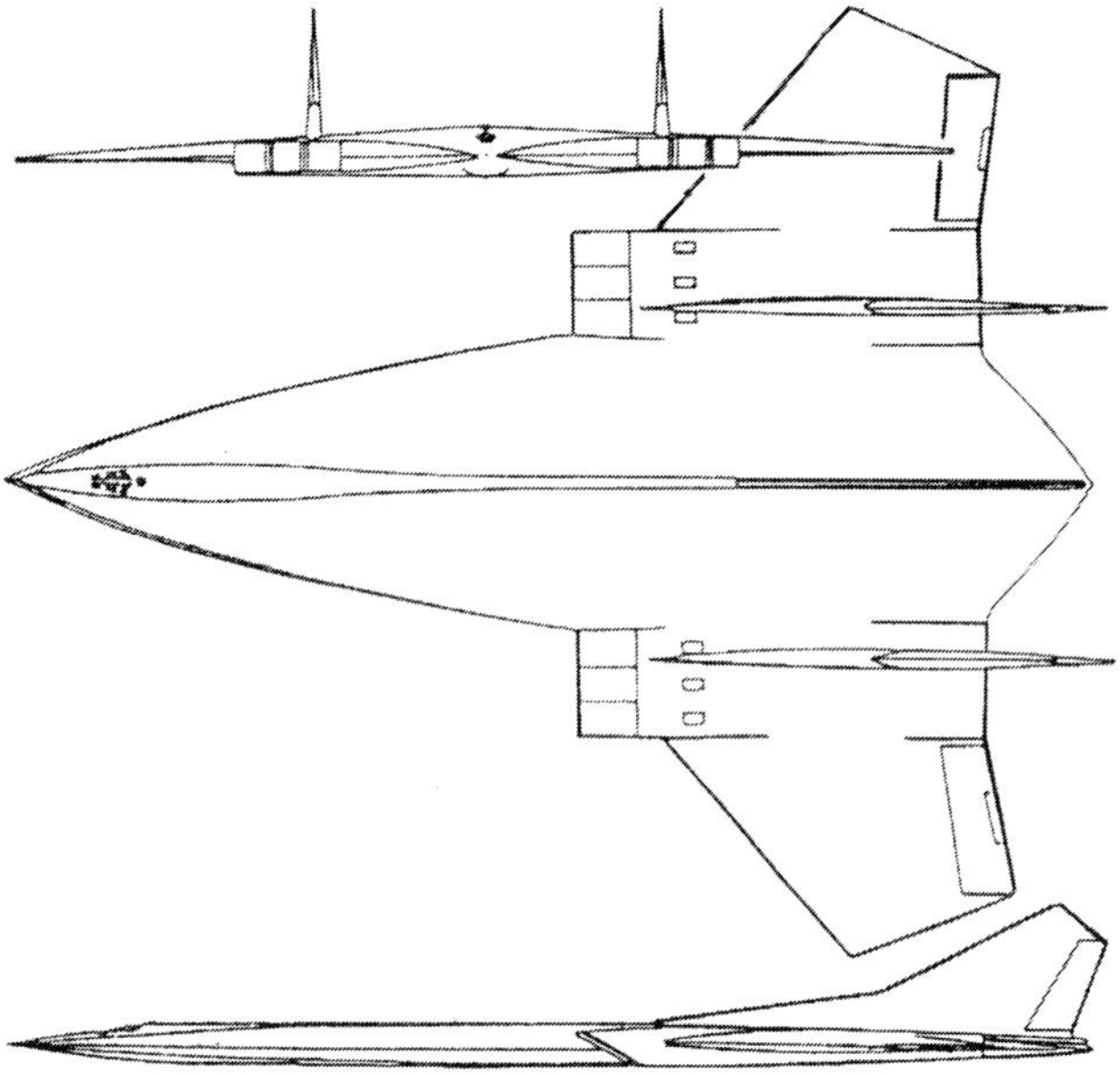

「ＤＳＢ-ＬＫ」構想の三面図。全長・全幅と比べて、全高は降着装置を含めて６．７メートルしかなく、まるで古めのＳＦ映画に出てくる宇宙船のような形状をしていた。

天才技術者・モスカリョフ

しかし、計画はこれ以上進むことはなく、１９６０年に正式に中止された。その詳しい理由は伝わっていないが、同じ時期に中止を余儀なくされたミヤシチェフM-56（前述）のエピソードが参考になるだろう。

当時、ミヤシチェフはM-56の巡航ミサイル搭載型（M-56K）の開発を進めていたが、１９５９年7月の国家航空技術委員会（GKAT）でTsAGIやスホーイ、イリューシンなどが、システムとしての信頼性を理由に計画推進に強く反対した。当時、ソ連はICBM計画と大陸間巡航ミサイル計画（ラヴォーチキン設計局の「ブーリャ」）を推進しており、多額の予算を費やして無理に高速の有人爆撃機を開発することはないと考えられたのである。

まさに空軍が思い描いていた悪夢が実現してしまったわけだが、技術的に言えば反対論のほうに分があるのは確かであろう。その後、ソ連はICBMへの重点投資によって１９７０年代以降、アメリカに対する地上発射核戦力での優位を確立するが、戦略爆撃機については、最後までアメリカの優位が揺るぐことはなかった。

ところで、DSB-LK計画をとりまとめたモスカリョフという人物は、１９３０年代から40年代にかけて20もの実験航空機を設計した天才的な航空技術者で、なかでも１９４０年に初飛行した木製プッシュ・プル式戦闘機SAM-13は有名であろう（これもよく見ると相当に「レトロ・フューチャー」な機体だった）。また、デルタ翼のロケット戦闘機SAM-4を１９３３年の時点で構想するなど、どうもこの人物の視線は、常に周囲より数十年先を見ていたフシがある。

ちなみにモスカリョフが初めて設計した機体は、出力わずか１００馬力、最大速度 時速１３２キロのMU-2飛行艇であった。１９３１年のことである。そのわずか四半世紀後、同じ人物がマッハ4・6の巨大爆撃機の設計案を練っていたというところに、20世紀的狂気を感じないではない。

3　宇宙往還機を運ぶ超大型輸送機3M-T／VM-T「アトラント」

宇宙往還機とロケットを空輸する

１９７０年代、ソ連では、大型宇宙往還機「ブラン」の開発が本格化していたが、その中でひとつの問題が持ち上がっていた。

工場から宇宙基地までの輸送手段である。

「ブラン」は、超大型ロケット「エネルギヤ」によってカザフスタンのバイコヌール宇宙基地から打ち上げられるわけだが、前者はモスクワ市内のトゥシンスキー機械工場（ＴＭＺ）で、後者はサマラ（モスクワの南東、ヴォルガ川東岸の都市）のプログレス工場で製作される。しかし、バイコヌールからモスクワはおよそ２１００キロ、サマラでも１３００キロもの距離がある。これほどの距離を陸送するとなれば、橋やトンネルが障害となる上、長期間の日射や振動によってシャトルやロケットが劣化する恐れがあった。

そこで、「ブラン」や「エネルギヤ」を小部品の形でバイコヌールまで運びこみ、現地で組み立てるという方法が検討された。これは有人月面着陸用のN-1ロケットで実際に採用された方法で、「エネルギヤ」については部分的にこの方式が採用されることになった。

しかし「ブラン」については、新しい組立工場を丸ごと新設するのは不経済であるとの理由で却下された。さらに「エネルギヤ」も、巨大な燃料タンク（こればかりは分割できない）を輸送しなければならないことに変わりはなく、結局、前述の問題に戻ってしまう。それを解決できるのは、地形に左右されず、時間も短くて済む空輸だけであった。

開発中のAn-124では間に合わない

もちろん、ひとくちに「空輸」といっても、方法はさまざまである。

当初、考えられたのは、世界最大のヘリコプターであるMi-26を使用する方法だった。２機のMi-26で、「ブラン」の胴体や「エネルギヤ」の燃料タンクを吊り下げるというアイデアだ。この方法は有望と見なされたため、実際にＩＬ-18旅客機の胴体を吊り下げてみる実験が行なわれたが、飛行中に危険な長周期振動が始まったため、実験は中止に追い込まれた。

ＩＬ-18旅客機の胴体を運ぶ実験を行なっている2機のＭｉ-26。

一方、固定翼機を使用する案では、Ｔｕ-95爆撃機やＩＬ-76輸送機が検討の俎上《そじょう》にのぼったが、却下されている（理由ははっきりしない）。また、アントノフ設計局のＡｎ-22輸送機を使用する構想も持ち上がった。これには、機体背部に貨物を搭載する案と、胴体後部キャビンの直径を8・3メートルまで拡大する案（Ａｎ-22Ｓｈ）とがあったようだが、どちらも安定性に難ありと判定されて実現していない。

ただし、貨物を機体背部に搭載するという構想自体は評価された。一見突飛なようだが、アメリカではＢ７４７の背部にスペースシャトルを搭載して空輸を行なっていたから、むしろ実績のある手法といえる。しかもこの方法ならば、キャビンの内径に左右されることもないという利点もあった。

問題は安定性だったが、アントノフ設計局は、機体を極端に大型化することで問題を解決しようとした。開発中のＡｎ-１２４超大型輸送機をベースに、翼や胴体を大型化し、エンジンを４発から６発に増強するという途方もない構想である。この計画は宇宙開発を管轄する一般機械製作省（ＭＯＭ）に受け入れられ、アントノフ設計局は、「ブラン」用輸送機計画の担当設計局に任命された。

しかし、それでも問題は残っていた。Ａｎ-１２４は未だ設計段階であり（実際の初飛行は１９８２年）、そのさらなる発展型であるＡｎ-２２５の実用化にはさらに長い時間が必要とされたのだ。実際、胴体のストレッチだけでも大変な手間がかかっただろうが、エンジンの数まで増やすとなると、ほとんど新規設計と変わりなかったはずだ。だが、その間にも「ブラン」計画は着々と進行しており、１９８２年にはモックアップを使用した空力試験が始まる予定であった。

Ａｎ-２２５がそれまでに間に合わないのは、明白だった。

なぜか死蔵されていた3M爆撃機が選ばれる

そこで注目されたのが、3M爆撃機をベースにしたミヤシーシェフ設計局の提案であった。

3Mは、スターリンの強い要請によって開発された大陸間ジェット爆撃機だったが、性能的に今ひとつパッとせず、主力爆撃機の座はツポレフのTu-95に早々に譲っていた。しかし、そのおかげで倉庫には数機の3Mが未完成のまま死蔵されており、これらを改造すれば、手っ取り早く超大型貨物機に転換できると考えられたのである。

搭載方法については、An-22の場合と同様、機体を大幅に拡張する案と機体背部に搭載する案とが検討されたが、改造作業にかかる手間の問題から、結局は後者が選ばれた。

ただ、ずんぐりしたIL-76やAn-124と異なり、3Mの細い胴体に巨大なシャトルやタンクを載せるのはいかにも不安定であった(3Mの胴体径3・5メートルに対し、「エネルギヤ」は直径約8メートル)。そのためデメンチェフ航空工業相をはじめとして、計画に不安を唱える向きは多かったという。しかし、ウラジーミル・ミヤシーシェフ自身が〝可能〟と判断していたことや、計画の期限内遂行を重視するウスチノフ国防相の圧力などにより、1977年末、計画は正式に承認された。

ミヤシーシェフではこれを、「3Mの輸送機型」の意で3M-Tと名付けた。

それにしても依然としてよく分からないのは、3Mが選ばれた理由である。

手っ取り早く改造可能なストックがあるという意味では、前述のTu-95やIL-76でも同じことだし、3Mがこれらの機体に比べてパワーが勝るということもない。しいて言えば、3Mのエンジンは主翼付け根付近に集中して装備されており、また脚も自転車式配置(主脚が胴体の左右ではなく、縦一列に配置された方式)であるために、重心の維持になにか好影響があったかと推測される程度である。さもなくば、単にミヤシーシェフが他の設計局よりもこの計画に熱心だったということなのだろう(ミヤシーシェフ設計局は、「エネルギヤ」計画に深く関与していた)。

短期間に大改造が施される

そして実際のところ、改造作業は、〝手っ取り早い〟などという言葉からはほど遠いものであったらしい。

たとえば、「ブラン」の荷重に耐えるには、後部胴体をほぼ丸ごと交換して4・7メートル延長せねばならず、その他の部分も桁《けた》（柱間に架ける水平部材）の補強や外皮の張り替えが必要だった。また、従来の垂直尾翼では、「ブラン」や「エネルギヤ」を搭載した際の縦安定が十分に得られず、搭載スペースも確保できなくなることから、巨大な双垂直尾翼形式とされた。さらに、操縦系統には当時最新の技術であったフライ・バイ・ワイヤを導入したほか、エンジンも従来のＡＭ-３Ｄ（推力９５００キログラム）からＶＭ-７ＭＤ（推力1万７５９キログラム）へと換装し、パワーアップを図っている。一方、機体尾部には着陸制動用のドラッグシュートが装備された。

　これだけの改設計作業を限られた期間内に実施しなければならないのだから、ミヤシーシェフ設計局の負担は大変なものだった。しかも前述のように、ミヤシーシェフ設計局は「エネルギヤ」計画にも関わっていたから、３Ｍ-Ｔに割ける人員はさらに少ない。このため、設計局外部に応援を求めるとともに、モスクワ航空大学（ＭＡＴ）とクィヴィシェフ航空大学から新卒者を大量採用した。

　こうした過酷な環境が災いしたのか、３Ｍ-Ｔ計画はその遂行中に2人の指導者を失っている。一人は、３Ｍ-Ｔ計画の初代主任設計官であるＢ・ゾーリンで、そのあとはＶ・コルチャーギンが継いだ（参照**【15　コルチャーギンのＫＯＲ-70垂直離着陸艦上機（110頁）】**）。そして、もう一人はウラジーミル・ミヤシーシェフその人であり、３Ｍ-Ｔの設計作業中の１９７

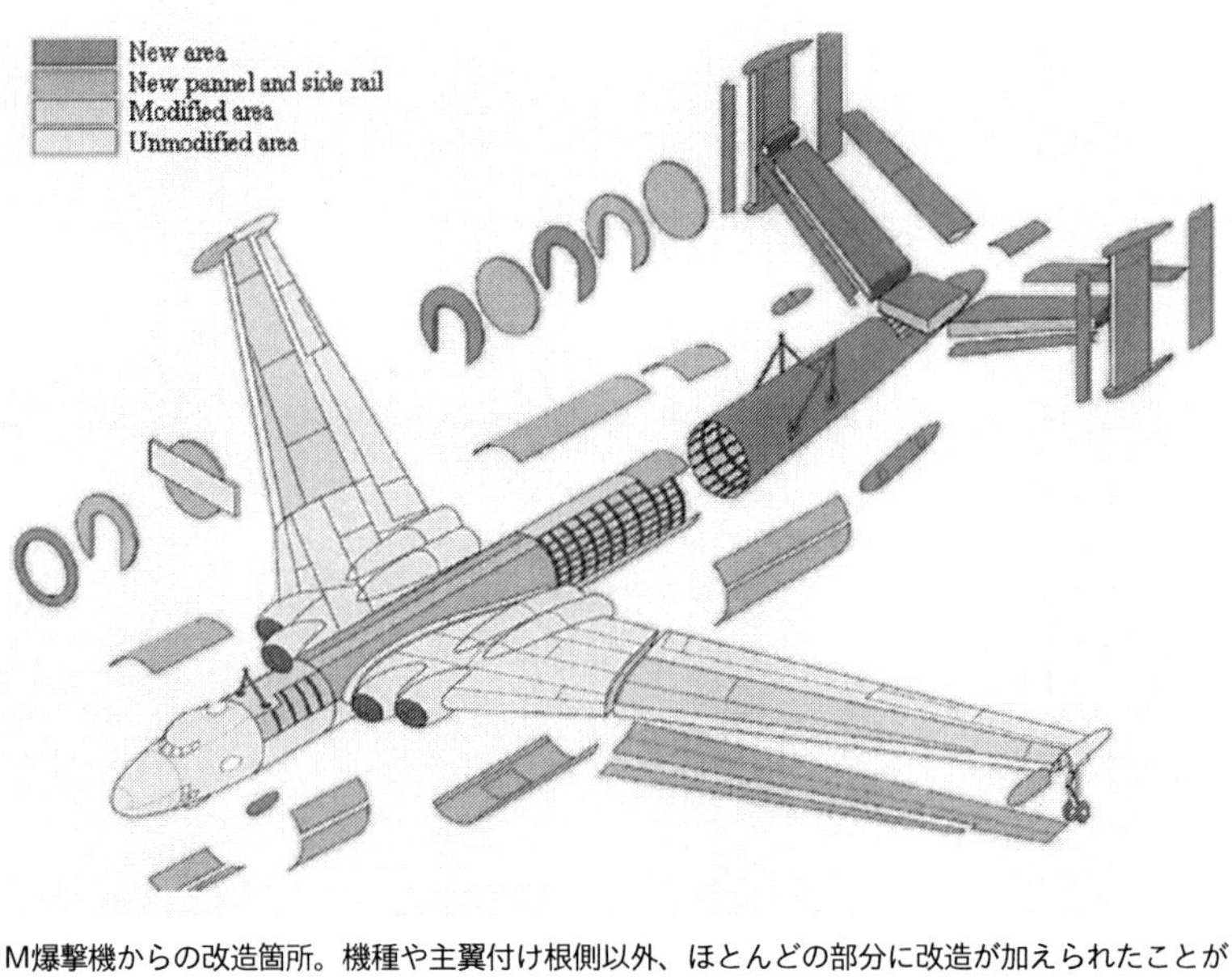

３Ｍ爆撃機からの改造箇所。機種や主翼付け根側以外、ほとんどの部分に改造が加えられたことが分かる。

8年10月に亡くなった。3M-TはまさにミヤシーシェフのV・フォードロフが就任した。“遺作”といえるだろう。後任にはV・フォードロフが就任した。

ところで、ミヤシーシェフの死にはちょっとした後日談がある。3M-Tは、1992年のモスアエロショウ（のちのモスクワ航空ショー）に出展されたが、この際、「3」の部分がロシア語の「V」に塗り替えられ、VM-T「アトラント」の名で公表されたのである。「VM」とは、もちろんウラジーミル・ミヤシーシェフの意であり、「アトラント」は地球を肩に背負ったギリシャ神話の巨人から取った名だった。以降、本稿でも、このVM-Tという名称を使用することにしたい。

3機が製造され、2機が実用型となる

1978年になると「ブラン」と「エネルギヤ」の設計もかなり煮詰まってきた。同年10月には、VM-Tが輸送すべき貨物は以下の4つに絞られていた。

・**0GT**――「ブラン」から垂直尾翼と軌道変更用ブースター（ODU）を取り外したもの。全長38・45メートル、直径7・78メートル、重量45・3トン（のちに50・5トンに増加）

・**1GT**――「エネルギヤ」の液化水素タンク。全長44・46メートル、重量31・5トン

・**2GT**――「エネルギヤ」の酸化剤タンク、RD-0120エンジンなど。全長26・41メートル、重量30トン

・**3GT**――1GTと2GT用の保護カバー。全長15・67メートル、重量15トン

貨物の緒元・形状が決まったところで、VM-Tの最終的な設計も固まった。

1979年、倉庫から3機の3M（正確には、3MSを改造した空中給油型3MN-2）が選ばれ、シベリア航空研究所（SibNIA）で材質検査を受けた後、1980年中にVM-T仕様への改修が実施された。このうち、最初の1機（01504号機）は中央流体力学研究所（TsAGI）に送られて静強度試験などに供されたので、残りの2機（01402号機と01502号機）が実用型ということになる。

飛行試験は、1981年4月から開始され、貨物を搭載していないクリーン状態の01402号機が19回の飛行を実施した。10月、同機に1GTのモックアップを搭載する実験が行なわれ、翌1982年1月には、1GT搭載状態での初飛行に成功。4月からは2GTの搭載飛行実験も始まった。初の実任務は同年6月で、実用型の1GTおよび2GTをバイコヌール

１GTを搭載したVM-T。

２GTを搭載したVM-T。

まで空輸することに成功している。

一方、少し遅れて01502号機も飛行試験を開始し、1983年から2機体制が整った。また、この頃から「ブラン」のモックアップを使用した空力試験も行なわれている。

VM-Tの輸送ミッション

ここで、VM-Tの輸送ミッションについて少し触れておこう。

冒頭で述べたように、「ブラン」はモスクワで、「エネルギヤ」はサマラで製作される。完成すると船積みされ、前者はモスクワ川を、後者はヴォルガ川~オーカ川~モスクワ川というルートを辿って、モスクワ郊外のジューコフスキー飛行場まで運ばれる。ジューコフスキーには、PKU-50という巨大なクレーン・コンプレクスが設置されており、運ばれてきた貨物をいったん高く吊り上げた後、VM-Tの機体背部に搭載できるようになっている。もちろん、到着した先のバイコヌールにも同じPKU-50が設置されており、逆の手順で貨物を降ろすわけだ。

このような手順で、VM-Tは1990年までに150回もの飛行を実施し、「ブラン」計画に貢献し続けた。1987年

1GTをVM-Tの機体背部に搭載している巨大クレーン・コンプレクスPKU-50。

に実施された「エネルギヤ」の初打ち上げ（「ブラン」の代わりに、史上最大の軍事衛星「ポーリュス」のモックアップを搭載）や、１９８８年に実施された最初で最後の「ブラン」打ち上げは、いずれもVM-Tのサポートによって実現したものである。

その後、財政難から「ブラン」および「エネルギヤ」計画は中止されたものの、ミヤシーシェフはVM-Tのさらなる発展型を構想していた。

4 〝積み下ろしが容易な〟超大型貨物機M-52A／B

大型支援設備なしでも運用可能に

前回、VM-T「アトラント」超大型輸送機を取り上げた。ソ連版スペースシャトルである「ブラン」と、その打ち上げロケット「エネルギヤ」をカザフスタンのバコヌール宇宙基地まで空輸するための専用輸送機である。原型はミヤシーシェフ設計局の3M爆撃機で、機体構造などを大幅に強化することにより、機体背部にシャトルやロケットのような大型貨物を搭載できるようにしたものであった。

同機は、宇宙機を長期間の震動や日射に晒すことなく基地まで直送できる輸送手段として重宝され、1982年から1990年にかけて合計150回の空輸ミッションを行なって「エネルギヤ」=「ブラン」計画を支えた。結果的に、「エネルギヤ」の打ち上げはソ連末期に2回行なわれただけ（うち、「ブラン」の打ち上げミッションは1回のみ）に過ぎなかったが、それさえも同機の存在なくしては実現不能であったといえよう（詳細は【3　宇宙往還機を運ぶ超大型輸送機3M-T／VM-T「アトラント」（22頁）】参照）。

しかし、問題がなかったわけではない。

VM-Tは、貨物を機体背部に搭載するという方式を採用したため、積み下ろしのためには専用のPKU-50大型クレーン・コンプレクスが必要であったからだ。当然、これだけ大掛かりで高価な施設はどこの空港にも備えられるものではなく、結果的には、VM-Tがホームベースとしたモスクワ郊外のジューコフスキィ飛行場とバイコヌール宇宙基地に設置されただけで終わっている。つまり、それ以外の区間では、VM-Tの運用は事実上、不可能だったわけである。このため、のちに「エネルギヤ」計画が放棄されると、VM-Tはまったくの無用の長物になってしまった。

これに対してミヤシーシェフ設計局は、貨物搭載スペースを機体背部から下部へと移すことで、大掛かりな支援設備なしでも運用可能な超大型輸送機を構想していた。それが今回のテーマとなるM-52Aである。

胴体下面に装着された貨物フェアリングが特徴的な超大型輸送機M-52A。

ユニークな自走式貨物フェアリング

M-52Aの外観で何よりもまず目を引くのが、胴体下面に装着された貨物フェアリングであろう。

これは、全長70メートル、内径8メートルもある巨大なもので、VM-TやAn-225が想定していた大型宇宙機も収容可能であった。もちろん、本来の目的である通常貨物も搭載可能で、車両であればフェアリング前後のランプ式ドア（ドアがそのまま貨物を積み降ろしするためのスロープになる）を通じてロール・オン／ロール・アウトさせることができた。これならば通常の貨物機と変わらず、どこの空港・飛行場にある支援設備でも運用が可能であっただろう。

しかし、設計を担当したR・A・イズマイロフ副主任設計官の構想は、そのさらに一歩先を行くものであったらしい。というのは、このフェアリングはM-52Aの胴体下面に設けられた5ヵ所のハードポイントの接続を解除することで取り外すことができ、底面に装着されたタイヤ（数にはいくつかのバリエーションがあった）によって独立して走行できるよう設計されていたからだ。おそらくは、トーイング・トラクターのようなもので牽引するつもりであったのだろう。

この方式であれば、エプロンでの積み込み・積み下ろしが難しい特殊な貨物は専用の荷役場で行ない、そののち、フェアリングごとM-52Aのところまで自走してくればよいことになる。もちろん、通常の車両やコンテナであれば、ランプからそのままエプロン（駐機場）に降ろしてしまえばいいわけで、まさにソビエト的合理主義の極地とも言うべきプランであった。

苦労が見られる着陸脚の設置場所

一方、本体であるM-52A自体は、VM-Tと同様、3M爆撃機をベースとしてはいる。しかし、この巨大コンテナを搭載するために、ほとんど原形をとどめないまでに改造される予定だった。

まず、ただでさえ細長かった胴体がさらに延長されたほか、主翼もより大面積のものに交換された。エンジンの装備位置も変更されており、それまでの主翼付け根から主翼下へと移された上、4発から8発へと増強されている。

イズマイロフ設計官の苦労が特に伺われるのが、地面とのクリアランス（間隔）の取り方である。前述のように貨物フェアリングの内径は8メートルもあるので、外径＋底面タイヤの分まで考えれば、胴体は地上10メートル近い高さに位置することになる。つまり、一般的な大型輸送機のように、胴体横から直接バルジ（膨らみ部分）を張り出し、そこに多数の着陸脚を収納しておくという方法は使えないわけだ。フェアリング自体についているタイヤに重量の一部を負担させるとしても、フェアリングを外した場合のことも考えておかねばならない。

この問題を解決するため、M-52Aでは、主翼下に一種のゴンドラを吊り下げ、ここに多数の着陸脚を収容するという方法をとった。通常の脚収納バルジを、そのまま翼下まで持ってきたと理解すればよいだろう。主翼自体にも内側半分まで強い下反角がつけられており、なるべく地面との距離を小さくする努力が払われている(もちろん下反角効果による方向安定性も期待されてのことだろう)。

前脚についても、機首を大きく下方に垂れ下がらせることで地面との距離を縮めているが、それでも脚の長さは6メートルにも及ぶ予定であったという。なお、この前脚は、フェアリング前方のランプを開いて積み込み・積み下ろしを行なう際には、邪魔にならないように引き込むことになっていた。

M-52Aのバリエーションと輸送能力

ところでM-52Aには、垂直尾翼が1枚のM-52A-1型と双尾翼のM-52A-2型という2つのバージョンが存在していた。このほか、アメリカのB-52爆撃機のようにエンジンを2発ずつまとめた案もあったようだが、細かくバリエーションを作り分けるほどの需要があったとは思えないので、どちらかが選ばれて生産に移される予定だったのではないだろうか。

なお、ウダーロフとスミルノフの『ミヤシーシェフ航空機図解』（AVICO、1999）によれば、M-52A-2の諸元は以下の通りである（おそらく、M-51A-1も大差なかったと思われる）。

空虚重量：350トン
ペイロード：125トン
燃料：175トン
最大離陸重量：650トン
最大航続距離：6500キロ
巡航速度：マッハ0・7

この数字は前述の自走式フェアリングを搭載した場合と思われる。これに対して、フェアリングを使用せずに直接、胴体下に貨物を吊り下げた場合には、ペイロードは最大400トン、最大離陸重量は800トンにも及ぶ予定であったという（一方、空虚重量はフェアリングの分が減って300トンに低下）。ただし、その場合の巡航速度はマッハ0・64に、航続距離にいたってはは2000キロまで激減してしまうため、実用上はもう少し控えめな数値になったはずだ。

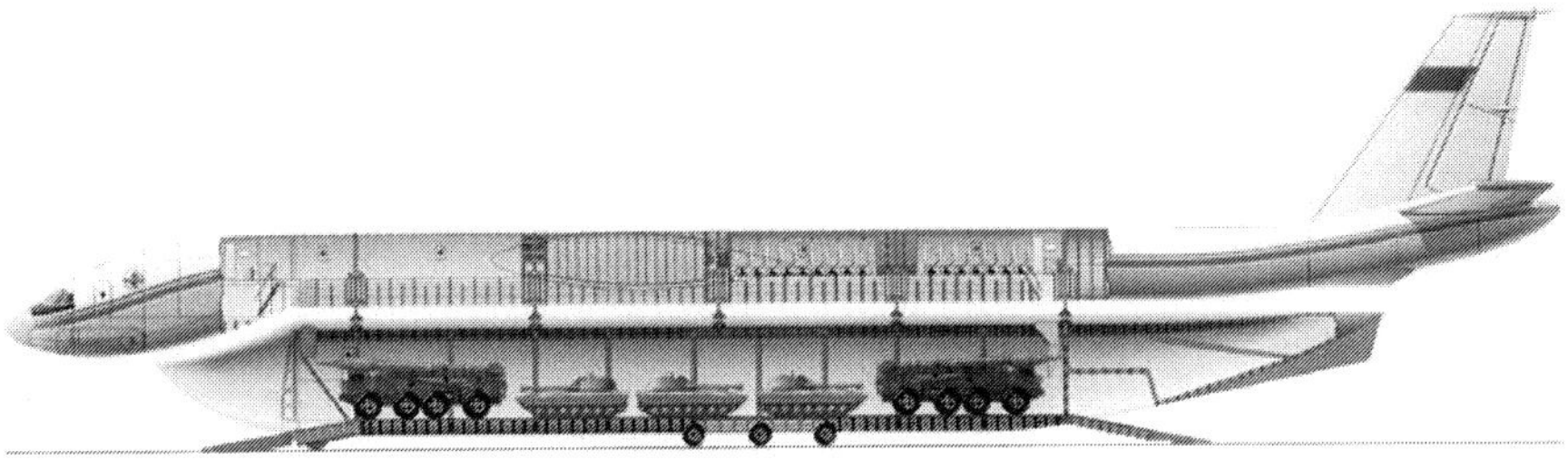

M-52Aの貨物フェアリングの透視図。

また、フェアリング自体にもいくつかのバリエーションがあったようだ。最も荷重のかかる重量級貨物用のフェアリングには、最大で28個のタイヤが装着される予定であった。おそらく装甲車両などを輸送する軍用バージョンがこれにあたると思われる。イラストはM-52A-1軍用バージョンの断面図だが、自走榴弾砲3両に戦術ロケットの移動発射装置2両がそっくり収まっており、その驚異的な輸送能力が見てとれよう。

さらなる異形の発展型M-52B

また、M-52Aには、さらなる発展型としてM-52Bというバリエーションも予定されていた。空虚重量の軽減を図る一方、フェアリング使用時のペイロード増大を図ったタイプである。諸元は以下の通り（カッコ内は直接吊り下げ時の数値）。

空虚重量：300トン（250トン）
ペイロード：160トン（400トン）
燃料：190トン（110トン）
最大離陸重量：650トン（760トン）
最大航続距離：6500キロ（2000キロ）
巡航速度：マッハ0・7（マッハ0・64）

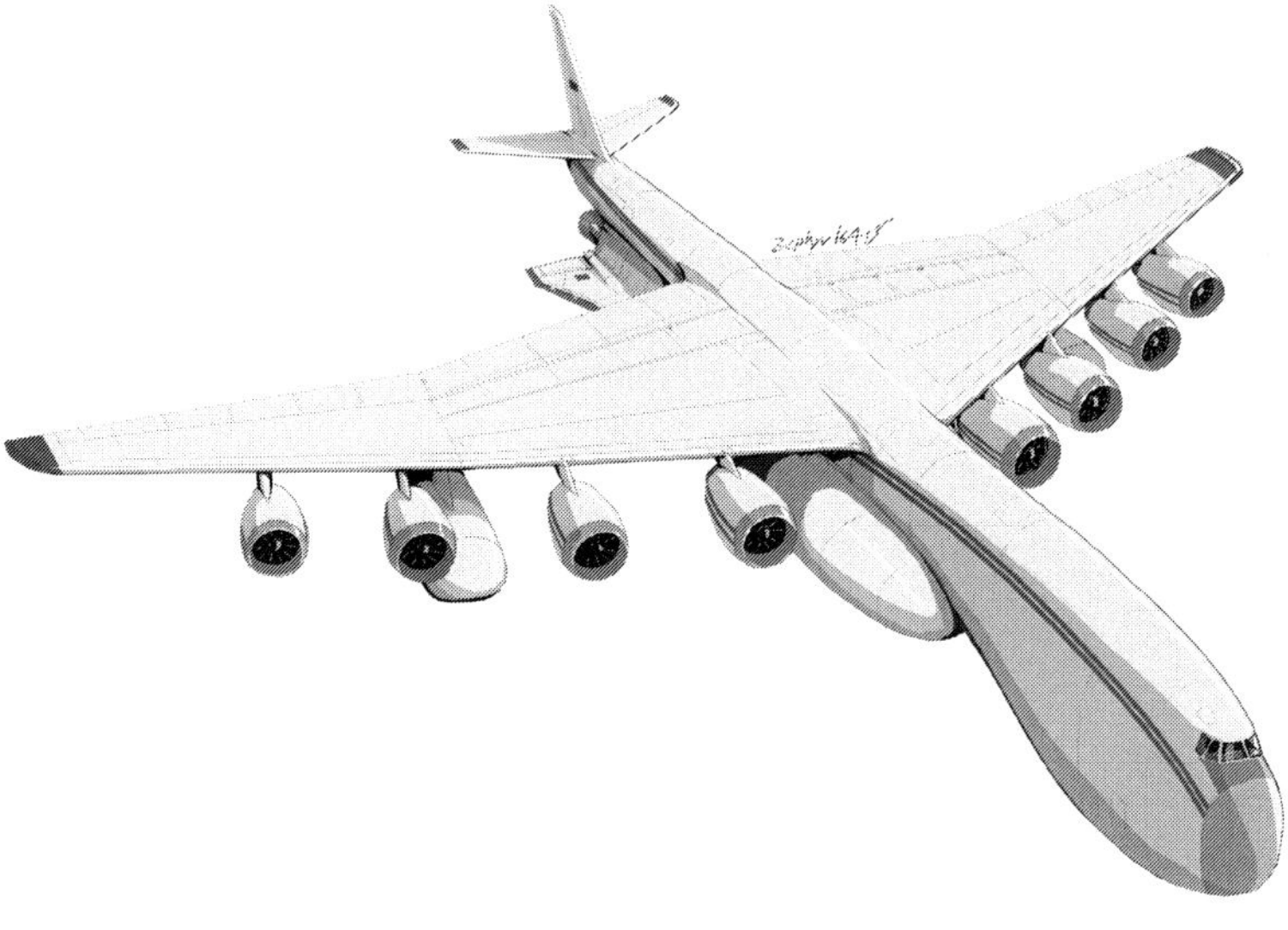

下方に大きく延長された機首が特徴的なM-52B。

Ｍ-52Ｂの外観は、Ｍ-52Ａ-1／2以上に個性的である。最大の特徴は下方に大きく延長された機首で、地面付近まで伸びている。ペイロードが増大した分、Ｍ-52Ａ-1／2の長大な前脚では支えきれないと判断されたのかもしれない。

ただ、よく分からないのは、この機首形状では明らかにＭ-52Ａ用フェアリングの搭載が不可能であろうと思われることだ。明らかにフェアリングの先端部と干渉してしまうからだ。それとも、この形状に合わせた専用フェアリングを開発する予定であったのだろうか。また、Ｍ-52Ｂでは、機首だけでなく主翼も大型化しているが、それにもかかわらず空虚重量が50トンも低下しているというのがまた不可解だ。

いずれにしても、Ｍ-52Ａ／Ｂはともにソ連政府の承認を得ることができず、実現しなかったため、現在となっては実態は不明である。

宇宙機打ち上げも担う予定だったが……

Ｍ-52Ａ／Ｂのもうひとつのミッションとして忘れてはならないのが、ＭＡＫＳ小型宇宙往還機の打ち上げ母機としての役割である。

ＭＡＫＳは、アメリカのＸ-30計画に対抗するために、モルニヤ設計局によって開発された次世代宇宙往還機システムで、全長32・1メートル、重量２４８トンの燃料タンク兼ブースターと、全長19・３メートル、空虚重量18・４トンの宇宙往還機から成っている。往還機には無人型・有人型が用意されており、ペイロードは前者の場合で９・５トン、後者で８・３トンを２００キロの軌道に投入できる能力を持つ予定であった。モルニヤ設計局は１９８８年までに設計を完了し、その後、ソ連政府からの承認を得て、１９９０年代初頭にはモックアップの製作とエンジン燃焼試験にまで漕ぎつけていた。

しかし前述のように、Ｍ-52Ａ／Ｂは実現せず、打ち上げ母機の役割は、より堅実なＡｎ-２２５に取って代わられてしまった。しかも、その後、ソ連邦事態が崩壊したことで、ＭＡＫＳ計画自体も潰えてしまったのである。

大型宇宙往還機「プラン」を打ち上げるため、機体背面に搭載したAn-225。

5　奇才バルティーニの〝空飛ぶ船〟（1）——エクラノプランKM

地面効果を利用した航空機「エクラノプラン」

航空機の高度が翼幅の半分以下にまで下がると、揚力が急激に増加するという現象を「地面効果（ground effect）」と呼ぶ。もちろん、通常の航空機は数千〜1万メートル程度の航空を飛ぶので、この効果が出現するのは離着陸時だけである。

しかし、最初から地表スレスレの低高度を飛行することを前提とすれば、通常の航空機では不可能なほど重い機体にも十分な揚力を与えることが可能になる。たとえば、これまでは鉄道や船舶でしか運べなかったような大重量貨物を、航空機並みの速度で運ぶことができるようになるわけだ。

この効果は第二次世界大戦前から知られていたが、欧米ではリピッシュ博士による研究（主にドイツ敗戦後、1950〜60年代にかけてアメリカで行なわれたもの）以外、目立った成果を上げなかった。

これに対してソ連では、地面効果を利用した航空機を「エクラノプラン」と呼び、実用化を視野に入れた研究が非常に熱心に行なわれていた。これは、ソ連が早い段階から空輸を重視していたことと無関係ではないだろう。ソ連の国土はユーラシア大陸の実に5分の1にも達する巨大なものであり、そのすべてを道路や鉄道でカバーすることはほぼ不可能であったからだ。

地面効果翼機の弱点として、凹凸《おうとつ》のある陸上や波の高い外洋での運用が難しいことが挙げられるが、バルト海や黒海などの内海や、カスピ海やアラル海といった巨大な湖でなら使い道はあると考えられたのだろう。このため、ソ連が開発したエクラノプランは、基本的に水上機として設計されている。

2つの潮流——「空飛ぶ船」と「泳ぐ飛行機」

ソ連のエクラノプラン開発には、2つの潮流が存在した。その第一は、水中翼船の専門家ラスチスラフ・アレクセーエフを中心とする「空飛ぶ船」の潮流である。なかでも1963年に製作された「KM」は、全長92メートル、離水重量544トンにも達するという巨大さを誇り、まさに〝空飛ぶ船〟であった。

さらに1980年代には、強襲揚陸型エクラノプランA90-150「オルリョーノク」（離水重量120トン。胴体内に上陸部隊を収容し、浜辺へ直接揚陸可能）や、対艦攻撃型エクラノプラン「ルーニ」（離水重量350トン。機体背部にSS-N-22対艦ミサイルの発射管6基を搭載）などが開発され、カスピ海で試験が行なわれた。そのあまりの異様な姿が周辺住民の噂となってアメリカ情報機関の知るところとなり、〝カスピ海の怪物〟と呼ばれるようになったことは有名な話だ。

これに対し、ロベルト・バルティーニによる一連のエクラノプランは、「泳ぐ飛行機」と呼ばれた。船舶技術を基礎とするアレクセーエフに対し、バルティーニのエクラノプランは航空技術を基礎としたものであったからだ。実際、バルティーニが設計したエクラノプランは、最大でも全長26メートル、離水重量52トンのVVA-14（次回【6　奇才バルティーニの〝空飛ぶ船〟（2）――飛行空母「2500構想」（45頁）】で詳述）で、ほぼ常識的な航空機のサイズに収まっている。

だが、それは、あくまでも実際に製作された機体に関してのみの話に過ぎない。彼が抱いていた本来の構想は、はるかに遠大なものだったのである。

全長92メートル、全幅37.6メートルという巨大さから「Caspian Sea Monster（カスピ海の怪物）」と呼ばれたエクラノプラン「KM」。

エクラノプラン「ＫＭ」の主翼（上が機首方向）。主翼面積は662.5平方メートルもあり、人が小さく見える。

船舶技術を基礎として開発された、強襲揚陸型エクラノプランA90-150「オルリョーノク」。

対艦攻撃型エクラノプラン「ルーニ」。機体背部に対艦ミサイル発射管を６基備えている。

クロアチアからイタリア、そしてソ連へ渡ったバルティーニ

ところで、その名からも明らかなように、バルティーニはロシア人ではない。

彼は１８９７年、オーストリア＝ハンガリー二重帝国のフィウメ（現在のクロアチア領リエカ）に生まれた。ただし、バルティーニ自身の家系はクロアチア系ではなく、この街がかつてヴェネチア領であった時代からのイタリア系上流階級であったようだ。

その彼がなぜ、ソ連の航空技術者になったのかといえば、第一次世界大戦中の体験に原因がある。速成《そくせい》士官として東部戦線で任務に就いていたバルティーニは、１９１６年にロシア軍が発起した「ブルシーロフ攻勢」においてロシア軍の捕虜となった。そして、ハバロフスク近郊の捕虜収容所で数年間を過ごす間に、革命政府による思想教育を受けたらしい。

１９２０年に復員したバルティーニは、父の残した莫大な遺産（およそ10億円相当）には手をつけることなく、イゾッタ・フラスキーニ社のミラノ工場で働き始めた。それも、ギムナジウム（古典高等学校）を卒業したインテリでありながらまったくの雑役労働者扱いで、製図工から運転手まで何でもこなしたという。この禁欲的な姿勢は、上流階級出身ゆえのプロレタリ

アートに対するコンプレックスの裏返しなのかもしれない。翌1921年にはイタリア共産党に正式に入党している。

1922年、苦学の末に、イタリア最大の工科系大学であるミラノ工科大学航空工学科の入試にパスする。だが、この時期、敗戦後の不安定なイタリア社会は、ファシズムに席巻されつつあった。結局、1923年にムッソリーニ率いるファシスト党が政権を掌握したのをきっかけに、バルティーニは成立したばかりのソ連への亡命を決意する。これ以降、1974年に生涯を閉じるまで、彼は残りの一生をこの実験国家で過ごすことになるのである。

なお、彼の本名はロベルト・オロス・ディ・バルティーニだが、亡命後はロベルト・ルドヴィゴヴィチ・バルティーニというロシア式の名を名乗るようになった(ロシア語ではファーストネームの後ろに父親の名前［父称］が入る)。

共産主義を信奉してソ連へわたった航空技術者ロベルト・バルティーニ（生没1897～1874年）。

航空技術者として頭角を現すも、投獄される

亡命先のソ連で、バルティーニは航空技術者として頭角を現した。空軍の実験施設で実験助手から始めて、1928年には黒海のセヴァストーポリで水上機の実験開発グループの一員となり、翌1929年にはわずか31歳で海軍の水上機開発部門トップ（少将待遇）にまでなっている。

1930年にTsKB（中央航空機設計局）に出向した際には、同設計局の研究が将来性に欠けており、もっと先進的な高

速機を開発すべきであるとの書簡を共産党中央委員会に送り付けたために目をつけられ、職を失った。

しかし、バラノフ空軍司令官とトハチェフスキー陸軍総司令官の世話で第420航空機工場の主任設計官に就任し、望み通りに高速実験機「スターリ-6」（1933年に当時の世界記録である時速420キロを達成）や、同機をベースとした「スターリ-8」試作戦闘機、長距離高速実験機「スターリ-7」（5000キロを平均時速405キロで飛行して世界記録達成）などを設計している。このあたり、いかにも革命後の活気に溢れたソ連軍の雰囲気が感じられるエピソードであろう。

しかしこの頃には、すでにスターリンによる恐怖政治の影が忍び寄っていた。

1938年、スターリンは、軍人、党幹部、知識人に対する大粛清を開始。バルティーニの理解者であったトハチェフスキー元帥も、ドイツと内通していたとの理由で逮捕・処刑されてしまう。そしてバルティーニもまた、この件に連座して逮捕され、1946年までの実に8年間を収容所内で過ごすのである。

もっとも、この時期には大概の航空技術者たちが粛清に遭って収容所暮らしを経験していた。それどころか、いくつかの収容所には「収容所内設計局（シャラーシュカ）」が設けられ、バルティーニの場合はツポレフ（もちろん彼自身も囚人）のTsKB-29（第29中央設計局）でTu-2爆撃機の設計に携わっていた。また、この設計局には、のちに世界初の有人宇宙飛行を成功させたセルゲイ・コロリョフ（のちに彼は、ここで出会ったバルティーニを師と仰ぎ続けることになる）やPe-2で有名なペトリャコフなども収監されていた。

1940年に独ソ戦が始まると、収容所はオムスクへと疎開し、ここでバルティーニは自身の試作設計局（OKB-86）を与えられる。皮肉な〝昇進〟というべきだろう。その後、1946年に釈放されるまで、バルティーニはこの小さな王国の中で5種類の航空機を設計したが、いずれも実用化には至らなかった（ただし、逮捕前に設計した「スターリ-7」はこの期間中にイェルマロイェフの手でEr-2/DB-240爆撃機に改造され、一定の活躍を示した）。

スターリンの死後、名誉を回復

釈放後、OKB-86はタガンログへ移されたが、バルティーニが1952年にノヴォシビルスクのシベリア航空研究所(SibNIA)に将来型航空機担当の主任技師として迎えられたことで、一時的に閉鎖された。この年、彼はT-203と呼ばれる可変後退翼爆撃機の研究に着手している。

水陸両用爆撃機Ａ-57のイメージ図。超音速＆長距離飛行を目指す意欲的な構想だった。

さらに１９５５年には、超音速爆撃飛行艇Ａ-55の研究を開始し、１９５７年のＡ-57案へと至った。Ａ-57はリフティング・ボディ式の機体を持つ水陸両用爆撃機で、最大速度 時速２５００キロ、航続距離１万５０００キロを目指す野心的な設計であった。さらに雪上や氷上からの運用も可能にする予定であったというところがソ連らしい。

しかし、中央流体力学研究所（ＴｓＡＧＩ）や中央航空エンジン研究所（ＴｓＩＡＭ）を交えた本格的な研究作業の結果、Ａ-57案は航空工業省（ＭＡＰ）の審査委員会で高評価を得たものの、結局は開発予算がつかずに実現しなかった。のちにＡ-57を原子力動力化したＲ-57-ＡＬ案も検討されたが、同様に日の目を見ていない。

この間の１９５６年、スターリンの死去に伴い、バルティーニは正式に名誉回復を遂げた。つまり、逮捕が不当なものであったことが認められ、ソ連国民および共産党員としての地位・権利を回復したのである。

また、この時期のバルティーニが超音速爆撃機に取り組んでいた背景にも、スターリンの後を継いだフルシチョフが極端なＩＣＢＭ重視路線をとったため、空軍が危機感を抱いていたという事情があった（この点については、【２　天才技術者モスカリョフの「ＤＳＢ-ＬＫ」戦略爆撃機案（15頁）】を参照）。

再びエクラノプランの設計に情熱を燃やす

１９６３年、バルティーニはタガンログ機械工場の主任設計官となり、自身のＯＫＢ-86も再開された。

この時期のバルティーニの関心は、冒頭で述べたエクラノプランへと向かいつつあった。ちょうどＴｓＡＧＩでもエクラノプランの研究プロジェクトが始まっており、１９６３年から水槽実験も開始されていた。バルティーニはこの実験に水槽試験模型６３１３と６３２０を提供し、良好な成績を収めている。このため、一人乗りの小型エクラノプランＢｅ-１がベリエフ設計局で製作され、１９６５年からアゾフ海での実地試験が開始された。

しかし、バルティーニが目指していたのは、この程度のものではもちろんなかった。それどころか、アレクセーエフらの「空飛ぶ船」をもはるかに上回る遠大な構想を彼は抱いていた。すなわち、ヘリコプターのように垂直離着陸ができ、船舶並みの輸送能力を持ち、かつ航空機の巡航速度を実現できる、究極の輸送手段である。

彼の最終的な目標は、離水重量が実に２５００トン（！）にも達する超巨大エクラノプラン、ＳＶＶＰ-２５００計画であった。

一人乗りの小型エクラノプランＢｅ-１。

6　奇才バルティーニの〝空飛ぶ船〟（2）――飛行空母「2500構想」

前回は、イタリア系亡命航空技術者ロベルト・バルティーニの生い立ちと、その前半生の仕事について紹介した。戦争と捕虜生活、亡命、粛清、名誉回復――という数奇な運命の末、バルティーニが生涯のテーマとして選んだのがエクラノプランであった。

航空機の高度が翼幅の半分以下にまで下がると、揚力が急激に増加する現象（地面効果）を利用するのがエクラノプランである。地面効果の発生する超低空しか飛行できない代わりに、通常の航空機よりもはるかに高い燃費で大重量の機体を飛行させられるというものだ。

VTOL型エクラノプランMVA-62

バルティーニは、将来のグローバルな輸送手段は「船舶並みの輸送量と航空機並みの輸送速度を持ち、かつ運用スペースはヘリコプター並みに縮小されるべきだ」と自著『地球の大陸間輸送』で述べている。つまり、輸送力と速度を兼ね備えたエクラノプランをＶＴＯＬ運用できれば究極の輸送手段になる、というのがバルティーニの持論であった。

こうした構想の下、バルティーニはいくつかのＶＴＯＬエクラノプラン案を考案していたが、その中でもＭＶＡ-62は比較的初期の小型エクラノプラン案である。

ＭＶＡ-62は、幅広の大きな中央翼と左右の船型胴体、そして大きな後退角のついた主翼から成っている。乗員は1名で、中央翼先端から突き出した機首のコクピットに搭乗することになっていた。背負い式に搭載されたジェットエンジンが作動すると、機体は中央翼の発生させる地面効果によって、〝空気のクッションに乗る〟ようにして長低空を安定して飛行できるという仕組みだ。垂直離陸する際には、中央翼内に収められた8基の小型リフトジェットを使用する構想だった。

ユニークなのは、エクラノプランでありながら主翼を持っているところだ。これはのちのＶＶＡ-14にも共通する特徴で、

中央翼＋双胴＋主翼を持つＶＴＯＬエクラノプランＭＶＡ-62のイメージ図。

ゴム製フロートを装着したＭＶＡ-62。

超低空飛行が危険な場合（海面に船舶がいたり、波が高い場合）には高度を挙げて回避できるようになっていた。このため、バルティーニのエクラノプランは、航空機（サマリョート）との合いの子という意味で「エクラノリョート」とも呼ばれる。

このMVA-62から主翼とリフトジェットを取り払い、小型化したのが前述のBe-1だ。飛行試験は1965年から開始され、飛行試験では良好な成績を収めたという。「中央翼＋双胴」というバルティーニ独特の機体構成の勝利と言えよう。

対潜型エクラノプラン「VVA-14」構想

これに目をつけたのが、ソ連海軍であった。

当時、ポラリス潜水艦発射弾道弾（SLBM）を搭載したアメリカの原子力潜水艦に対抗する必要に迫られていたソ連海軍は、広い海面をカバーできる高速対潜哨戒機を求めていた。そこでMVA-62案を発展させて、海面を高速で移動し、捜索海面に到着したらVTOLモードでディッピング・ソナー（対潜ヘリコプターが使用する機体吊り下げ型ソナー）による捜索を行なうという対潜型エクラノプランの開発をバルティーニに依頼したのである。

これに対してバルティーニは、VVA-14と呼ばれる設計案を提出した。「中央胴体＋双胴＋主翼」という形式はMVA-62と共通としつつ、対潜作戦用機材やオペレーターを載せるために規模はずっと大きくなっている。エンジンを背負い式に装備している点や、エクラノプランでありながら主翼を持つ点などもMVA-62との共通点だ。

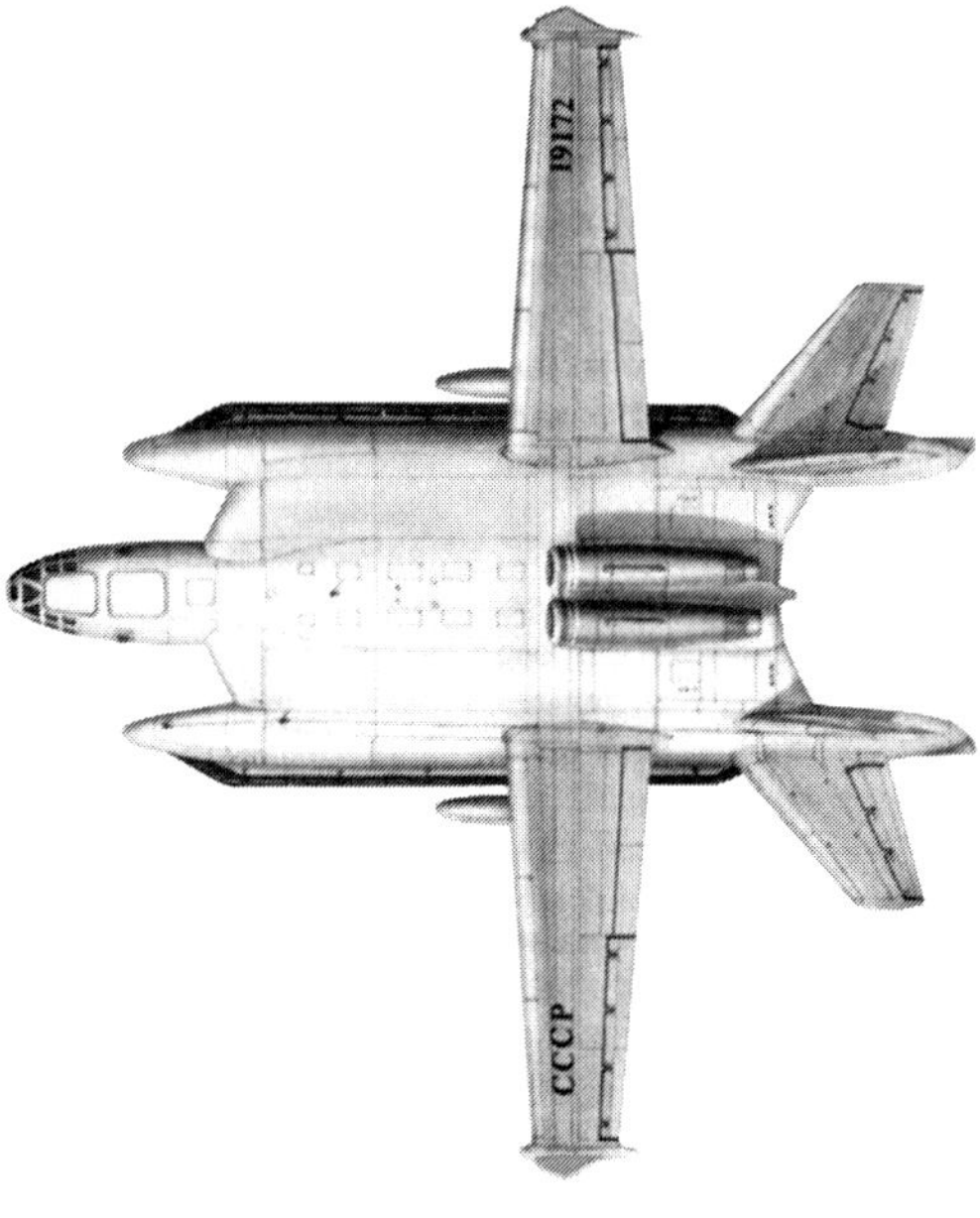

VVA-14の上面図。中央翼＋双胴＋主翼という点でMVA-62とよく似ている。

この案は海軍によって受け入れるところとなり、設計作業が開始された。バルティーニの元には、ヘリコプター設計で有名なＶ・Ｉ・ビリューリンや、のちにスホーイの主任設計官となるＭ・Ｐ・シモノフなどの優秀な人材が集められた。加えて、ＴｓＡＧＩやＴｓＩＡＭ（中央エンジン研究所）、航空機材料研究所（ＶＩＡＭ）、国立航空技術研究所（ＮＩＡＴ）といった国立研究機関とも密接な協力体制がとられた。

最終的に固まった設計案では、全長25・９７メートル、全幅28・５メートルの機体に、推進用のD-30Mエンジン（推力６８００キロ）×2基と垂直離着陸用のＲＤ-36-35ＰＲエンジン（推力４４００キロ）×12基を搭載することが決まった。最大速度 時速７６０キロ、巡航速度 時速６４０キロ、海面上での哨戒速度 時速３６０キロを発揮し、行動半径は２４５０キロに及ぶ（ただし、対潜作戦では燃料消費の大きなＶＴＯＬを繰り返すので、実際の作戦行動半径はもっと小さくなると思われる）。また、ＶＭＡ-62同様、主翼を持つ「エクラノリョート」であるため、最大1万メートルまで上昇することも可能だ。

3機の試作機と山積みだった問題

以上の性能を達成するため、ＶＶＡ-14計画では、３機の試作機を製作し、段階的に開発を進めていくことになった。各試作機の役割は次の通りである。

Ｍ１：エクラノプランとしての性能実証機。リフトエンジンは搭載しない

Ｍ２：ＶＴＯＬ性能実証機。リフトエンジンを搭載し、垂直離着陸や水平飛行への転換などを試験する

Ｍ３：「ブレヴェストニク」対潜捜索システムや爆雷・機雷などを搭載する

Ｍ１は１９７２年に完成し、同年7月からの水上航走試験を経て、9月4日に初飛行した。軍の機密実験であることを隠すため、機体には「CCCP-19172」の民間登録番号と国営航空会社アエロフロートのシンボルが描かれた（あまりにも異常なフォルムなので、どう考えてもすぐにバレると思うが）。

しかし、第一次飛行試験が完了した１９７３年夏までに、ＶＶＡ-14にはひとつの欠陥が見つかっていた。エアクッション効果が想定よりも大きかったために、高度10〜12メートルで地面効果が発生し始め、巡航高度の高度８メートルになると安定

ＶＶＡ-14の試作機Ｍ１。カモフラージュのために「CCCP-19172」という民間登録番号が描かれている。

が強すぎて着水に必要な距離が長くなりすぎるのだ。テストパイロットのYu・クプリヤノフなどはしばしば操縦桿から手を離して機体が降下するに任せたが、それでも着水距離が足りなくなるのではないかと心配なくらい緩慢な降下であったという。

　また、この時期、ロタレフ設計局が開発していたRD-36-35PRリフトジェットの開発が難航し、M2によるVTOL運用試験がいつまで経っても始められないという問題が持ち上がっていた。このままではVTOL運用が行なえず、したがってディッピング・ソナーによる対潜作戦という運用の大前提が崩れることになってしまう。

　さらに、後から追加したゴム製フロート（本来はMVA-62で予定されていたのと同じもの）が着水時に変形をおこしたり、操縦系統の破損によってM1が墜落事故を起こしたりと、問題は山積みだった。

バルティーニの死とともにVVA-14計画は頓挫

　そして1974年6月12日、バルティーニが75歳で死去する。クロアチアからイタリア、そしてソ連へと、激動の人生を駆け抜けた技術者の死であった。

着水するＶＶＡ-14の試作機Ｍ１。強すぎる地面効果のため、あまりにも長い着水距離が必要とされたとされる。

と同時に、それはＶＶＡ-14計画自体の死をも意味していた。実際、計画の中心的存在であり、ＶＴＯＬエクラノプランの熱烈な推進者であったバルティーニを失ったことで開発は急速に失速し始め、ＲＤ-36-35ＰＲの開発失敗が明らかになったことで、計画はほぼ完全に頓挫してしまった。

ただ、ＶＴＯＬエクラノプランとしての生命は絶たれたものの、通常離発着型エクラノプランとしての途は未だ残されていた。それがＭ１を改造したＭ１Ｐで、問題の多いゴム式フロートを撤去して通常の飛行艇のような硬式フロートをつけたほか、機首を延長して左右に巡航用のＤ-30Ｍエンジンを1発ずつ追加している。同機は１９７６年にアゾフ海で試験に供されたが実用にはならず、１９８７年にモニノ空軍博物館に展示された。

なお、Ｍ１の総飛行試験回数は１０７時間、総飛行時間は１０３時間であった。

飛行空母「ＳＶＶＰ-２５００」構想

前に述べたように、バルティーニの最終目標は単なるＶＴＯＬエクラノプランではなく、それに船舶並みの巨大な輸送力を持たせることであった。その意味では、革新的なＶＶＡ-14でさえ、バルティーニにとってはワンステップに過ぎなかったと言える。

実際、バルティーニはＭＶＡ-62とほぼ同時期に、巨大エクラノプラン構想を抱いていた。

最大離水重量が実に２５００トンにも達するという、"２５００"計画がそれである。バルティーニはもちろん、この化け物もＶＴＯＬ運用するつもりでいたため（!）、ＶＴＯＬのロシア語表記であるSVVPを頭につけてSVVP-2500と表記されることも多い（以降はこの表記に従う）。

SVVP-2500は、MVA-62やVVA-14をそのまま拡大したような構成のエクラノプランで、フットボール・コート約1面分にも及ぶ巨大な中央翼の左右に船型の胴体を持っている。左右の胴体のうち、右側の先端は前方に大きく延長され、コクピットが設けられているほか、6発のジェットエンジンが取り付けられている。これらのエンジンは推進力を提供するとともに、排気を中央翼下に吹き込むことでエアクッション効果を得る予定であった。

なお、エンジンには通常のターボジェットエンジンが想定されていたが、太平洋や北極海を横断する長距離飛行のため、原子力ジェットエンジンの搭載も考慮されていたようだ（バルティーニが一時期、原子力爆撃飛行艇R-57-ALを研究していたことは前回【5　奇才バルティーニの〝空飛ぶ船〟（1）――エクラノプランKM（37頁）】で述べた通り）。

VTOL時のメインの上昇力は、中央翼内に搭載された多数のリフトジェットで、ガス流量制御および推力偏向制御で姿勢を行なう。また、これに加えて、中央翼後縁のフラップを90度下方に曲げることで左右の胴体と併せてコの字型の空間を作り、ここに前方からのエンジン排気を吹き込んで圧力を高めることになっていたという。

また、SVVP-2500は輸送手段としてのみならず、「飛

飛行空母として用途も検討されていた、巨大エクラノプラン「SVVP-2500」の模型。

行空母」としての用途も検討されたらしい。翼弦長250メートルにも及ぶ中央翼を停止中にヘリパッドとして使用できるのはもちろん、飛行中は合成風力を利用して固定翼機の離発着も可能、ということであったようだが、どこまで真剣なアイデアであったのかは分からない。

一方、ソ連のエクラノプラン研究におけるもうひとつの潮流であるアレクセーエフのグループでは、数千トン級の巨大エクラノプランに2機のMiG-25戦闘機を搭載するという案が真剣に検討されていたようだ。

もちろん、そのあまりに莫大なコストと技術的困難から、SVVP-2500計画が日の目を見ることはなかった。しかし、19世紀末に産み落とされた一個の天才的頭脳が、これだけの遠大な構想を描きだしたこと自体は永久に記録されてしかるべきであろう。

7 〝3つの首を持つ〟トライアングル型・超巨大ヘリコプターMi-32

ヘリコプターが生活に浸透していたソ連

VM-Tの回（【3　宇宙往還機を運ぶ超大型輸送機3M-T／VM-T「アトラント」（22頁）】）で書いたように、国土の広大なソ連では、道路・鉄道網を国土の隅々まで張り巡らせることは現実的ではなく、したがって航空輸送の比重が非常に高かった。特に長大な滑走路を必要としないヘリコプター（ロシア語ではヴェルトリョート）は生活の隅々にまで浸透し、「この国ではヘリコプターがなければ何もできない」とまで言われたものだった。

もちろん経済的・軍事的にもヘリコプターは重要だった。特に1970年代以降、ブレジネフ政権下でシベリアの資源開発が盛んになると、面倒なインフラ整備なしでプラント機材などを輸送できるヘリコプターは非常に重要な輸送手段となった。

だが、ヘリコプターにももちろん限界はある。一般にヘリコプターの輸送能力は固定翼機には及ばない。たとえば、当時の超大型輸送ヘリコプターとして知られていたMi-6やMi-10の場合、前者の最大ペイロードが約8トン、後者でも15トン程度であり、これ以上の貨物となると、分割するか、道路・鉄道輸送に頼らざるを得なかった。

そこでミル設計局では、20トン級の輸送能力を持つさらなる大型輸送ヘリコプター計画が立てられ、1977年に初飛行した。これが現在の世界で最大のヘリコプター、Mi-26である。最大出力1万1240馬力のロタレフD-136ターボファンエンジンを2基搭載し、最大ペイロードは機外吊り下げ時で20トン以上に及ぶ。その並はずれた輸送能力が高く評価されて、これまでに約320機以上が製造され、現在もロシアおよび諸外国の軍・政府機関・民間企業向けに製造が続いている。

さらなる超大型ヘリコプター計画

世界初の8枚翼を持つ、大型輸送ヘリコプターMi-26「ヘイロー」。

一方、未だMi-26が開発途上にあった1970年半ばから、ミル設計局はTsAGIと共同で、さらなる大重量輸送ヘリの可能性を検討していた。さらにミル設計局は1976年、これを一歩進めて、「Mi-26の2～3倍の吊り下げ輸送能力を持つ超大型輸送ヘリ」の検討と、「Mi-26を双ローター化ないし3枚ローター化する案」の検討を開始。同年12月にはソ連邦閣僚会議から、超大型ヘリコプターについての提案を行なうよう決議を受けた。

ただし、前者の案は、非常に困難であると考えられた。Mi-26の2～3倍ものペイロードを持つヘリコプターを一から設計しようとすれば、ローターやギヤボックスなどを根本的に設計し直す必要があり、これには膨大なコストと時間を要することが予想されたためだ。

一方、ミル設計局はかつて、既存のコンポーネントを組み合わせて超大型ヘリコプターを設計した経験を持っていた。1960年代に開発されたV-12（Mi-12）試作ヘリコプターがそれで、機体から大きく張り出した翼の左右端にMi-6用のD-25Vエンジン・コンポーネント（最大出力：各5500馬力）を装備し、30～40トン級の機外吊り下げ能力を発揮することができた。

しかし、結局、2機の試作機が製作されたところで、計画はキャンセルされている。もともとMi-12は弾道ミサイルの緊急展開用に軍から発注されたものであったが、運用ドクトリンの変化によって、そのような想定自体が無意味になってしまっ

２機の試作機のみが製作されたＭｉ-12ヘリコプター。

たのである。

　このＭｉ-12での経験を踏まえて、ミル設計局のＭ・Ｎ・ティシチェンコ主任設計官は、次期超大型輸送ヘリコプターではＭｉ-26のエンジン・コンポーネントを３つ組み合わせ、最大吊り下げ重量55トンを狙うという方針を決定した。

　これが、本項で取り上げるＭｉ-32計画である。

３つのエンジンを三角形の形で組み合わせる

　ところで、エンジン・コンポーネントを２つ組み合わせるだけであれば、Ｍｉ-12のように機体左右に配置するか、さもなくば、アメリカのＣＨ-46やＣＨ-47のように前後にタンデム式（直列）に配置すればよい。だが、３つ組み合わせるという方法には、前例がなかった。そこでティシチェンコ設計官のとった解決法は、極めてユニークであった。

　円筒形のビームを三角形に組み合わせた、いわばトライアングルのような機体形状とし、その各頂点にエンジン・コンポーネントを配置するという機体構成を採用したのである。この方法には、確かに大きな利点があった。これまでの超大型輸送ヘリの場合、貨物は胴体下に吊り下げるか機内に収容していたが、前者は貨物のために機体と地上のクリアランス（間隔）を非常に高くとる必要があったし、後者では機体自体が非常に大型化するという問題があった。

　これに対してティシチェンコ設計官の「トライアングル」方式であれば、着陸時には貨物は胴体に囲まれた三角形の空間に収まることになるため、機体のクリアランスを上げたり、機内に収容する必要がない。

　また、計画当初は、中心となるゴンドラから放射状にブームを伸ばし、その各先端にエンジン・コンポーネントを取り付けるという星型配置案も検討された。ローターからのダウン・ウォッシュ（下向きに発生する気流）を避ける上では、この星型案のほうが優れていたようだ。しかし結局、共振その他の問題を考慮して「トライアングル」型に落ち着いたとされる。

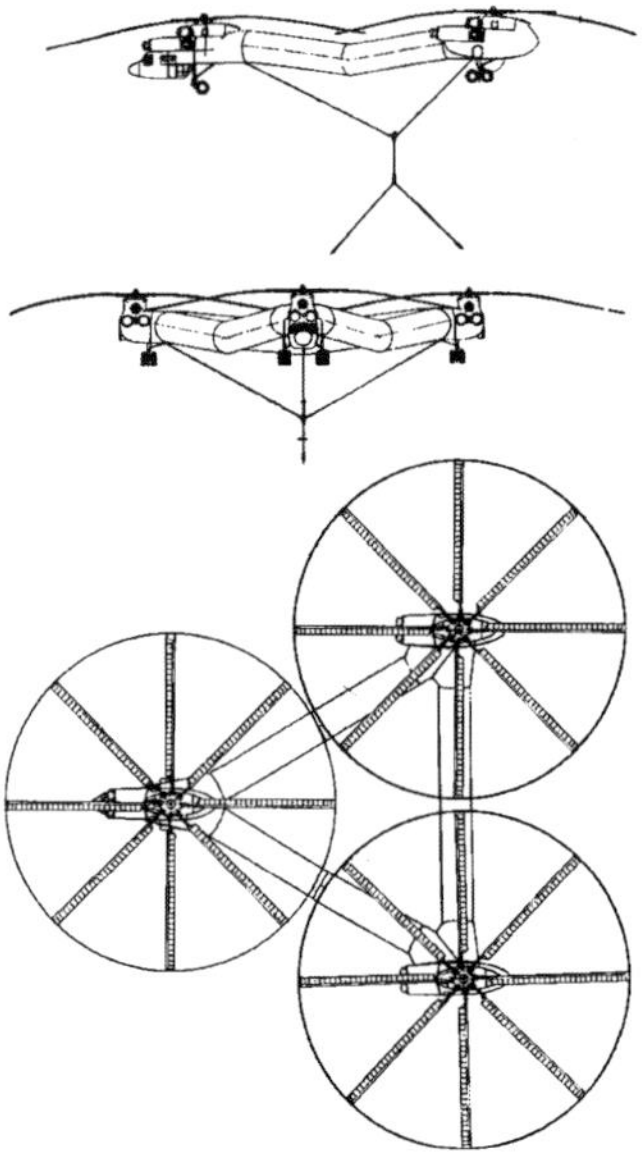
Ｍｉ-32計画の三面図。イメージ模型とは違い、３つの機首部を結ぶ胴体がアーチ状に湾曲している。

「トライアングル」の各ビームは正三角形に配置され、進行方向を頂点として、機体後部が底辺となる。ローターまで含めた全幅は実に40・5メートル、全長は36メートルとなる予定であった。

その一方、前述の理由から全高は比較的抑えられ、4・3メートルに収まっている。ただし、各ビームの形状については、

Ｍｉ-32のイメージ模型。右下のヘリコプターとしては超大型のＭｉ-26と比べると、その大きさが一目瞭然で分かる。

直線的な形状を想定した模型の写真と、（おそらくは応力の問題から）胴体がアーチ状に湾曲している図とがあり、どちらが最終的に想定されていた形態なのかはっきりしない。

飛行中に貨物の姿勢制御が可能

各頂点には、前述のように、Mi-26と同じくD-136エンジンを2発ずつ搭載され、それぞれにMi-26用VR-26ギヤボックスの改良型が取り付けられる予定であった。各エンジン間はシャフトで連結される想定であったが、これも仮に星型配置を採用していれば手に負えないほど複雑な機構になっていただろう。

コクピットは進行方向の頂点にゴンドラ状に設置されており、ここに正副2名のパイロットと機関士、そして貨物用のクレーン・オペレーターが搭乗することになっていた。コクピット後方（貨物の側）がガラス張りになっており、ここから直接、目視で吊り下げワイヤを制御する仕組みだ。

Mi-32に想定されていた貨物ワイヤ制御システムはなかなか凝ったもので、ワイヤ長を50～60メートルまで自在に巻き上げ・巻き戻しすることによって飛行中に貨物の姿勢制御が可能であった。このため、たとえば巡航時には貨物を最も抵抗の少ない位置まで引き上げて飛行する予定であったという（おそらく三角形の空間に収めてしまうのだろう）。もちろん事故発生時には、緊急投棄も可能である。

さらに55トン以上の吊り上げ能力が必要な場合には、2機が協力して吊り上げを行なう予定であった。また、コクピット用ゴンドラにはエンジン始動用の補助動力ユニット（APU）も装備されることになっていた。

現在まで伝えられるMi-32の想定性能は、以下の通りである。

最大速度：時速200～230キロ
最大離陸重量：136～146トン
上昇限度：4000メートル（貨物搭載時1000～1500メートル）
航続距離：300～1200キロ（最大600キロとする資料もあり）

Mi-32の開発と計画の終わり

1977年12月、ミル設計局は、Mi-32計画に関する公式の提案書を公表して認められ、1979年12月にはソ連邦閣僚会議から正式の開発命令が下った。

ティシチェンコは、この計画の責任者としてG・A・シネリシチコフ設計官を任命し、より具体的な設計案作りが始まった。翌1980年には航空工業省（MAP）へのプレゼンテーションが行なわれ、Mi-32計画はここでも好評価を受けた。

この結果、設計作業は中央流体力学研究所（TsAGI）とモスクワ航空大学（MAI）を加えてさらに本格化し、風洞実験を含む詳細な機体構成・形状の検討が行なわれた。特に注意が払われたのは振動の抑制であったという。

1982年には、ミル設計局は、共産党中央委員会（当時の最高意思決定機関である）に対してMi-32の製造に関する決議を求めたが、受け入れられなかった。このあたりの事情については ミル設計局自身が編纂した『ミル航空機工場の50年』(Liubimaia kniga, 1998）にも詳しく記されていないため明らかでない。

おそらくはあまりにもコストが高すぎたことや、シベリア開発というブレジネフ政権下でのプロジェクト自体が、彼の死後、失速したことなどにあると思われる。軍事用途で何らかの使い道があれば違ったとも思われるが、Mi-32は事実上、吊り下げ輸送専用機であり、胴体内に兵員や装備を収容する設計になっていない。このような汎用性の低さも、Mi-32計画の実現を阻んだ要因のひとつと見なせよう。

その後、ミル設計局はMi-26Kという計画に着手した。これはMi-10やシコルスキーS-64のように胴体を極端に細くした貨物吊り下げ専用のヘリコプターを目指したものであったが、やはり実現することはなかった。

『新世紀エヴァンゲリヲン 序』に登場!?

こうして歴史の彼方へ忘れ去られたはずのMi-32であったが、架空の世界ではまた異なった運命を辿ったらしい。

2007年に公開された『新世紀エヴァンゲリヲン 序』では、ヤシマ作戦に必要な大量の変電器を吊り下げ輸送するMi-32の編隊が一瞬ながら登場した。確かに重い変電器を山の上まで運び上げるような任務には、Mi-32はうってつけであろう。物語世界の中ではあっても、Mi-32に活躍の場があったことは、喜ぶべきことである。

8　知られざるソ連艦載機の系譜（1）——ツポレフTu-91艦上攻撃機

一度も本格的空母を保有しなかったソ連海軍

ソ連海軍が、その短い歴史において一度たりとも本格的空母を保有しなかったことはよく知られている。

1970～80年代にかけては、全通飛行甲板を持つキエフ級（プロジェクト1143）が4隻就役したが、いずれも艦載機としてはV／STOL機とヘリコプターしか持たず、代わりに大型対艦ミサイルを多数搭載した「重航空巡洋艦（TAvKR）」と呼ばれる独特の艦種であった。

その後、固定翼機を運用できるクズネツォフ級（プロジェクト1143・5）も建造されたが、カタパルトがないために運用能力は米空母に大きく劣る上、依然として甲板下には大型対艦ミサイルが搭載されていた。

ただし、ソ連に本格的な空母建造の機運がまったく存在しなかったわけではない。それどころか、海軍内部では幾度となく本格的空母の建造が検討され、いくつかのプランは実現寸前の段階に達してさえいたのだが、それぞれの事情によって日の目を見ることなく消えていったのである。

だが、さらに忘れられがちなのは、それらに搭載されるはずだった幾多の艦載機計画だ。以下では、この忘れられたソ連海軍の翼たちを紹介していくことにしたい。

「プロジェクト85」用の艦上攻撃機として開発される

第二次世界大戦後、当時の最高権力者であったスターリンは、海軍力の拡充に乗り出した。この計画には当初、6隻の大型空母が含まれていたが、途中で小型空母2隻へ縮小され、スターリン自身が決裁した最終案には、結局、空母は1隻も含まれなかった。「空母は帝国主義的兵器である」という彼の言葉に集約されるように、空母をアメリカの海洋覇権の象徴と見なしていたためであろう。

これに対して、早い段階から空母の有効性に気付いていていたクズネツォフ海軍総司令官は、（勇敢にも）スターリンの方針に異を唱え、一時期は太平洋艦隊司令官に降格されるなどの憂き目を見ながら空母保有を主張し続けた。その努力が実ったのはスターリン死後の1954年だった。「プロジェクト85」と呼ばれる小型空母が1955～60年の軍備計画に含まれることになったのである。

同級の搭載機数は約40機とされ、既存のMiG-19戦闘機およびMi-1ヘリコプターを艦載型に改造したもののほかに、新規開発の艦上攻撃機が搭載されることになっていた。これはツポレフ設計局がスターリン存命中の1952年から開発を進めてきたもので、「航空機91」という開発名が与えられていた。のちのTu-91である。

大型エンジンを搭載したため、異様な外観に

同機は、何かと特徴の多い機体であった。

その第一は、巨大なTV-2Mエンジンを搭載したことである。これは最大出力7600馬力を発揮する強力なターボプロップエンジンで、のちにTu-95戦略爆撃機にも搭載されている。速度性能・兵装搭載能力・航続距離を両立させるため、TV-2M×1基を搭載するようにというのが海軍航空隊の要求であった。

しかし、爆撃機用の大型エンジンは、とても艦載機の機首などに搭載できるものではない。そこでツポレフ設計局は、エンジンを胴体内に配置するという方法を採用した。タービンに必要な空気は機首のインテイクからダクトを通して導き、排気は胴体側面の排気口から排出するという仕組みだ。

問題は、機首のプロペラへの動力伝達であったが、これは操縦士と航法士を並列（サイド・バイ・サイド）で配置することで解決した。すなわち、エンジンから伸びたシャフトがコクピットの真ん中を通って機首へとつながっており、操縦士と爆撃航法士はその左右に着席することになる。機首のプロペラは、やはりTu-95と同じく二重反転式だが、もちろんプロペラ径は大幅に小さい。

そして、このようなエンジン搭載方式を採用したことで、Tu-91の外観は一種異様なものになった。巨大なエンジンを収めたずんぐりした胴体と、頭でっかちの機首から唐突に突き出したプロペラ・スピナーの組み合わせは、まるで深海魚のようだ。ソ連では「ブィチョーク（ハゼ）」と呼ばれていたようだが、やはり何か魚類めいた印象を抱かせるデザインなのだろう。

「海のシュトルモヴィク」

Ｔｕ-91コクピットには、ＡＰＢＡ-1合金などの装甲板が

異様な外観から、ソ連では「ブィチョーク（ハゼ）」と呼ばれていたＴｕ-91。

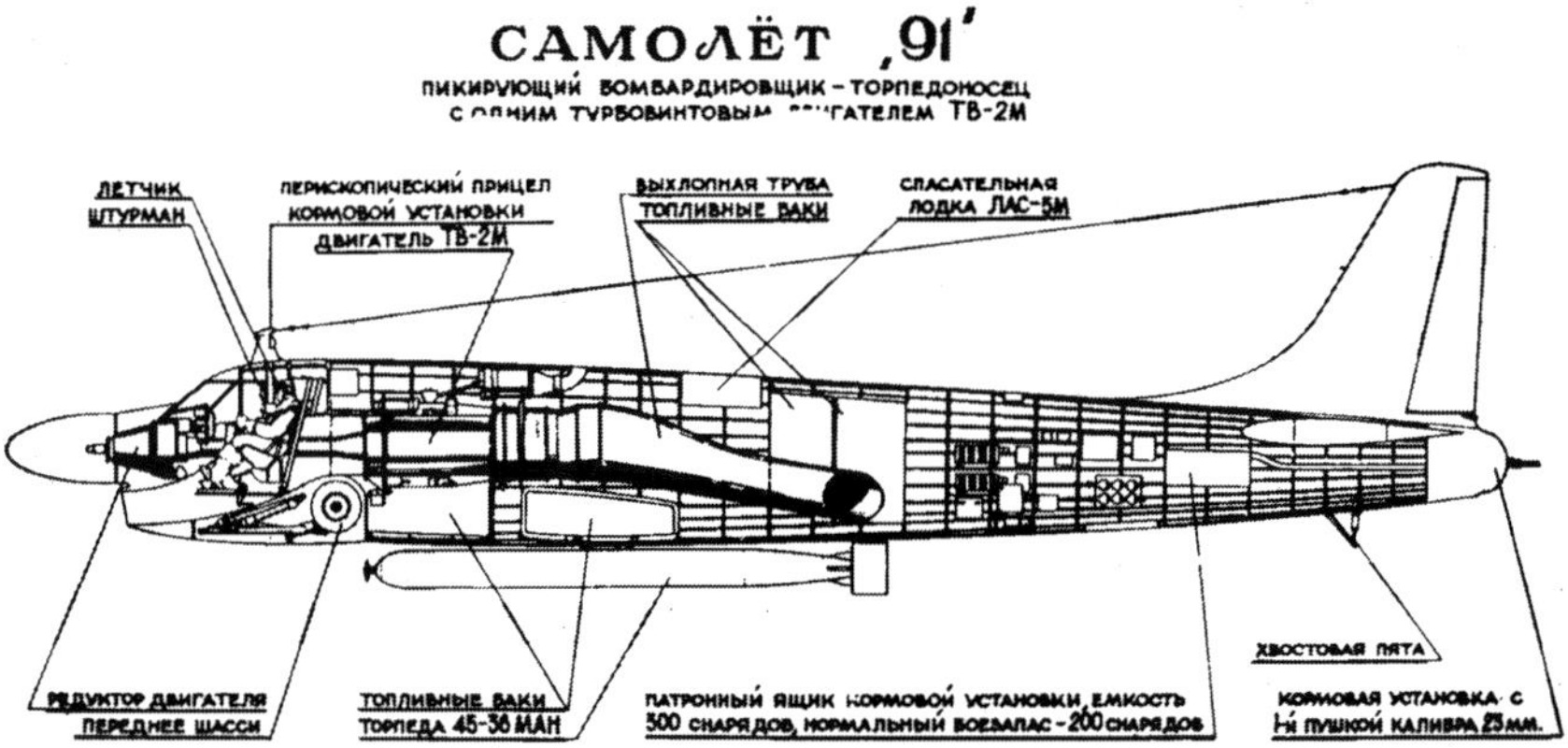

Ｔｕ-91の透視図。機体中央部のエンジンに向けて、機首部からダクトがつながっているのが分かる。

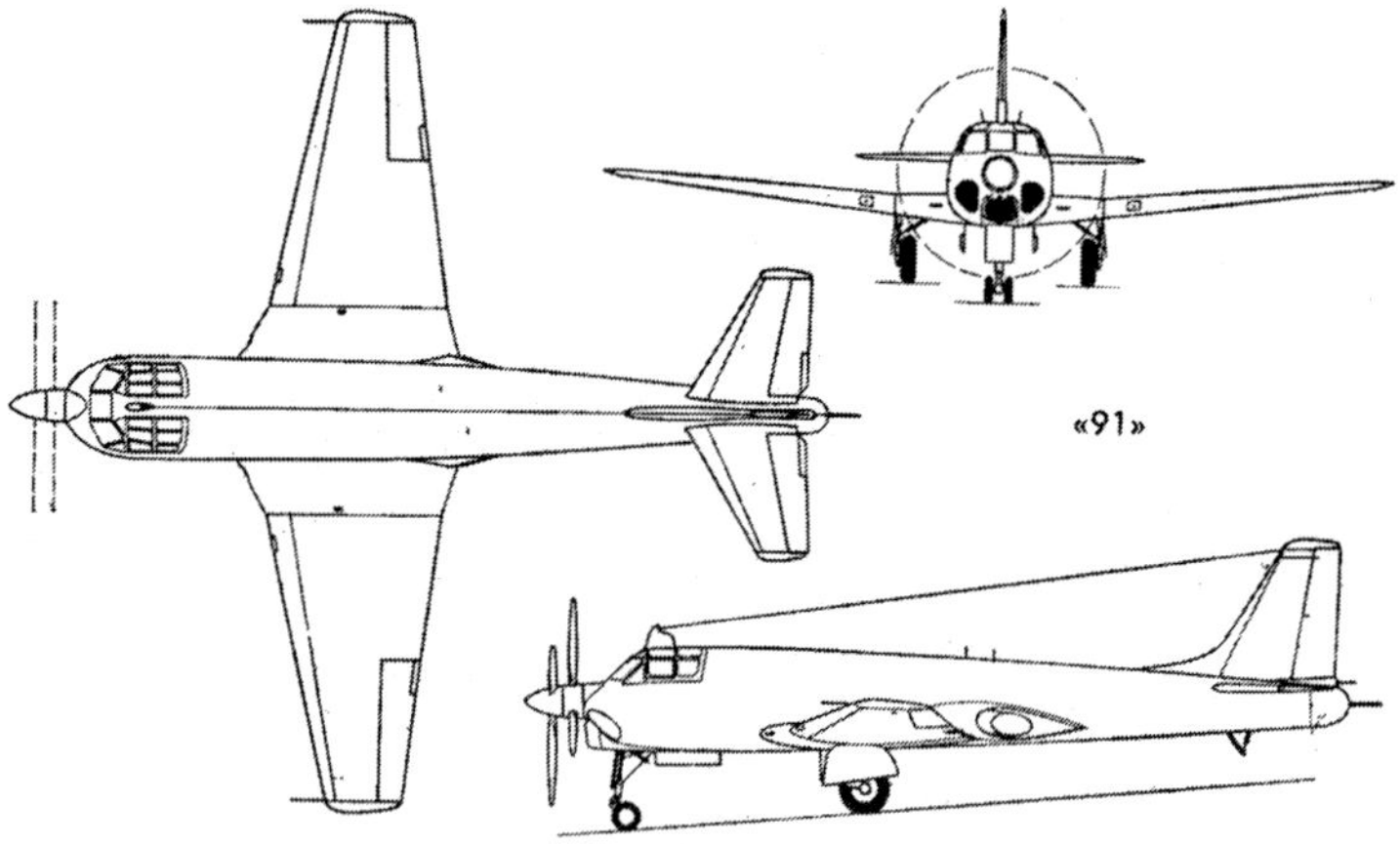

Ｔｕ-91の三面図。

8～18ミリの厚さで張られている。かのＩＬ-2でさえ最大装甲厚は12ミリに過ぎなかったといえば、Ｔｕ-91がどれほどの重装甲であったかが理解できるだろう(装甲自体の総重量は550キログラムで、ＩＬ-2の同700キログラムに比べて軽いが、これは材料工学の進歩によって軽量化に成功したためである)。

さらにＴｕ-91は、左右翼内にＮＲ-23 23ミリ機関砲（砲弾各100発)を搭載するという戦闘機のようなスタイルを採用しているほか、機体尾部には「ガンマ」後方防御システムの一部としてＤＫ-15リモートコントロール銃座（ＮＲ-23×2門。砲弾各300発）まで装備している（照準にはコクピット状部に突き出したペリスコープを使用することになっていた）。この重装甲・重武装ぶりは、Ｔｕ-91をして「海のシュトルモヴィク」なる異名をとらしめることになった。

一方、対艦兵装の搭載量は最大1・5トンで、機体中心線上に1・5トン爆弾（FAB-1500、BRAB-1500など)×1、または魚雷（ＴＡＩ-53か45-36MAN/MAV)×1本を搭載できるほか、ＲＡＴ-52ロケット魚雷なら3本搭載できた（2本は左右主翼下に搭載)。

また、各種ロケット弾も搭載可能であったが、この場合は空気抵抗抵減のために翼下に吊り下げられたポッドに収容される。ポッドの搭載能力は、ＴＲＳ-212なら8発、ＴＲＳ-132なら36発、ＴＲＳ-85で120発にも及んだという（左右

コクピットから操作できる、Ｔｕ-91のＤＫ-15リモートコントロール銃座。

合計。それぞれの数字は口径を示す）。このポッドは取り外しも可能で、その場合は500キログラム以下の各種爆弾や機雷、さらには「クールス」レーダーをパイロンに吊り下げて運用できた。

　そして何よりも特筆すべきは、Tu-91が実際に試作され、飛行試験に供されたという点である。ソ連海軍の艦載機計画がほとんどペーパープランで終わっている中では、貴重な例外といえよう。

主翼下にロケット弾ポッドを吊り下げた状態のＴｕ-91。

空母建設計画の頓挫で、陸上発進型の攻撃機に

ただし、試作機が製作された時点では、Ｔｕ‐91はもはや〝艦載機〟ではなくなっていた。一時期は認められたプロジェクト85ではあったが、スターリンの死後、海軍力拡充計画自体が急速に縮小され、空母計画も白紙に戻ってしまったためだ。そこで海軍は、新たにＴｕ‐91を陸上発進型の攻撃機として採用しようとしたのだが、これはおそらく便宜的なものであろう。海軍（特にクズネツォフ総司令官）は、依然として空母保有を諦めてはいなかった。

政治的事情はともかく、Ｔｕ‐91の開発自体は順調に進んでいた。以前から開発が進んでいたこともあり、ソ連邦閣僚会議が正式の開発命令を出した5ヶ月後の１９５３年9月には基本設計が完了し、第１５６工場で試作機の製作が開始されるというハイペースであった。

この試作機は１９５４年4月に完成し、同年11月にはＤ・Ｖ・ジュージン飛行士とＫ・Ｉ・マルハシャン飛行士の手で初飛行に成功している。その後、飛行試験は翌１９５５年の１月21日まで続けられ、合計25回（14時間）の飛行試験が実施された。これは飛行試験計画の第一段階となるもので、海軍第15研究所の協力の下、飛行特性、機体強度、エンジンの稼働状態といった基本的な性能をテストするものであった。

試験結果は良好であり、この結果、1月末から4月にかけての第二段階の飛行試験を開始することができた。

フルシチョフによって命運が尽きる

だが、Ｔｕ‐91の運命はすでに尽きつつあった。同年、ソ連共産党書記長に就任したフルシチョフは、経済立て直しのために通常戦力の削減を開始し、Ｔｕ‐91計画もその対象になったためである。

そのやり方は、まさに激情の人、フルシチョフらしかった。１９５５年夏、海軍はＴｕ‐91をフルシチョフに公開し、計画存続への理解を求めた。フルシチョフはＴｕ‐91をしげしげと眺め、特に翼の下のロケット弾ポッドに興味を示したという。だが、海軍側の担当者がこれを「重巡洋艦にも代わりうる強力な火力」を持つと説明した途端、フルシチョフは突然、怒りを爆発させ、次のように詰め寄った。

「ならば、何のために我々は重巡洋艦を保有しているんだね？　大体、ツポレフの飛行機はくだらん、実に馬鹿げた設計になっておる。プロペラで、しかも直線翼じゃないか。最高速度は時速９００キロだって？　そんな飛行機でどこへ行くんだね？　我々には超音速機がもっと必要なのだ……」

その凄まじい剣幕はさておくとして、1950年代後半においてTu-91の性能がすでに陳腐化しているというフルシチョフの指摘は、確かに核心を衝いていた。アメリカ海軍の防空システムの発達を考えるならば、最大時速が時速800キロのTu-91にどれだけの勝算があるかは非常に疑わしい（ちなみにフルシチョフは「時速900キロ」と言っているが、これは随員の誰かが言い間違ったか、海軍側がスペックを水増しして伝えたものと思われる）。この結果、海軍は、Tu-91を攻撃機として採用することを諦めざるを得なくなった。

さらに決定的であったのは、空母建造を主張し続けてきたクズネツォフ海軍総司令官が、フルシチョフとの対立によって罷免されたことであろう。これにより、空母建造の機運自体も大きく後退し、次の機会はフルシチョフ失脚後の1960年代後半まで遠のいてしまった。

もっとも、このような状況下でも海軍とツポレフ設計局は、訓練・対潜哨戒・電子戦などへのバリエーション展開によってTu-91が生き残る道を依然、模索しており、すでに工場では量産準備態勢も整っていたとされる。試験も継続され、1956年1月に行なわれた最も大規模な飛行試験では、約90回の飛行（合計61時間）が実施された。

だが、同年、再びTu-91を見せられたフルシチョフは、「あいつ、まだいたのか？」と驚き、この一言でTu-91の命運は完全に尽きることになったのである。

なお、Tu-91の性能は以下の通りであった。

全長：17・7メートル
全幅：16・4メートル
翼面積：47・48平方メートル
最大離陸重量：14・4トン
最大速度：時速800キロ
実用航続距離：2190〜2350キロ
実用上昇限度：1万1000メートル
乗員：2名

9　知られざるソ連艦載機の系譜（2）——スホーイの艦載機ファミリー化計画

「オリョール」計画とその艦載機

前回紹介したように、戦後のソ連で生まれた空母保有の機運は、フルシチョフ時代に入ってから大きく落ち込んでしまった。これに伴い、Tu-91などの艦載機計画も軒並み中止に追い込まれることになった。

だが、フルシチョフが1964年に失脚し、軍事費の拡大に寛容なブレジネフ政権が出現すると、状況は大きく変化した。これまで軽視されてきた通常戦力にも予算が配分されるようになり、海軍力の拡大にも再び光が当たり始めたのである。

さらに1967年には、フルシチョフ政権下で軍事政策を担当し続けてきたマリノフスキー国防相が病死し、新たにアンドレイ・グレチコが国防相に就任した。グレチコは陸軍出身ながら、海軍のゴルシコフ元帥が唱える海洋進出論に共鳴し、空母保有を積極的に進める意向を打ち出した。

その一環として、1960年代末に提唱されたのが、プロジェクト1160「オリョール」と呼ばれる本格的な原子力空母計画である。排水量約8万トン、全長約324メートルというアメリカのスーパー・キャリア並みの巨艦で、60～70機の艦載機を搭載し、蒸気カタパルト4基を備える予定であった。

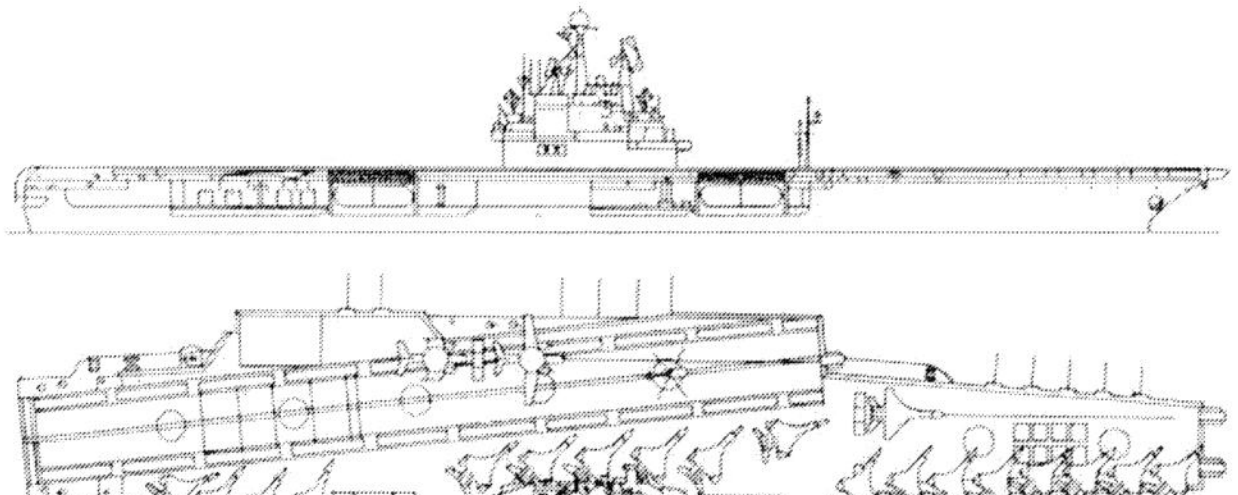

蒸気カタパルト４基を備える予定であった、プロジェクト1160「オリョール」のイメージ図面。

ただし、アメリカの空母と大きく異なるのは、甲板下にP-700「グラニート」対艦巡航ミサイルを垂直発射方式で搭載するとしていた点。このため、本級は「空母（アヴィアノーシェッツ）」ではなく、「重航空巡洋艦（ＴＡｖＫＲ）」と呼ばれていた。

Su-27をベースに艦載機ファミリーを開発

空母自体の計画作業と並行して、艦載機の選定も進んでいた。１９７１年、軍需産業委員会（ＶＰＫ）は決定１３８号を発し、ミコヤン、スホーイ、ベリエフ、カモフの４設計局を「オリョール」計画向けの担当設計局に指名した。それぞれの担当は以下の通りである。

- **ミコヤン**：ＭｉＧ-23Ａ（ＭｉＧ-23ＭＬをベースとした艦上戦闘機）
- **スホーイ**：Ｓｕ-24Ｋ（Ｓｕ-24をベースとした艦上戦闘爆撃機）
- **ベリエフ**：Ｐ-42汎用プラットフォーム（対潜、早期警戒、空中給油など各種用途の機体を新開発の共通プラットフォームから派生させる計画。次回**【10　知られざるソ連艦載機の系譜（３）――ベリエフとコルチャーギンの汎用艦載機計画（73頁）】**で詳述）
- **カモフ**：Ｋａ-２５２（対潜ヘリコプター。のちのＫａ-27）

ここでは話をスホーイ設計局に絞ろう。

１９７１年以降、スホーイ設計局は空軍からの要請に従って各種艦載機の検討作業を進めており、このなかにＳｕ-24Ｋも含まれていたと見られる(全体では8種類の設計案を検討していた)。しかし、検討を進めるうちに、Ｓｕ-24Ｋの最大離陸重量が40トンにも達する見込みであり、艦載機には不向きであることが分かってきた。

そこでスホーイ設計局は大きく方針を転換し、開発中の第四世代戦闘機Ｔ-10（のちのＳｕ-27）をベースに各種の艦載機ファミリーを開発する方針を打ち出した。この艦載機ファミリー案は「ブラン」計画と呼ばれ、以下の４機種から成る予定であった。

Su-27Kモルニヤ-1：シリーズの基本となる艦上戦闘機バージョン。着艦フックなどを備える以外はＴ-10とほとんど変わらない

Su-28Kグローザ：上記のＳｕ-27Ｋ／モルニヤ-1をタンデム複座（座席を直列に並べる配置）化した攻撃機バージョン。兵装管制システムを換装し、対地・対艦攻撃能力を向上させる

計画であった

Ｓｕ-28ＫＲＴｓヴィンペル：Ｓｕ-28をさらに発展させ、偵察および目標指示能力を持たせたバージョン。後者はプロジェクト１１６０が搭載するＰ-７００巡航ミサイルの誘導を担う予定であった。しかも、捜索・誘導用に早期警戒機のようなロートドーム（レーダーを収納している部分）を機体背面に装備する予定であったというから面白い

Ｓｕ-29モルニヤ-2：モルニヤ-1と同じく戦闘機タイプではあるが、こちらはＭｉＧ-31用に開発されたＫ-33長距離空対空ミサイルを搭載する迎撃機バージョン。Ｆ-14のソ連版と考えてもいいだろう。乗員は２名

Ｓｕ-27Ｋ「モルニヤ-1」の三面図。

幾度も立ち消えになった空母プロジェクト

しかし、「オリョール」計画が日の目を見ることは結局なかった。当時、アメリカと戦略核戦力の増強を競いつつ、欧州および中国正面に巨大な機甲戦力まで展開していたソ連には、アメリカ並みのスーパー・キャリアを建造する経済的余裕はなかったためだ。また、のちに国防大臣となるウスチノフなど、空母保有に懐疑的な一派の存在も要因として見逃せまい。

しかし空母計画そのものが完全に放棄されてしまったわけではない。

１９７６年、海軍では、プロジェクト１１６０案を縮小したプロジェクト１１５３の検討が開始された。これはプロジェクト１１６０と同様、蒸気カタパルトを備える原子力推進艦で、飛行甲板下に16～20のP-７００の垂直発射管を搭載して「重航空巡洋艦（ＴＡｖＫＲ）」としての性格を持つ点も共通している。

ただし、排水量が7万トンへと縮小され、カタパルトも2基となったほか、搭載機が50機程度まで削減された。建造隻数も、プロジェクト１１６０で予定されていた3隻から2隻へと減っている。

さらに、そのプロジェクト１１５３が頓挫すると、今度はプロジェクト１１４３５と呼ばれるさらに小型のプランが１９７９年頃から検討され始めた。同プロジェクトは、当初はカタパルト2基装備の６万５０００トン級通常動力空母（搭載機数52機）としてスタートし、１９８０年にはカタパルト１基のみ装備の５万５０００トン級通常動力空母（搭載機数46基）へと縮小された。だが結局は、空母反対派のウスチノフ国防相の反対に遭って頓挫している。

プロジェクト1153の完成イメージ模型。

新たな艦載機ファミリー計画

このように、幾度もの挫折と縮小を余儀なくされてはいたも

の の、ソ連の空母計画自体は継続されてはいた。このことはもちろん、艦載機計画のほうも途絶えることなく続いていたことを意味する。

再びスホーイ設計局に関していえば、1975年に空軍から新たな艦載機開発に関する性能要求を受け、「ブラン75」と呼ばれる新たな艦載機ファミリー計画が策定されている。これは前述の「ブラン」計画で想定されていた4機種を、次の2機種に統合したものであった。

その第一は、Su-27KI「モルニヤ」艦上戦闘機（および訓練型UBK）である。これは旧「ブラン」計画における「モルニヤ-1」および「モルニヤ-2」の任務を統合したもので、K-73短距離空対空ミサイルとK-27中距離空対空ミサイルによる制空任務に加えて、R-33長距離空対空ミサイルによる広域防空任務もこなす想定となった(これに対応して火器管制システムも、S-27という新型のものが搭載されることになっていたが、詳細は不明)。

機体形状は、当初の「ブラン」計画からは大きく異なっている。というのも、Su-27KI「モルニヤ」の設計が始まった1978年頃には、すでに原型であるT-10の空力設計の不備や重量過大といった深刻な問題が明らかになっており、飛行試験中の墜落事故まで発生していたためだ。

そこでスホーイ設計局は緊急にT-10Sと呼ばれる新たな設計案（現在のSu-27の原型）を1980年中にまとめ上げ、Su-27KI「モルニヤ」も、このT-10S／Su-27をベースとする方向で設計変更されたようだ。

主な変更点は、前述の火器管制システム以外に、脚構造の強化や、着艦フック・着艦誘導システム・空中給油装置の追加などであった。

また、現在までに残っている図面を見る限りでは、ベントラル・フィンの大きさや垂直尾翼先端の形状などにもいくらか差異があるが、このあたりはT-10S／Su-27でも実用化の過程で変化していった部分なので何とも言えない。一方、後のSu-33のようなカナードが装着されていないが、これはカタパルトでの発艦を前提としていたためであろう。

また、Su-27KI「モルニヤ」の主翼はSu-33と同様に折り畳みが可能であったが、水平尾翼には折り畳み機構がない点がSu-33とは異なる。搭載ウェポンに関しては、前述の空対空ウェポンに加えて、5～6発のレーザー誘導ミサイル（Kh-25、Kh-29、S-25Lなど）ないし最大7発のKh-31P対レーダー・ミサイルを搭載可能であった。

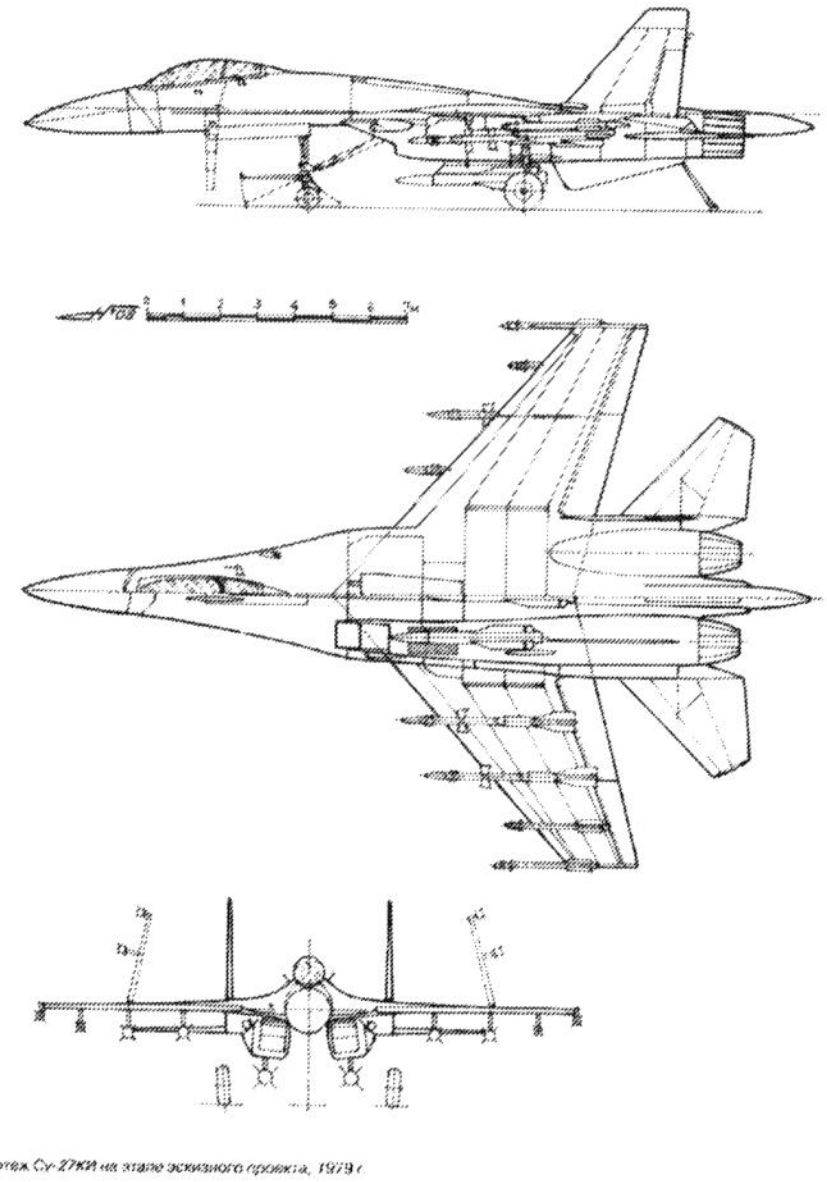

Su-27K「モルニヤ-1」から、T-10Sをベースに改良されたSu-27KI「モルニヤ」案の三面図。

中止となったSu-27KSh「グローザ」計画

第二は、Su-27KSh「グローザ」艦上攻撃機である。こちらは「ブラン」計画におけるSu-28K「グローザ」の流れを汲むものであり、対地・対艦攻撃能力を高めるために兵装士官を加えて複座としている。

機体構成に関しては、T-10の基本設計を活かした並列複座案と、T字尾翼を採用するなどしてより抜本的に設計を改めたタンデム複座案とがあったようだが、最終的には並列複座型が採用されたようだ。この点、のちのSu-32／-34やSu-33UBに似ているようだが、Su-27KSh「グローザ」では機首部分だけでなく胴体の設計にも手を入れ、ウェポンベイ（兵装庫）を設けるなどしている点が異なる。

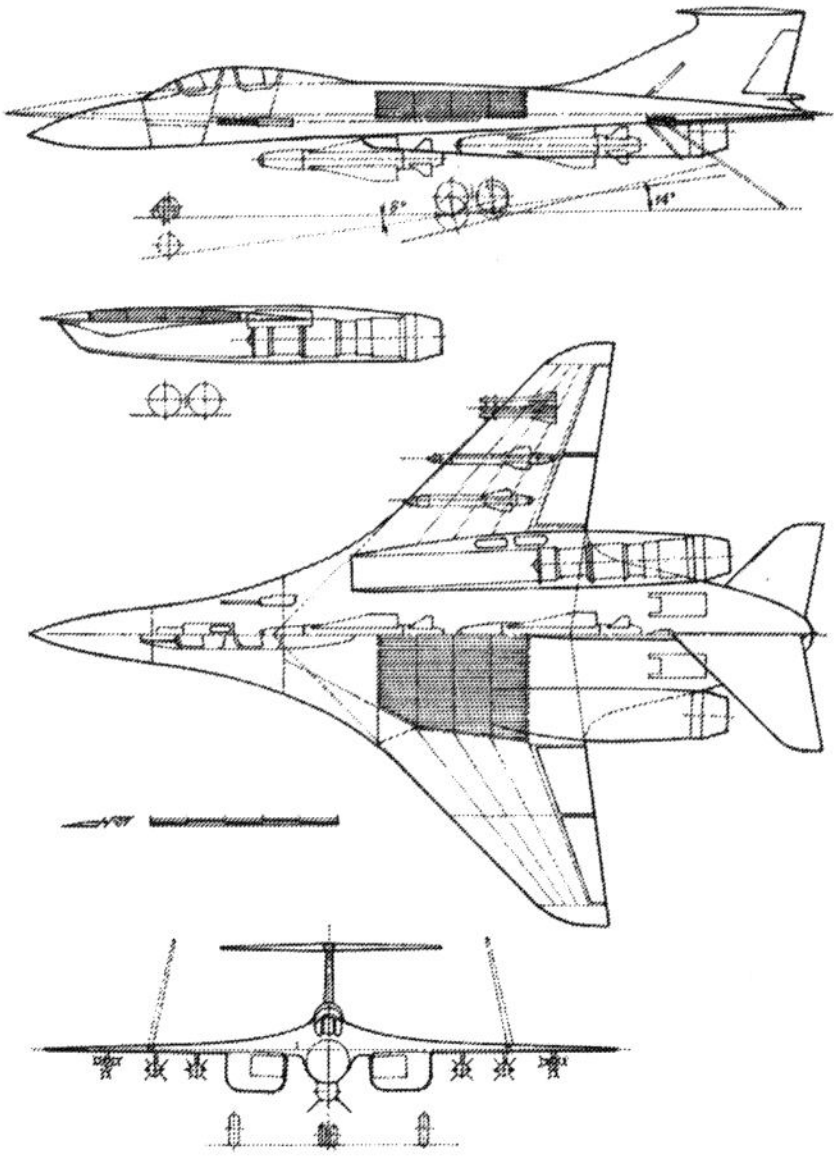

Su-27KSh「グローザ」のタンデム複座案の三面図。

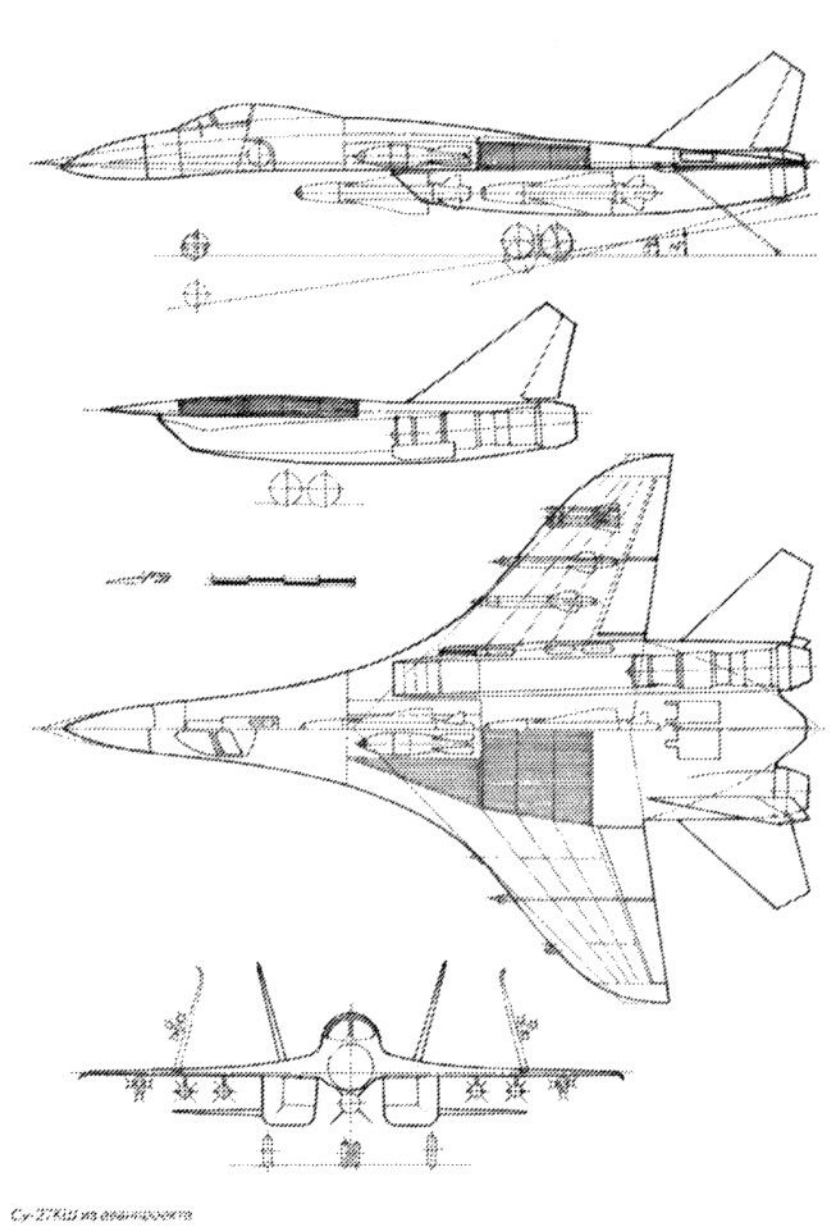

Su-27KSh「グローザ」の並列複座案の三面図。

火器管制システムは、Su-27KI「モルニヤ」のS-27に代わり、多機能レーダーと「カーイラ-12」電子光学システムを統合した「プーマ-2」が搭載される予定であった。

搭載ウェポンとしてはKh-25、Kh-29、Kh-58、Kh-59といった既存の対地ミサイルを搭載できたほか、同機のためにKh-12と呼ばれる対艦巡航ミサイルが開発される予定であった（最大ペイロード約6トン）。

なお、Su-27KI「モルニヤ」の場合と同様、T-10Sの登場後はSu-27KSh「グローザ」もこれに準拠した設計に変更されたと思われるが、現在入手可能な図面ではオージー翼面が採用されており、明らかにT-10の特徴を残している。これが設計変更前のものなのか、最終案なのかは、いまいちはっきりしない。プロジェクト1153の終焉とともに、Su-27KSh「グローザ」もまた計画中止とされてしまったためだ。

一方、Su-27KI「モルニヤ」は空母計画が縮小され続ける中でも生き残り、最終的にSu-27K／Su-33として実用化されている（この点に関しては、のちの回でもう一度詳しく触れる）。

10　知られざるソ連艦載機の系譜（3）――ベリエフとコルチャーギンの汎用艦載機計画

プロジェクト1160を巡るもうひとつの艦載機ファミリー計画

　前回は、プロジェクト1160空母計画に併せてスホーイが提案した「ブラン」計画を紹介した。巨大原子力空母プロジェクト1160の主力艦載機を、T-10（Su-27の原型）ベースの4機種で賄おうという、野心的な計画である。具体的には、制空戦闘機Su-27K「モルニヤ-1」、迎撃戦闘機Su-29「モルニヤ-2」、攻撃機Su-28K「グローザ」、偵察・目標指示機Su-28KRTs「ヴィンペル」の4機種が開発されるはずだった。

　これらは空母航空団の中核戦力を成すものであるが、しかし、物事は「中核」だけでは廻らない。それを支える「周辺」が必要だ。軸しか持たない独楽《こま》というものが成立しないのと同様である。

　そこで今回は、「ブラン」計画と平行してベリエフ設計局が進めていた、汎用艦載機プラットフォームに焦点を当ててみたい。これも一種のファミリー化計画で、空母航空団に必要な各種の支援機を共通のプラットフォームから発展させようというものであった。

対潜哨戒型P-42「ガルプン」

　ベリエフの当初の計画は、共通のプラットフォームから対潜哨戒機や早期警戒機、軽輸送機などを開発するというものだった。計画の責任者は、V・A・コルチャーギン設計官。以前、【5　奇才バルティーニの“空飛ぶ船”（1）――エクラノプランKM（37頁）】で紹介した天才エクラノプラン設計者、バルティーニの設計局出身である。

　最初に開発が始まったのは対潜哨戒（PLO）型のP-42「ガルプン」で、1971年に開発を開始して1976年には飛行試験に漕ぎつける予定であった。それだけ西側の原子力潜水艦が脅威と見なされていたのだろう。

P-42は三座の高翼機で、翼下にD-36ターボファンエンジン(最大推力6500キログラム)をポッド状に搭載する。空母から最大で時速600キロの距離まで進出し、2時間半から3時間にわたって敵性潜水艦の発見・追跡・攻撃などを水上艦と連携して実施できることが設計上の要求であった。

兵装搭載量は2000~3000キログラムで、機体前後のウェポンベイに分けて搭載できる(前部ウェポンベイはコンテナ化されており、着脱可能)。搭載可能兵装は、AT-2魚雷、PR-2「オルラン」対潜ロケット、「ヤストレブ-M」対潜爆弾など。

このほかにはソノブイも搭載することができたが、面白いことに、P-42自身は音響処理装置やソノブイ・オペレーターを搭載していない。おそらく、P-42自身は水上艦の指示に従ってブイを散布したり、最終的な攻撃を行なう手足としての役割を負っていたのだろう。乗員が3名しかいないのもこのためだと推測される。

P-42固有のセンサーとしては、機首に搭載した捜索レーダーと、機尾に引き込み式に搭載した磁気センサー(MAD)とがある。これらで最終的に目標位置を絞り込み、攻撃に移る予定であった。

ところで、P-42はアメリカのS-3ヴァイキングに恐ろしくよく似た外観を持つことでも知られている。当初は全体的な構成が似ているという程度であったが、1972年に固まった初期設計案では、ほとんど見分けがつかないまでになっている。艦上対潜哨戒機として合理的な設計を突き詰めていった結果、同じような外観になってしまったのだろう(主翼の折り畳み方式も、当初は垂直に折り曲げた後、後方へ90度回転させる「グマラン式」であったが、最終的にS-3と同じく機体背部に被さるように大きく折り曲げる方式に変更された)。

想定諸元は、全長20メートル、全幅25・3メートル、巡航速度 時速600~800キロ、上昇限度1万3000メートル、巡航距離4000キロとされている。

空母プロジェクトの仕切り直しにより「タイフーン」計画へ発展

前回も述べたように、プロジェクト1160は軍内部の反対に遭い、結局は実現しなかった。そこでよりコンパクトなプロジェクト1153が浮上してきたわけだが、これに併せて艦載機計画も仕切り直されることになった。艦載機が50機程度まで減少してしまったため、各機種の役割分担などを根本的に見直す必要が生じたのである。

この結果、「ブラン」計画は戦闘機と攻撃機の二本建てからなる「ブラン75」へと縮小されたが、ベリエフの共通プラットフォーム計画は逆に拡大されることになった。「ブラン」計画が縮小した分を、こちらで補うことになったわけだ。

具体的には、対潜哨戒、早期警戒、電子戦、空中給油、軽輸送、地上襲撃の6機種が共通プラットフォームから開発されることになった。設計作業は再びコルチャーギンが担当したが、この時点で彼は自分の設計局を与えられていたため、ベリエフ／コルチャーギン両設計局による共同開発という形式がとられた。

両者が共同で提案した共通プラットフォーム計画は、「タイフーン」と名付けられた。P-42と同じく、高翼・双発ジェットの亜音速プラットフォームである。ただし完全な共有化はやはり無理であったようで、襲撃・電子戦・空中給油型の原型となる「形態1型」と、対潜哨戒・早期警戒・軽輸送型の原型となる「形態2型」が開発されることになっていた。それでも、まったく別の機体とエンジンを開発した場合に比べ、研究開発の手間はそれぞれ4～5分の1および1・5～2分の1に減少すると見込まれたという。

形態1型と形態2型の違い

両形態の主な相違点は主翼で、前者が全幅16メートル、後退角27度の主翼を採用したのに対し、後者の主翼は全幅19メートル、後退角20度であった。つまり、ある程度の高速性能や機動性を要求される形態1型の主翼はアスペクト比を小さく、一方、航続距離や滞空時間を必要とする形態2型は逆にアスペクト比を大きくしたわけだ。ただし、どちらかといえば航続距離・滞空時間が重要なファクターであるはずの空中給油型が、形態1型に入っている理由はよく分からない。

また、形態1型と形態2型ではエンジンも異なっていたようだが、形態1型が「4500キログラム級のターボファン」とされているだけで、どのエンジンを採用予定であったのかは分からない。ただ、前述の主翼とのアナロジーで考えれば、形態1型のエンジンにはバイパス比の小さなもの、形態2型はこれに比べてバイパス比の大きなものを搭載する予定であったものと想像できよう。

そのエンジンの搭載方法であるが、S-3をそのまま引き写したようなP-42とは対照的に、パイロンを介して胴体背面に搭載するという独自の設計をとっている。これはアメリカのA-10攻撃機や、のちのA-40飛行艇にも共通する手法で、敵の砲火や波浪からエンジンを守るための措置と見られる。飛行艇の設計を得意とするベリエフ／コルチャーギン設計局らしい工夫と言えよう。

機体中央部分は、上部がウイング・ボックス、下部が5・5×1・4×1・3メートルのウェポンベイになっている（空中給油型や早期警戒型ではオミットされたと思われる）。上部のウイングボックスは形態2型では大幅に拡大され、ミッション機器や燃料タンクが収容される。また、当時のソ連機としては珍しく、全機が空中給油に対応しているのが特徴的だ。

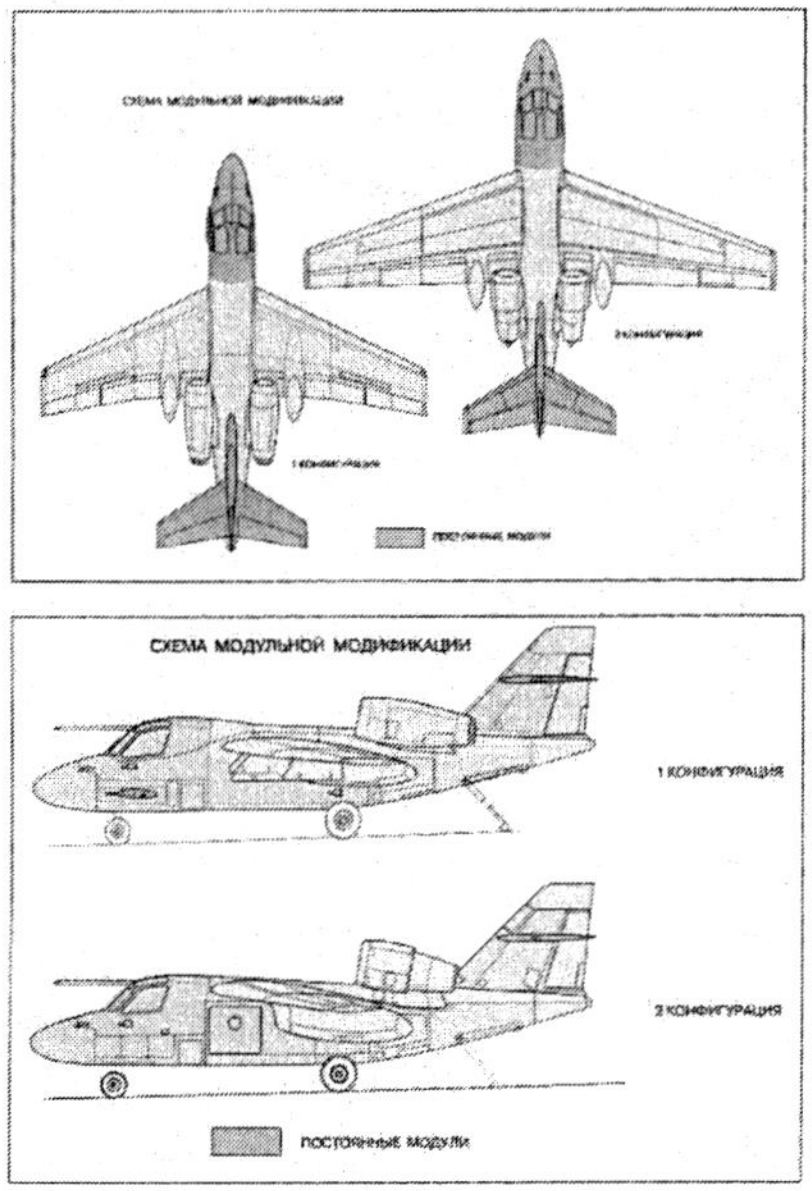

形態1型と形態2型の違い。濃い部分が共通部分を示す。主翼やエンジンなど、機首と尾翼部分以外は違いも大きかったことが分かる。

6タイプの詳細

以下、各タイプの詳細についてもう少し詳しく述べる。

襲撃（ＴＳｈ）型：地上施設、車両、艦船などの攻撃を任務とする。翼下に6か所のハードポイント（各１５００～１６００キログラムまで搭載可）を持つほか、胴体内にウェポンベイ（各７００キログラムまで搭載可）を持つ。搭載ウェポンとしては各種爆弾のほか、Ｋｈ-15空対地ミサイルの搭載が考慮されていた。固定武装は37ミリ機関砲1門。また、魚雷も搭載可能であったとのことであるから、対潜哨戒型とペアを組んで対潜作戦にも参加することを想定していたのだろう。敵の航空優勢下では空対空ミサイルを搭載することもできた。乗員は２名。

電子戦（ＲＥＢ）型：搭載される電子戦システムの詳細などについては不明だが、異なる5方向のレーダーを同時に妨害できる予定であった。３トンまでの兵装を搭載することも可能であったとのことなので、防空網制圧（ＳＥＡＤ）のような任務も想定されていたのかもしれない。乗員は電子戦オペレーターを含めて３名。

空中給油型：他の艦載機・地上発進機への空中給油を任務とする。各2000リットルの追加燃料タンクを2個まで搭載でき、その場合、合計で1万7000リットルの燃料を搭載可能。このうち1万1000リットルまでを他機に給油することができる。設計上は2機のSu-27Kに同時に給油できるが、機体規模が小さいためにドローグ・ホース間に十分な間隔を取れず、受油側は4・5メートルという至近距離で編隊飛行する必要があった。乗員はパイロットと副操縦士兼空中給油オペレーターの2名。

対潜（PLO）型：P-42とは異なり、ソノブイだけでなく音響情報処理システムを搭載する予定であった。システムの名称は不明だが、投下したブイの真上を通過しなくてもブイの位置情報を取得できるものとされていた（西側でも、P-2VやP-3Bまではブイの真上を飛行する必要があった）。このほか、MAD、赤外線センサー、パッシブ電子偵察システムなどを搭載。これらの情報は一括してセントラル・コンピュータで処理され、僚機や水上艦とも共有可能であった。兵装搭載量は、ソノブイも含めて最大2・7トン。乗員はセンサーの増加に合わせて、4名まで増やされている。

軽輸送（PLTS）型：貨物3トンもしくは人員12～14名を搭載可能。キャビン内には貨物搬入用レール（最大荷重1トン）を持つ。アクセスには機体左側のハッチを使用し、米海軍のC-2のようなランプ・ドア（物資の搭載・卸下時に展開して通路となる装置）は持たない。

空中早期警戒（URLD）型：機首と機尾に分散して捜索レーダーを搭載したタイプ。一般的な早期警戒（AEW）機のように機体背部にロートドームを背負う形式にした場合、機体が不安定化し、新たな「形態3」を開発する必要があると分かったため、この方式に落ち着いた。搭載予定のレーダーは明らかでないが、総重量2500～3000キロのものが想定されていたとあるので、あまり大型のものは搭載できなかっただろう。主な任務は、経空脅威の早期警戒、味方機の管制、航空機・艦艇間の通信中継など。地上目標捜索能力も備える予定だったとされる。基本的な機体レイアウトは対潜哨戒型がベースとなっている。オペレーターを3人乗せる都合上、共通点が多かったのだろう。

なお、ベリエフ設計局の資料によれば、想定されていたスペックは以下の通りであった。

（対潜／電子戦型）
全幅：16・0メートル／19・0メートル
全長：15・7メートル／？

全高：5・2メートル／5・5メートル
翼面積：49・5平方メートル／58・9平方メートル
空虚重量：14・5トン／15・3トン
離陸重量：22トン／23トン
燃料搭載量：5トン／5トン
最大速度：時速1070キロ／時速760キロ
航続距離：2520キロ／4050キロ
航続時間：7時間／7時間
上昇率：毎分1320メートル／？
ペイロード：2・5～5・5トン／2・7トン

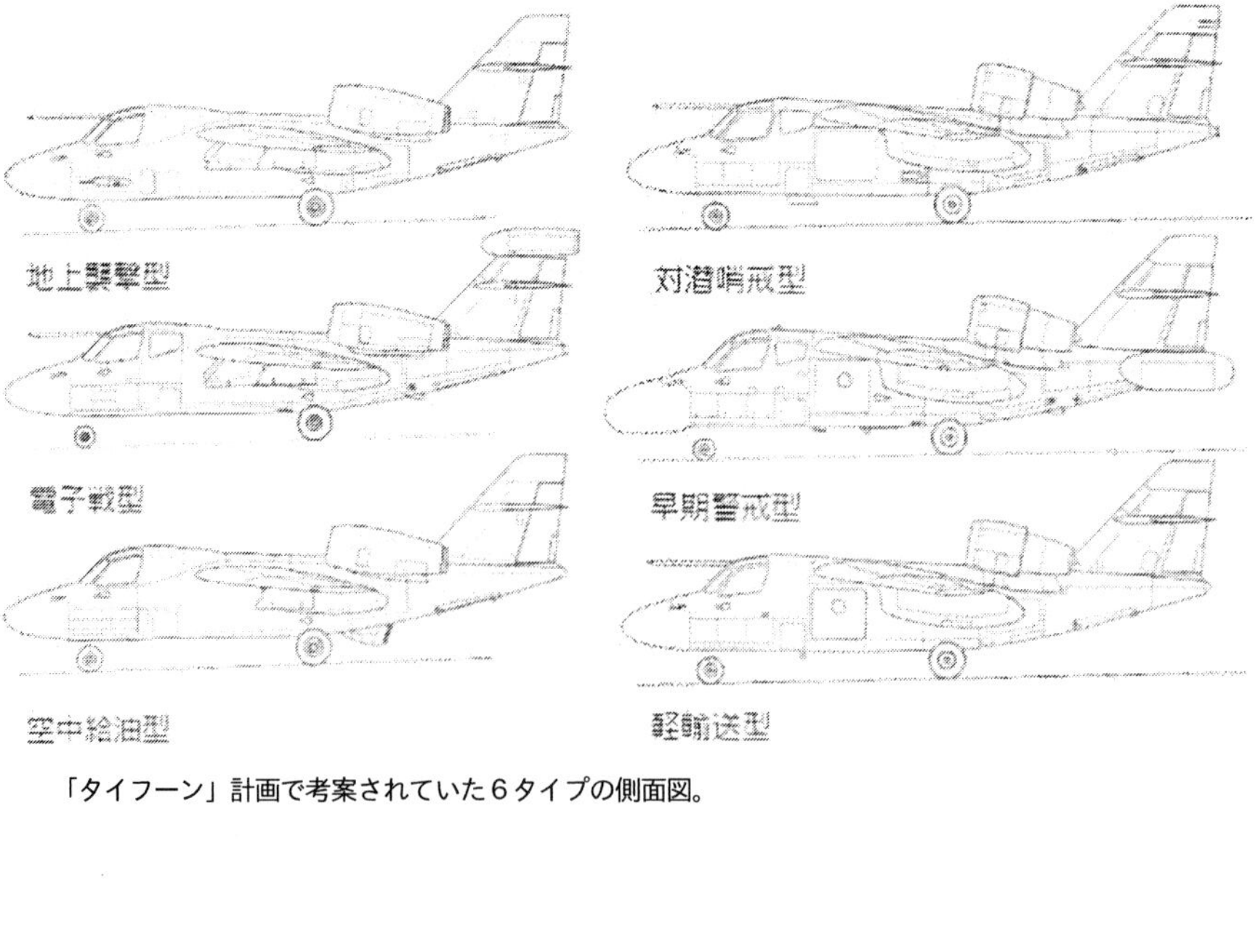

「タイフーン」計画で考案されていた6タイプの側面図。

11　知られざるソ連艦載機の系譜（4）――ヤコヴレフとアントノフの艦載早期警戒機計画

プロジェクト1143・5とプロジェクト1143・7

前回までに見たように、当初計画されていた大型原子力空母プロジェクト1160は軍内部の反発によって実現せず、その縮小版として計画されたプロジェクト1153もまた同じ運命を辿った。

だが、ソ連海軍の空母推進派は諦めなかった。プロジェクト1153よりもさらに小規模なプロジェクト1143・5と呼ばれる新空母計画を打ち出したのである。

このプロジェクト1143・5では、コスト削減のために蒸気カタパルトの搭載は見送られ、代わりに、「スキージャンプ」（ロシア語では「トランポリン」）方式が採用された。飛行甲板の先端部が反り上がった形状になっており、艦載機はこれを駆け上がって離陸するというものである。当然、蒸気カタパルトよりも効率は悪く、離陸重量にも制限が出るが、安くつくことは確かであった。

着艦は、通常のアレスティング・フックとワイヤによる方式が採用された。艦全体のサイズはプロジェクト1153からさらに縮小されて5万5000トン（基準排水量）となり、P-700「グラニート」対艦ミサイル用の垂直発射管（VLS）も12基まで削減された。艦載機は52機を搭載する予定であった。

プロジェクト1143・5で何よりも画期的であったのは、実際に建造に漕ぎつけたという点であろう。1982年にウクライナのニコライエフ造船所で建造が開始され、1985年に進水、1990年には海軍に引き渡された。これが現在のロシア海軍唯一の空母「アドミラル・クズネツォフ」である。

さらに1984年、ソ連海軍は、プロジェクト1143・7とばれる新空母計画に着手した。これはプロジェクト1143・5の拡大・改良版で、排水量が6万トンまで増加したほか、動力が原子力へと変更されている。

また、艦首の「スキージャンプ」や「グラニート」対艦ミサイイルはそのままながら、左舷に張り出したアングルド・デッキには2基の蒸気カタパルトが装備され、艦載機も70機程度まで増強された。

1番艦「ウリャノフスク」の建造は１９８８年から開始され、最終的に4隻建造される予定であったが、ソ連崩壊により、１９９２年には工事が中止され、解体された。

E-2そっくりな艦上早期警戒機Ｙａｋ-44

このプロジェクト１１４３・５／７のために、ヤコヴレフ設計局とアントノフ設計局は、それぞれ独自の艦載早期警戒機案を提案した。まずはヤコヴレフのＹａｋ-44案から見ていくことにしよう。

Ｙａｋ-44の全体的な印象は、米海軍のE-2「ホークアイ」シリーズに極めてよく似ている。高翼式の主翼と双発のターボプロップエンジン、4枚に分割された垂直尾翼、機体背部に搭載されたレーダーのロートドームと冷却用のエアスクープなど、確かにＹａｋ-44はE-2シリーズと多くの特徴を共有している。前回**【10　知られざるソ連艦載機の系譜（3）――ベリエフとコルチャーギンの汎用艦載機計画（73頁）】**で紹介したベリエフP-42と同様、初めての艦載機を作る上で、経験豊富な米海軍の艦載機を参考にしたのは間違いないだろう。

ただし、Ｙａｋ-44の初期設計案には、「ファーケル（「かがり火」の意）」早期警戒レーダーを機首と機尾に分けて搭載するという、まったく異なったバリエーションも存在していた。

また、エンジンについても、主翼のターボプロップ×2基に加えて、離陸用のターボジェットエンジン×4基が搭載されるというかなり独特な設計が予定されていた。

しかし、「ファーケル」レーダーの開発に不具合が続出したことや、離陸用ターボジェットには多大の燃料が必要とされることなどから、結局は「ホークアイ」スタイルのおとなしいデザインに落ち着いたという経緯がある。

軍事予算削減のあおりを受けて計画中止

最終的に固まった案によれば、Ｙａｋ-44は全長20・4メートル、25・7メートル、最大離陸重量30・4トンで、米海軍のE-2C（全長17・56メートル、全幅24・6メートル、最大離陸重量23・85トン）よりもかなり大きな飛行機であることが分かる。左右の主翼にはD27ターボプロップエンジン（各４７００馬力）各1基を搭載し、最高速度 時速７４０キロ、最高巡航速度 時速７００キロを発揮する。

Ｙａｋ-44Ｅの実物大モックアップ。

Ｙａｋ-44Ｅが参考にしたと推測されるアメリカ海軍の艦上早期警戒機Ｅ-２Ｃ「ホークアイ」。

このＤ-27は特徴的な幅広の二重反転式プロペラを採用していたが、前部が８枚ブレードであるのに対し、後部が６枚ブレードという点でもかなり特異な設計であった。想定オンステーション・タイム（任務につける時間）は３・５〜６・５時間。乗員は５名とする説と６名とする説とが見られる。

機体背部のマスト上に搭載したＥ-７００パルスドップラー・レーダーは、直径７・３メートルのロートドーム内に収められており、高度５〜３万メートル、時速40〜３５００キロまでの目標を捕捉できた。

探知距離は、大型目標で３５０キロ、戦闘機サイズ（ＲＣＳ

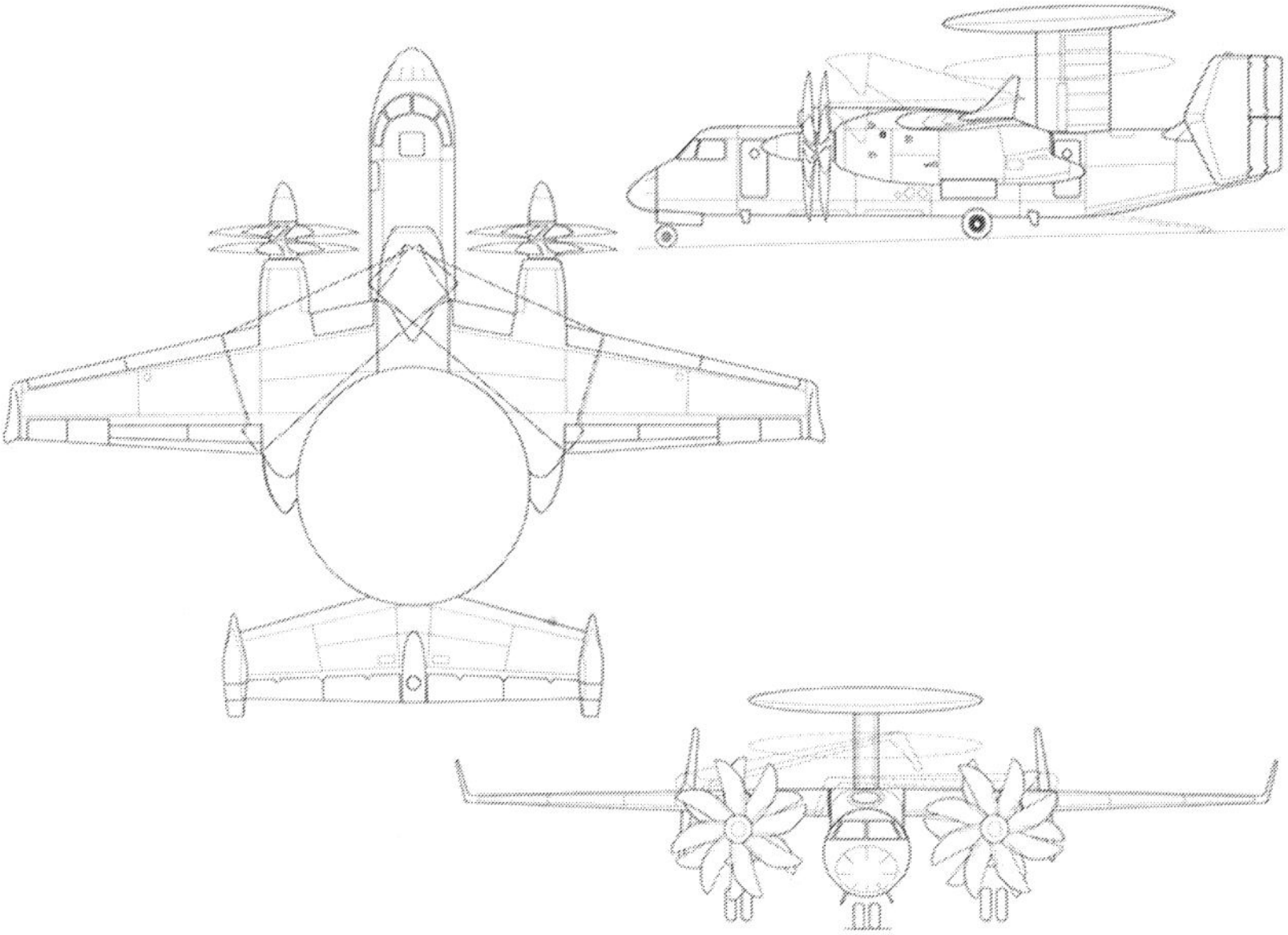

Ｙａｋ-44Eの三面図。

［レーダー反射断面積］３平方メートル程度）の目標で２５０キロ、アメリカのＡＧＭ-86空中発射巡航ミサイルなら２２０キロ、同ＡＧＭ-84対艦ミサイルなら１６５キロの距離で探知可能な性能を持っていたという。同時処理能力については、最大１５００目標を同時に識別し、このうち空中目標なら１５０目標を同時追尾可能であった。また、格納庫に収容する際、Ｅ-７００レーダーのロートドームが天井と干渉するため、マスト部分が伸縮するという機構が備えられていた。

なお、Ｙａｋ-44からの派生形としては、艦上軽輸送機タイプの開発が考慮されていた。このため、早期警戒型のほうを区別してＹａｋ-44Ｅと呼ぶことが多い。また、さらにその先のプランとして対潜哨戒型への発展も考えられていたといわれる。

Ｙａｋ-44の開発は１９７９年から開始され、１９８９年にはタシケントのチカロフ名称航空機工場（TAPOiCh）で試作機の生産準備が整った。さらに１９９０年、実物大モックアップが作成されて関係者へのプレゼンテーションや空母「トビリシ」（「アドミラル・クズネツォフ」の当時の呼称）艦上でテストが行なわれたものの、軍事予算削減のあおりを受けて国防省からの資金は途絶えた。その後、ヤコヴレフは独自に開発を継続しようとしたが、結局、１９９３年に計画は中止に追い込まれている。

空母「トビリシ」のフライトデッキでテストを行なっているＹａｋ-44E。

ただしＤ-27エンジンだけは命脈を保ち、ロシアとウクライナが共同開発したＡｎ-70中型輸送機に採用されている（しかし、Ａｎ-70計画はウクライナ紛争のあおりを受けて現在は凍結されてしまっており、試作のみに終わる可能性が大きそうだ）。

もうひとつの艦上早期警戒機案Ａｎ-71

一方、アントノフが早期警戒機計画に着手したのは1982

1990年9月、Ｙａｋ-44Eを空母「トビリシ」の艦上にてテストしたときの記念写真。

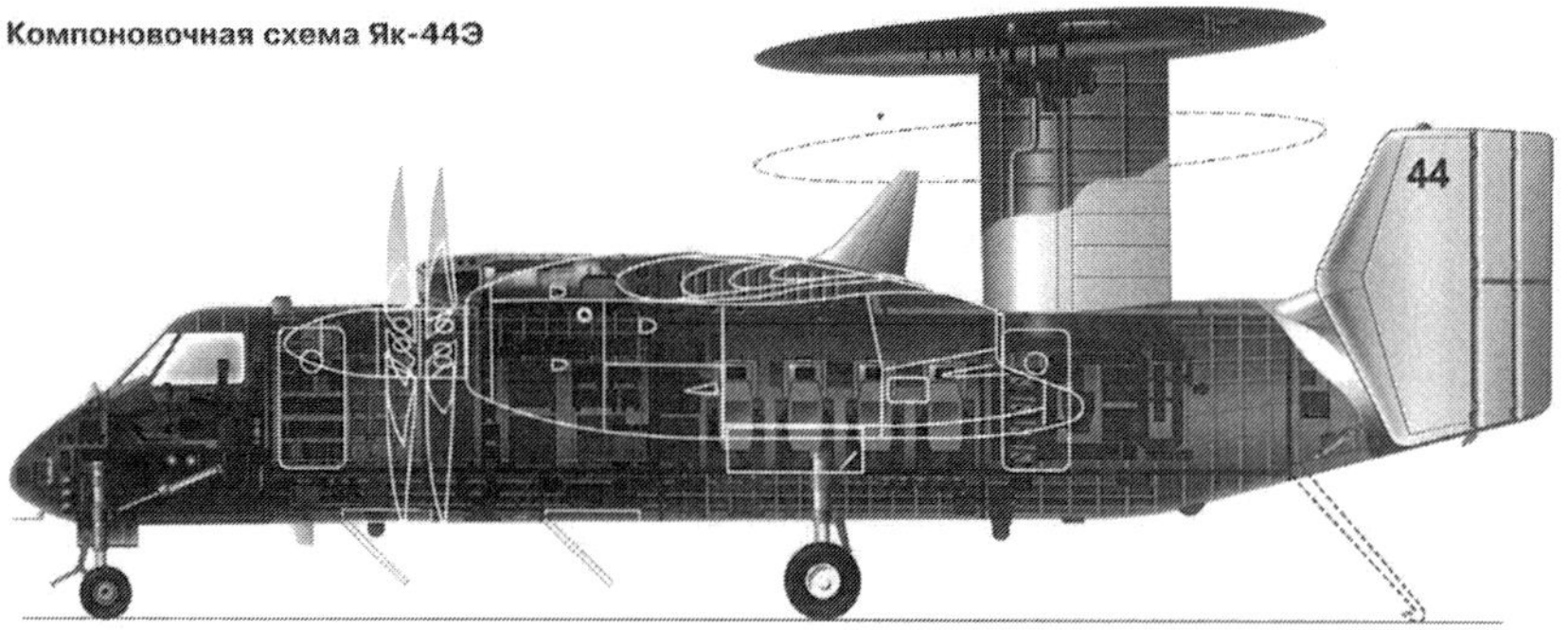

Ｙａｋ-44Eの透視図。格納時にレーダーが邪魔にならないように、マスト部分を伸縮させることができた。

年のことである。An-72小型輸送機をベースとしたAn-71がそれであったが、この時点では艦載機としてではなく、空軍での運用が検討されていた。当時、すでに大型のA-50空中早期警戒管制機の開発が進んでいたが、これはあくまでも防空軍(PVO)向けのハイエンド機であり、対するAn-71は戦術航空部隊の指揮・統制が主任務として想定されていた。

ベースとなったAn-72は、全長28メートル、全幅31・9メートル、最大離陸重量32トンと決して小さな飛行機ではないが、2基のD-36ターボジェットエンジン(推力6500キログラム)を主翼上に装備し、排気を翼上面に吹き付けることで発生するコアンダ効果によって高いSTOL(短距離離着陸性能)を発揮することが可能であったから、前線での運用に好適と見なされたのであろう。

しかし、翌1983年、「ファーケル」レーダーの開発失敗でYak-44E計画の雲行きが怪しくなってくると、予備の艦上早期警戒機計画が必要であると考えられるようになった。そこで白羽の矢が立ったのがAn-71計画で、艦上機バージョンのAn-71Kが急遽開発されることになったのである。

ところで、An-71はYak-44Eと同様、早期警戒レーダーとしてE-700を採用した。したがって、ロートドームを機体背部に搭載していることには変わらないのだが、オーソドックスなマスト方式は採用していない。

というのも、あろうことかレーダーを垂直尾翼の上に積んでしまったのである。もともとT字型に配置されていた水平尾翼を機体後尾へと移し、さらに垂直尾翼をレーダー・マスト兼用の分厚く頑丈なものとして、そこにロートドームが載るという構成だ。当初、アントノフ設計局では通常のレーダー・マスト形式と垂直尾翼搭載方式の双方を検討していたが、レーダー覆域の広さからこの垂直尾翼搭載方式が選ばれたという。この設計案を初めて見せられたとき、当時のO・K・アントノフ

垂直尾翼に載ったレーダーが特徴的なＡｎ-71。

主任設計官は「うん、エキゾチックだ……、だがこれが必要なんだ」と述べて同意したと伝えられる。

艦載機としては大きすぎて開発中止

この気絶するほど個性的な設計の航空機は、実際に試作機が製作され、１９８５年７月には初飛行にまで漕ぎつけた。試作機は３機（うち１機は地上試験用）製作されたが、１号機は、着陸に失敗して破損したＡｎ-72の試作４号機を転用したものであったという。

Ａｎ-72からの変更点としては、前述のレーダー廻りに加え、エンジンがより強力なＤ-４６３Ｋターボファン（推力７５００キロ）になったこと、補助動力装置としてＲＤ-38Ａターボジェット（推力２９００キロ）が採用されたことなどがある。また、尾翼廻りの大改造によって安定性が低下したため、主翼前のフレームナンバー14と15の間に９９０ミリの挿入区画が追加される一方、機体後部を切りつめるなどの対応が取られている。さらに機首のレドームが通常型のＡｎ-72よりも細長い「カモノハシ」型とされたため、全体的な印象はＡｎ-72からはかなりかけ離れたものとなった。

ただし、１９８５年に初飛行した機体は地上運用型のＡｎ-

71であり、したがって着艦フックその他の艦載機としての設備は備えていなかった。

結局、An-71は艦載機に転用するにはあまりに大きく重い機体であるという結論が下され、開発作業は1990年に中止された。試作機のうち1機は、現在もウクライナ国立航空博物館で見学可能である。

なお、アントノフはほぼ同時期、An-72の機体側面にフェーズドアレイ・レーダーを搭載した地上目標監視機An-72Rも開発している。いわばソ連版J-STARSであったが、やはりこれも実用化には至っていない。

側面から見たAn-71。機体後部を切りつめているため、全長は23.5メートルとベースのAn-71（全長28.3メートル）よりも短い。

12　知られざるソ連艦載機の系譜（5）——ヤコヴレフのVTOL艦載機計画

活躍らしい活躍もなかった1143型空母

これまで紹介してきたソ連の艦載機計画はいずれも、カタパルトを備えた正規空母計画とともに浮上し、空母計画自体がさまざまな理由で潰えると同時に歴史の彼方へと葬られてきたものばかりである。

一方、ソ連が空母に分類されるべき艦種を一切実現できなかったわけではない。1970年代末から1980年代にかけて、ソ連は4隻の重武装VTOL（垂直離着陸）空母を建造・配備していた。プロジェクト1143型重航空巡洋艦——いわゆるキエフ級空母がそれだ。

空母のような全通飛行甲板を持ちながら、大型対艦ミサイルを多数搭載するという、これら「異形の空母」は、ソ連国内の空母反対派からの批判をかわし、さらにはボスポラス海峡の空母通航を禁じたモントルー条約を逃れるために、あくまでも「空母」ではなく「巡洋艦」という建前で建造された。このために射程500キロメートル以上にも及ぶ大型対艦ミサイルP-500（西側での名称はSS-N-12）を8基搭載するという、空母としては異例の重武装艦となったわけである。

一方、空母としての性能は、VTOL戦闘機×12機と各種ヘリコプター×16機を運用可能で、同時期に建造されたイギリスのインヴィンシブル級空母（基準排水量1万6000トン、VTOL機×16機、ヘリコプター×6機搭載）をかなり上回る。

だが、実態はほとんど逆だった。インヴィンシブル級がフォークランドから中東、アフガニスタンに至るあらゆる戦場に出現して活躍し続けてきたのに対し、それよりずっと大きな航空機運用能力と打撃力を有する1143型は、ほとんど活躍らしい活躍もしないままに1990年代までに退役してしまっていた。

あまりに問題が多かったＹａｋ-38戦闘機

１１４３型の活動実績がパッとしなかった最大の理由は、〝主兵装〟であるＹａｋ-38戦闘機の性能の低さにある。もともとＶＴＯＬ実験機Ｙａｋ-36の大幅改良型（Ｙａｋ-36Ｍ）という位置づけで開発されたのがＹａｋ-38であったが、同機はさまざまな欠陥を抱えていた。レーダー火器管制装置を持たない点や超音速飛行が不可能な点はイギリスのハリアーと変わらないが、そのハリアーと比べても、Ｙａｋ-38の性能はかなり見劣りするものだったのである。

第一に、Ｙａｋ-38の最大航続距離は４１０キロ、作戦行動半径となると１９５キロしかなく（いずれもＶＴＯＬ運用時）、それぞれ１９００キロ／４２０キロのハリアーＧＲ．１に比べると致命的に脚が短かったことが挙げられる。ハリアー・シリーズが主エンジンの排気を推力偏向ノズルで下方へ噴出させてＶＴＯＬする方式であったのに対し、Ｙａｋ-38では、主エンジンとは別に２基のＲＤ-36-35ＦＶＲエンジンをＶＴＯＬ専用に搭載していた。そのため燃料搭載量が減少し、さらに飛行中には常にデッド・ウェイトを抱えている状態になっていたことが、これほどの性能低下を招いたようだ。

第二に、Ｙａｋ-38は、ハリアーのような通常離着陸（ＣＴＯＬ）や短距離離着陸（ＳＴＯＬ）が行なえなかった。ハリア

1967年７月、ドモジェドヴォ航空祭の前に、試験飛行を行なうＹａｋ-36「フリーハンド」試作２番機。

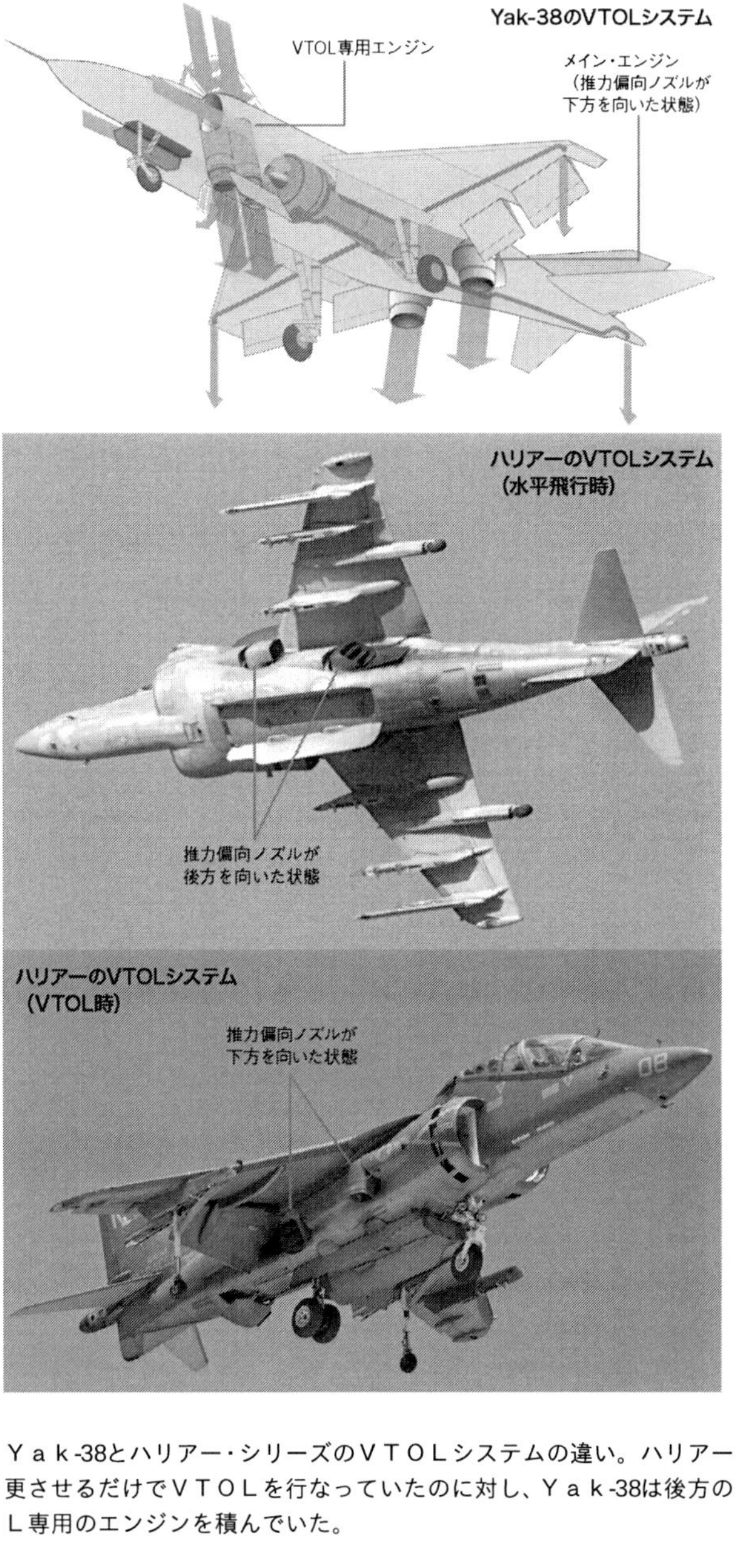

Ｙａｋ-38とハリアー・シリーズのＶＴＯＬシステムの違い。ハリアーが推力偏向ノズルの向きを変更させるだけでＶＴＯＬを行なっていたのに対し、Ｙａｋ-38は後方のメインエンジンの他にＶＴＯＬ専用のエンジンを積んでいた。

ー・シリーズでは、必要な場合以外は燃費の悪いＶＴＯＬ運用を避け、ＣＴＯＬやＳＴＯＬによって、燃料搭載量や兵装搭載量を増やすことができた。

たとえばシー・ハリアーＦＲＳ．１の場合、ＶＴＯＬ時の兵装搭載量は１トン程度でＹａｋ-38とほとんど変わらないが、ＳＴＯＬ時には２・３トン程度まで搭載することが可能となる。しかしＹａｋ-38は（おそらくは高速性能を狙って）小さな主翼を採用したため翼面荷重が高くなり、空母の飛行甲板から短距離離陸を行なうことができなくなってしまった。これは、Ｙａｋ-38が常に非効率なＶＴＯＬ運用を強要され、運用上の実用限界が前述の行動半径１９５キロ／ペイロード１トンに限定されることを意味している。

搭載できる兵装自体も貧弱なもので、赤外線誘導空対空ミサイル（ＡＡＭ）のほかは、若干の無誘導爆弾やロケット弾を搭載できる程度にすぎなかった。レーダーはおろか赤外線捜索追尾（ＩＲＳＴ）システムさえ持たず、ASP-PFD-21光学照準装置しか持たなかったのだから当然ではある。もちろん、全天候作戦能力も持たない（とはいえ、これは「レーダー・ハリアー」が登場する以前のハリアー・シリーズでも同様であったが）。

１９８０年４月、ソ連海軍は４機のＹａｋ-38をアフガニスタンへと派遣し、高地での実戦条件下で１０７ソーティ（飛行任務）を実施したものの、ほとんど見るべき成果を挙げられな

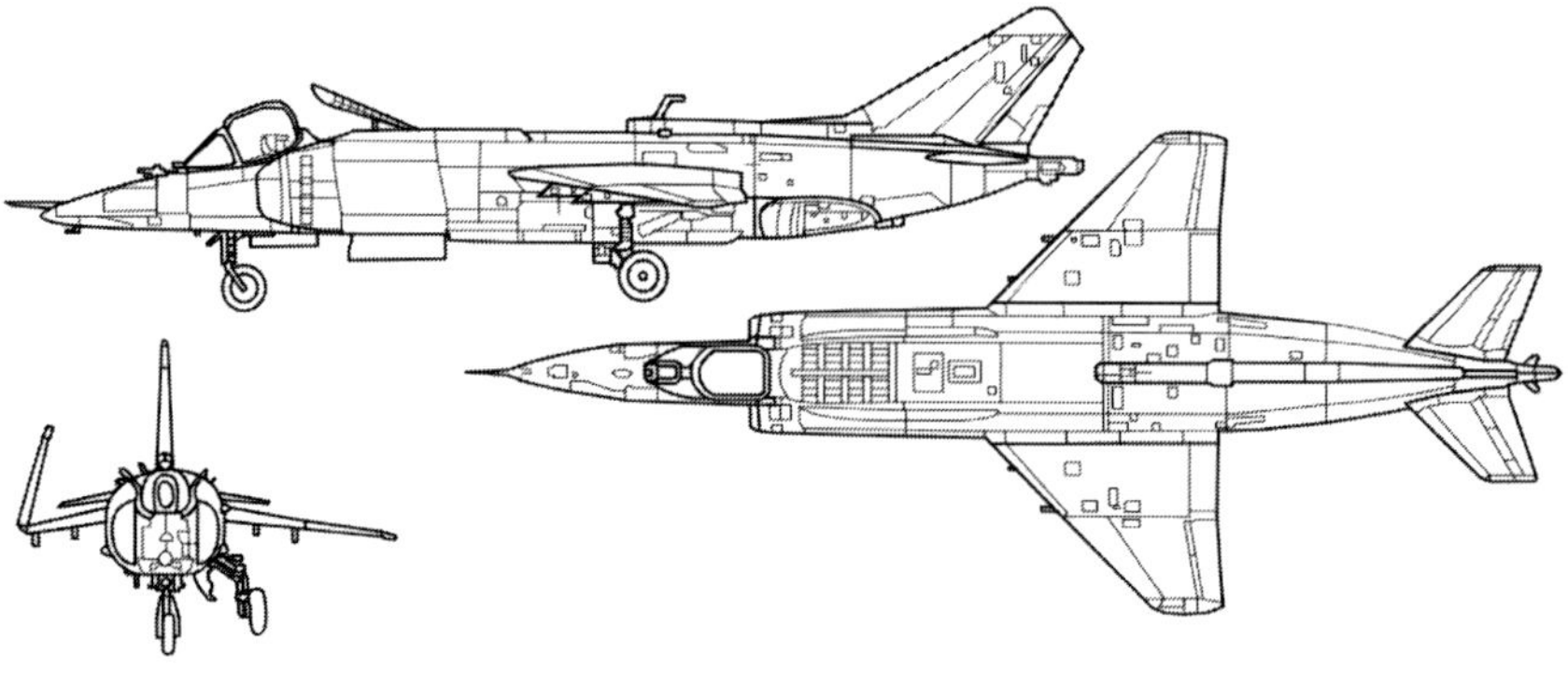

Ｙａｋ-38の三面図。主翼が非常に小さいのが分かる。

かったと伝えられる。

いずれも実現しなかったＹａｋ-38改良計画

もっとも、以上のような欠陥は、開発元であるヤコヴレフ設計局でも早い段階から認識されていた。Ｙａｋ-36の改良型という出自からも明らかなように、Ｙａｋ-38は本格的なＶＴＯＬ戦闘機のプロトタイプとして位置づけられていたものにすぎず、ソ連海軍も最初からあまり大きな期待は抱いていなかったように見える。

そこで、Ｙａｋ-38の配備と並行して、Ｙａｋ-38の改良計画が開始された。

その第一はＹａｋ-38Ｍで、主エンジンをＲ-27Ｖ-３００（推力６１００キログラム）からＲ-28Ｖ-３００（推力６７００キログラム）へ、ＶＴＯＬ用エンジンをＲＤ-36-35ＦＶＲ（推力３０５０キログラム×2）からＲＤ-38（推力３２５０キログラム×2）へと換装するものであった。これによって艦上からでもＳＴＯＬ運用が可能となり、航続距離は６００キロまで延長された。

とはいえ、これでも依然として航続距離が十分とはいえず、ペイロードの少なさや全天候作戦能力の欠如も改善されないままであった。結局、Ｙａｋ-38Ｍの生産は50機弱で打ち切られている。

第二に、Ｙａｋ-38Ｍのさらなる能力向上型として、Ｙａｋ-38ＭＰが計画されていた。これは、Ｙａｋ-38ＭにＭｉＧ-29と同様のＮ０１９火器管制レーダーを搭載し、中距離空対空ミサイルの運用を可能にしようというものであった。

この案は１９８１～82年にかけてヤコヴレフ設計局内で検討されたが、結局は放棄されている。ただでさえ航続距離の短さで苦しんでいるＹａｋ-38に、本格的なレーダーを搭載することは現実的ではなかったのだろう。これと似た計画として、Ｋｈ-31対艦ミサイルを運用可能なＹａｋ-38ＴＳという計画もあったが、やはり実現しなかった。

第三案は、より根本的な性能向上を目指すものである。これはＹａｋ-39と呼ばれる全天候型戦闘攻撃機案で、Ｙａｋ-38Ｍをベースとしつつも複合材製の大型主翼によって翼面荷重を下げ、さらに燃料搭載量を増加させて戦闘行動半径を４５０キロまで拡大するというものであった。また、Ｓ-41Ｄレーダーを中心とするＰｒＮＫ-38火器管制システムを搭載することで、全天候作戦能力と中距離空対空ミサイル／空対艦ミサイル運用能力も付与する予定であったと伝えられる。

Ｙａｋ-38ＭＰに比べればずいぶんと実用的な改良案に聞こ

えるが、しかし、結局はこの案も実現しないままに葬り去られた。ここまで徹底的な改良を行なうなら、最初から新規設計したほうが最終的な性能も費用対効果も高いと考えられたようだ。

抜本的に改良されたＹａｋ-41

そこで抜本的な性能向上型ＶＴＯＬ機として計画されたのが、「製品48」——のちのＹａｋ-41であった。とはいえ、その方向性を巡ってはヤコヴレフ設計局内でもかなり議論があったらしく、計画の最初期に検討された15ほどのコンセプト・スタディの中には、Ｙａｋ-36を超音速化したかなり〝トンデモ〟な案も含まれていた。

この案では、飛行中のデッド・ウェイトとなるリフトジェットを廃止するため、大型化された胴体下面にエンジンが1発のみ搭載されている。ちょうど機体重心位置にノズルが突き出しているため、そのまま真下に向ければＶＴＯＬが可能という仕組みだ。

ところがヤコヴレフ設計局に残された概念モデルを見る限りでは、どうもノズル位置の関係で主脚の収容スペースがなくなってしまったらしく、自転車の補助輪に似た奇妙に細長い脚が胴体後方から突き出ているのが滑稽でもあり、どこか不気味でもある。さらに機首インテイクの上部にはショックコーンを兼ねたレドームが突出しており、何やら余計に不吉な雰囲気だ。

「製品48」初期案のイメージ模型。細長い主脚や機首下のレドームが特徴的。

もちろん、この案は採用されなかった。それどころか、最終的に採用されたＹａｋ-41の機体デザインは、第四世代戦闘機の特徴を盛り込んだ非常に洗練されたものであった。

まず、Ｙａｋ-38よりも太く丸みを帯びた機首にはＳ-41Ｄ火器管制レーダーが搭載され、Ｒ-27中距離空対空ミサイル（のちにＲ-77も）の運用が可能となった。機体の制御には３重のフライ・バイ・ワイヤが導入されているほか、機体全体の約25パーセントは複合材料とされていた。

先進的だったエンジンの搭載方式

さらに先進的であったのは、エンジンの搭載方式だ。Ｙａｋ-41以前のＶＴＯＬ機は、ハリアーやＹａｋ-36／-38を含め、いずれも主エンジンの排気をダクトで可変ノズルに導くという方式をとっていたが、これではいかにもロスが大きい。

これに対してＹａｋ-41では、ノズルが通常の単発戦闘機のように機体後方に突出しており、これを３つに分割された回転式ダクトを用いて９０度下方へ曲げるという方法を採用している(さらにコクピット後方にもリフトエンジン２基を搭載)。

ちなみにＹａｋ-41の主エンジンであるＲ-79Ｖ-３００はソユーズ設計局が専用に開発したもので、ドライ推力９０００キログラム、アフターバーナー使用時で1万５５００キログラムを発揮可能であった。飛行性能も、最大速度マッハ１・７４、航続距離２１００キロ、戦闘行動半径６９０キロと、Ｙａｋ-38と比べて格段に向上している。最大搭載量も、ＶＴＯＬ時では約1トンとＹａｋ-38やハリアーと変わらないが、ＳＴＯＬが可能になったことにより、実用上は約２トンまで拡大された。

「Ｙａｋ-１４１」の偽名で世界記録を打ち立てる

しかしＹａｋ-41は、さらに２機の試作機が製作されたもののそのまま実用とはならず、さらなる発展型のＹａｋ-41Ｍが１９８７年から飛行試験を開始した。Ｙａｋ-41の開発が難航し、予定されていた１９８２年の初飛行に間に合わなかったため、いっそのことより本格的な多用途戦闘機へと発展させることが決まったためだ。

主な改良点は、火器管制レーダーがＮ０１９へと変更されたことで、これによってＫｈ-25やＫｈ-31などの標準的な空対地／空対艦ミサイルの運用が可能になった。さらに主翼前縁が延長されてＬＥＲＸを形成しており、機体の機動性を高めている。

一連の飛行試験において、Ｙａｋ-41Ｍは優秀な飛行性能を示し、1万５０００メートルまでの上昇記録など、21の世界記録を打ち立てた。ただし、これらの記録を申請する際、Ｙａ

1992年のファンボロー航空祭でＶＴＯＬを行なうＹａｋ-41（Ｙａｋ-141）。

ｋ-41Ｍの正式名称を公表することを軍が嫌ったことから、申請には「Ｙａｋ-１４１」の名称が用いられた。今日、一般に定着しているＹａｋ-１４１の名は、いわば〝偽名〟だったわけである。

Ｙａｋ-41／１４１シリーズには、さらなる発展型も予定されていた。

その第一はＹａｋ-43（またはＹａｋ-１４１Ｍ）で、エンジンをＴｕ-１６０戦略爆撃機と同じＮＫ-３２１に換装したパワーアップ型である。これによってＳＴＯＬ時の最大兵装搭載量は４・２トンに、戦闘行動半径は９００キロまで増大する予定であった。

また、インテイク脇の胴体には傾斜がつけられていたほか、兵装は胴体左右のウェポンベイ内に収めるなど、一定のステルス性も意識していたようだ。

さらにヤコヴレフ設計局では、これを第五世代ＶＴＯＬ戦闘機Ｙａｋ-２０１へと発展させる計画であったが、いずれもソ連崩壊後の資金不足から日の目を見ることはなかった。

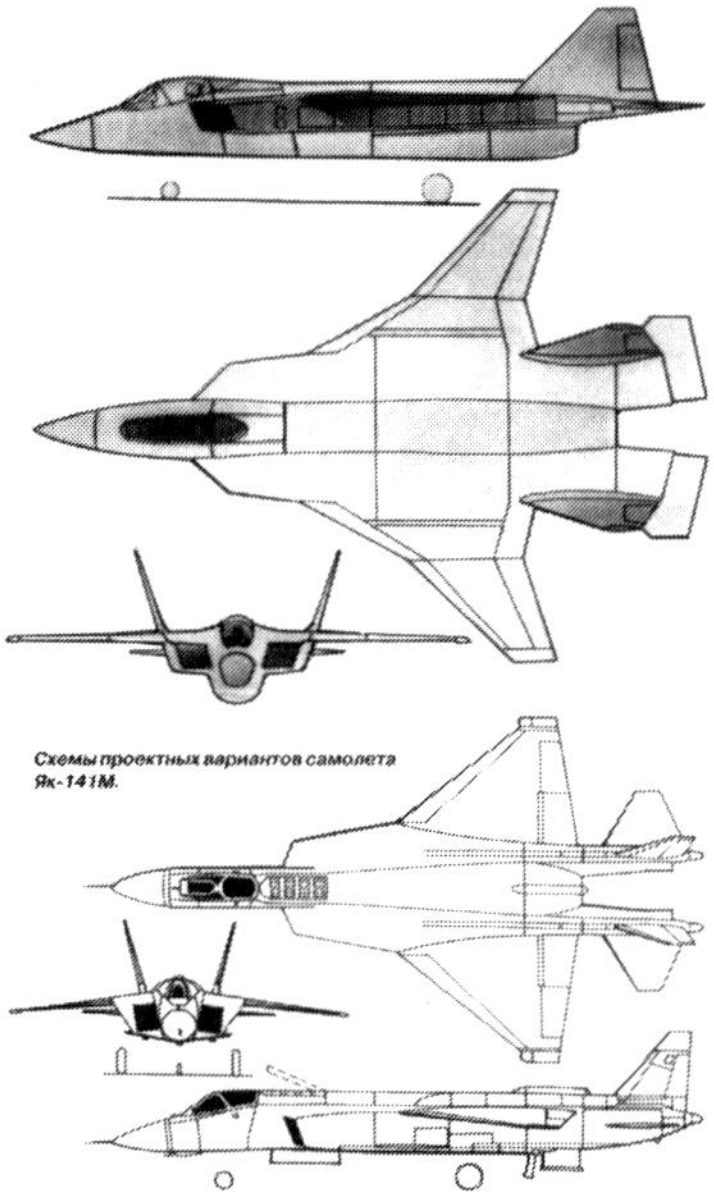

Ｙａｋ-41の発展型であるＹａｋ-43（またはＹａｋ-１４１Ｍ）のイメージ三面図。胴体側面にはウェポンベイを備える予定だったとされる。

13 知られざるソ連艦載機の系譜（6）——スホーイSu-27KMとSu-33KUB

Su-27の後継機S-32をベースに開発がスタート

前回はYak-38の改良プランを中心に、垂直離着陸艦載機について概観した。ここで軌道を元に戻そう。すなわち、これまで紹介してきた通常離発着型艦載機の系譜を再び追ってみることにしたい。

1143・5型空母（「アドミラル・クズネツォフ」級）とSu-27K（のちのSu-33）の実用化により、ソ連海軍は一応、まともな洋上航空兵力を手に入れることができた。Su-27K／-33のベースは空軍向けの最新鋭戦闘機Su-27であったから、Yak-38はもちろん、米海軍の空母航空団と比較しても単体では決して遜色のない艦載機であったと言える。

だが、ソ連海軍は、さらに高性能な艦上戦闘機の導入を検討していた。それがSu-27KMである。ロシア語の兵器名称におけるMはModernizirovannyiすなわち「改良型」の意味なので、字面通りに読めばSu-27K／Su-33の改良型ということになるが、実態はまったく異なる。開発した設計局こそ同じスホーイ設計局だが、実際にはSu-27の後継機として計画されていたS-32（のちのSu-47）をベースとする艦上戦闘機であったためだ。

単発小型機の予定が双発機に変更させる

S-32計画の源流は、1983年まで遡る。Su-27を成功に導いたスホーイ設計局のミハイル・シモノフ局長は前進翼（ロシア語ではKOS）に強い関心を有しており、S-22と呼ばれる計画をスタートさせた。これは中央流体力学研究所（TsAGI）の開発した「ウートカ（アヒル）」と呼ばれる機体形状（Su-27やMiG-29のベースとなったもの）に前進翼を組み合わせた単発機で、離陸重量20～24トンの小型機として計画されたものである。

そのメリットとしては、

・機動性（特に低速時）の飛躍的向上
・大ペイロード時の揚力向上（約30パーセント）
・亜音速での航続距離増大（代わりに低速時の翼端抵抗は増大）
・中速度域での操縦性改善
・動翼の操作性改善と離着陸距離の短縮
・接地速度の改善
・対スピン特性の改善
・機内容積（主翼・胴体）の拡大による機内搭載ペイロードの増大

などが挙げられている。また、当時ミコヤンが第五世代戦闘機計画ＭＦＩ（多用途前線戦闘機）計画向けに開発していた1・44と比較しても、空気抵抗の減少によって速度性能が向上することが見込まれていた。

したがって、この時点では確かにＳｕ-27系列の大幅な改設計型といえなくもない。しかし計画が進むにしたがって、これを双発機として発展させようという動きが出てきた。こうなると、もはや「ウートカ」の拡大改良では間に合わなくなり、スホーイ設計局はミハイル・ポゴシャン主任設計官を計画担当

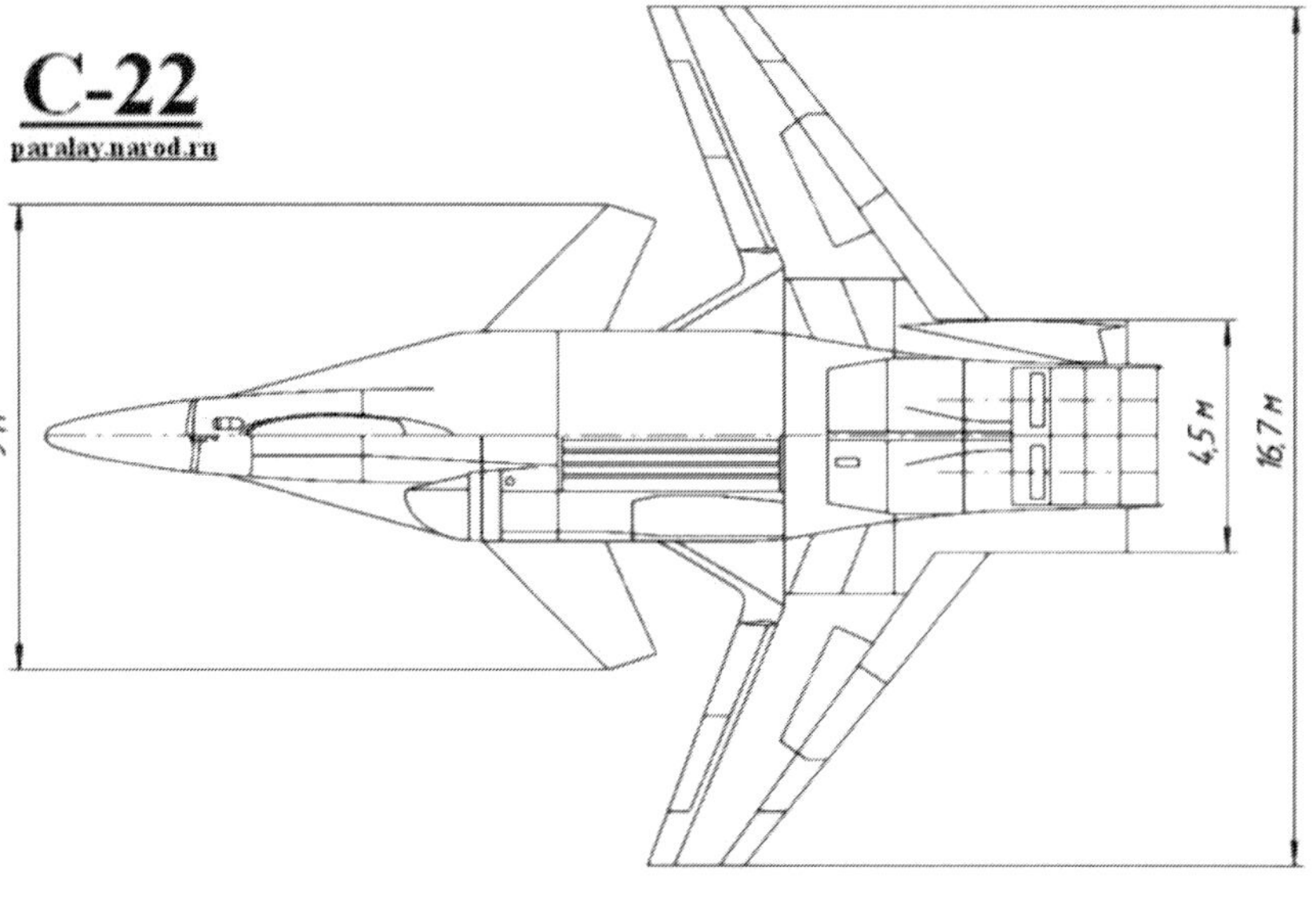

前進翼＆単発機であった、当初のＳ-22案。

者として、まったく新しいS-32計画としてスタートさせることを決定した。

ちなみにポゴシャン(日本の読者には少し奇異に感じる名前であろうが、ianが語尾につくことからも分かるように、彼はアルメニア系である)はのちに民営化されたスホーイ・カンパニー全体の社長となり、さらに2011年にはロシアの航空産業を統合して設立された国営企業「統一航空機製造会社(OAK)」の総裁にまで登り詰める人物である。

新型艦載機であることを誤魔化すため!?

当初、S-32のエンジンは、Yak-141用に開発されたクリモフRD-79M(推力1万8500キログラム)に推力変更制御(TVC)ノズルを装着することを予定していた。しかし途中から、第五世代戦闘機用として開発されていたサトゥルンAL-41F(推力2万キログラム)へと計画が変更された。S-32がソ連空軍向け第五世代戦闘機計画の候補となったため、空軍からの要求である超音速巡航(スーパークルーズ)性能を持たせるための措置だったと見られる。

また、S-32にはソ連戦闘機としては初めてLO(低観測)性が適用されることになり、RCS(レーダー反射断面積)を低減させることでステルス性を高める工夫も随所に盛り込まれた(垂直尾翼が内側に大きく傾斜しているのも、その一環である)。

さらに、高機動時のパイロットの負担を軽減するため、ズヴェズダー設計局が開発した新型の可変式射出座席を採用することも決まった。火器管制システムについてははっきりしたことが分からないが、当時、第五世代戦闘機用に開発中であったフェーズドアレイ・レーダーのいずれかを搭載する予定であったようだ。


さて、ここでSu-27KMである。これまで見てきたように、当時のソ連海軍ではすでに2隻の1143・5型空母が実用化に近づいており、さらにカタパルトを備えた1143・7型原子力空母「ウリヤノフスク」もウクライナのニコライエフ造船所で1988年に起工されることになっていた。

これらの新鋭空母に搭載する次世代艦載機として選ばれたのがS-32であったわけだが、前述のようにその名称はSu-33の改良型を示すSu-27KMとされた。これは筆者の推測であるが、当時のソ連軍(海軍も含めて)では金食い虫の空母が他の装備計画を圧迫することへの反感が常に存在しており、そうした空気の中では新型艦載機の予算は通りにくかったのであろう。そうした中でひねり出された一種の苦肉の策が、Su-27KMの名称であったのだと思われる。

計画開始時のＳｕ-27ＫＭのイメージ。

艦載機としての難点と計画の中止

　だが、Ｓ-32／Ｓｕ-27ＫＭには、ソ連海軍の空母で運用する上での大きな困難があると考えられた。これまで何度か書いてきたように、1143・5型空母はカタパルトを持たず、スキージャンプを駆け上がって離陸し、着艦フックで回収するというSTOBAR方式を採用していた。当初、原子力空母「ウリヤノフスク」ではカタパルトの搭載が予定されていたが、予算の問題から当初の4基搭載は認められず、艦首側が従来通りのスキージャンプで、舷側のアングルド・デッキのみがカタパルト搭載という変則的な仕様になっている。

主翼を折り畳んだ際のＳｕ-27ＫＭのイメージ。

　したがって、いずれにしてもソ連海軍の空母艦載機はスキージャンプによる発艦が前提となるわけだが、離陸重量が40トンにも達するＳ-32／Ｓｕ-27ＫＭにこのような運用が可能なものかどうか危ぶまれたのである。しかもＳ-32／Ｓｕ-27ＫＭには、構造上の問題もあった。というのも、Ｓｕ-27Ｋ／Ｓｕ-33では主脚が後方へ引き込まれる形式であるのに対し、Ｓ-32／Ｓｕ-27ＫＭの主脚は前方に跳ね上げる形式であるため、前方からカタパルトで引っ張ると強度が不足してしまうのだ。つまり、スキージャンプにせよカタパルトにせよ、艦上運用を行なうにはS-32のままでは重大な問題を抱えていることになる。

そこで、Su-27KMでは、前進翼をより揚力と失速角度が大きな新型へと換装することにより、スキージャンプを駆け上がりながら瞬間的に高迎え角で浮き上がるという特殊な発艦方法を採用することになった。垂直に近い角度で浮上し、また落下しながら艦から離れていくという弾道型の発艦コースである。

こうしてSu-27KMの実用化には一定の目処がついたわけだが、1989年、ソ連政府の軍需産業委員会（VPK）は計画の中止を決定した。ゴルバチョフ政権の軍縮路線の一環であった。

一方、原型のS-32に関してはスホーイの独自予算で継続が認められ、技術実証機S-37も完成した。S-37にはのちにSu-47というロシア空軍の制式ナンバーも与えられたが、結局、採用されることはなく、さらなる新型戦闘機PAK-FA／T-50（Su-57）のテスト・ベッド（実証試験のための架台）として使用されることになった。

幻の艦上戦闘爆撃機Su-27KUB／Su-33UB

最後に、ソ連崩壊後に計画された幻の艦載機として、艦上戦闘爆撃機Su-27KUB／Su-33UBを紹介しておこう。

再び名称の解釈から始めると、UBとはUchebno-boevoi、すなわち「訓練・戦闘型」の意である。Su-27KMの場合とは異なり、こちらは実際にSu-27K／Su-33をベースとして開発された機体で看板に偽りはない。

ただし、空軍向けの訓練・戦闘型であるSu-27UBがSu-27Sに後席を追加しただけのタイプであるのに対し、Su-27KUB／Su-33UBは、徹底的な見直しを加えている点が大きな相違点だ。

まず目に付くのは、操縦士と航法士を並列に並べたサイド・バイ・サイド型のコクピット配置だ。操縦士と航法士が縦に並ぶタンデム型（座席を直列に並べる配置）配置に比べ、サイド・バイ・サイド方式は機内での意思疎通が図りやすいとされており、これまでにもスホーイはSu-24戦闘爆撃機でこの配置を採用した実績がある。Su-27の戦闘爆撃機バージョンとして開発されたSu-27IB／Su-34でもこの配置は受け継がれており、スホーイ製戦闘爆撃機のトレードマークとなった感もある（ミコヤンではMiG-25の戦闘爆撃機バージョンとして検討したことがあるが、結局は実用化されていない）。

このＳｕ-34はＳｕ-27ＫＵＢ／Ｓｕ-33ＵＢと兄弟機のような関係にあり、サイド・バイ・サイド配置のコクピット部分を両者は共有している。だが、Ｓｕ-34の機首が左右に張り出した鋭いエッジを持っているのに対し、Ｓｕ-27ＫＵＢ／Ｓｕ-33ＵＢの機首は丸みを帯びており、大きく膨らんだコクピット部とは連続した曲線でつながっている。「カモノハシ」と渾名《あだな》されるＳｕ-34の鋭角的な印象に対し、どうにも怪物じみて不気味な印象だ。

Ｓｕ-27ＫＵＢ／Ｓｕ-33ＵＢ（上）とＳｕ-34（下）。Ｓｕ-33ＵＢもサイド・バイ・サイド配置のコクピットではあるが、「カモノハシ」と渾名されるＳｕ-34とは違った機首の外観をしていた。

一方、主翼は従来型のＳｕ-33よりも面積を8平方メートル増加させて、翼面加重の低下を図っている。そのほか、断面を新型のスーパー・クリティカル翼とすることで、Ｓｕ-27よりも空気抵抗が10パーセントほど改善された。さらに垂直尾翼・水平尾翼・カナード翼も大型化され、縦安定と水平方向の操縦性が強化されている。

火器管制システムには当初、「ジューク-27」パッシブ・フェーズドアレイ・レーダーが予定されていたが、途中からより高性能の「ジューク-M」を搭載するように計画が変更されたようだ。エンジンはＴＶＣノズル付きのＡＬ-31ＦＰ（推力1万2500キログラム）×2である。

Ｓｕ-33ＵＢはソ連解体後にスホーイ設計局が独自資金で進めてきたもので、1999年に試作1号機が初飛行した。

ロシア海軍は当初、唯一の空母「アドミラル・クズネツォフ」用の艦上攻撃機として一定数を購入する意向を見せていたが、のちにミコヤンのＭｉＧ-29Ｋを採用することが決まったため、採用はかなわなかった。頼みにしていた中国への輸出に関しても、中露がそれぞれ希望する売却数が折り合わず、結局は頓挫している。

こうしてＳｕ-33ＵＢもまた、幻の艦載機のリストに列せられることになったのである。

1999年４月に初飛行を行なったＳｕ-27ＫＵＢ／Ｓｕ-33ＵＢの試作機。

14 国章「双頭の鷲」を連想させる異形のステルス攻撃機・スホーイT-12

スホーイも参画していたエクラノプラン計画

以前、【5 奇才バルティーニの〝空飛ぶ船〟(1)――エクラノプランKM(37頁)】で紹介したように、地表スレスレを飛行する航空機「エクラノプラン」をソ連は熱心に研究していた。地表と機体の距離が非常に小さくなると、空気がクッションのような役割を果たして機体を支える効果を「表面効果(WIG)」と呼ぶが、この効果をより積極的に利用する航空機がエクラノプランである。

ソ連におけるエクラノプラン研究で中心的な役割を果たしたのは、水中翼船などの設計を担当していたアレクセーエフ設計局と、飛行艇の設計で有名なベリエフ設計局の分派であるバルティーニ設計局だった。だが、主に戦闘機や攻撃機の設計で知られるスホーイがエクラノプランの開発に携わっていたことはあまり知られていない。

もともと高度な空力設計を得意とするスホーイは、エクラノプランの研究も進めており、アレクセーエフ設計局が開発したいくつかのエクラノプラン計画にもパートナーとして参加していた。強襲揚陸型エクラノプラン「オルリョーノク」などはそのひとつであるし、後で触れるS-90-200輸送エクラノプランなども同様である。

さらにスホーイは、エクラノプランを自社の得意分野にも活かそうとした。これが今回のテーマであるエクラノプラン型攻撃機T-12だ。

高度を上げられるように「エクラノリョート」を採用

1980年代半ば、ソ連空軍は1990年代以降を睨んだ新世代航空機計画の検討を開始した。第五世代戦闘機計画である「I-90」、ステルス爆撃機計画「B-90」、そして新世代攻撃機計画「Sh-90」の3つがそれだ。

これら3つの「90」のうち、T-12は最後のSh-90計画向けにスホーイが提案したものである。設計作業は1984年から始まり、1989年には設計案がまとめ上げられた。

正確に言えば、T-12は純粋なエクラノプランではなく、揚力発生を胴体だけでなく翼にも負担させることで、超低空以外の高度でも飛行可能なように設計された「エクラノリョート」（エクラノプラン＋航空機［サマリョート］の意）である。

エクラノプランは地表スレスレの高度を飛行することで、通常の航空機では不可能なほどの重量を支持したり航続距離を増大させることが可能だが、さすがに攻撃機として運用する場合には超低空ばかり飛んでいるわけにもいかず、このような折衷方式が採用されたのだ。これならば、海面や平原上ではエクラノプランとしての特性を活かして超低空を巡航し、山岳地帯などの複雑な地形にさしかかったら航空機としての特性を発揮して高度を上げて回避したり、地形追随飛行を行なうなどの柔軟な運用が可能になる。ちなみにバルティーニが対潜哨戒機として開発していたVVA-14でも、このようなエクラノリョート形式が採用されている。

スホーイが新世代攻撃機計画Sh-90のために考案した「エクラノリョート」型攻撃機T-12（双発型）のイメージイラスト。

尋常ではない形状ながら、1ランク上を狙った機体

それにしても、T-12はおよそ尋常な形状の航空機ではなかった。

まず目につくのは、扁平な楔型胴体の前方から突き出した2

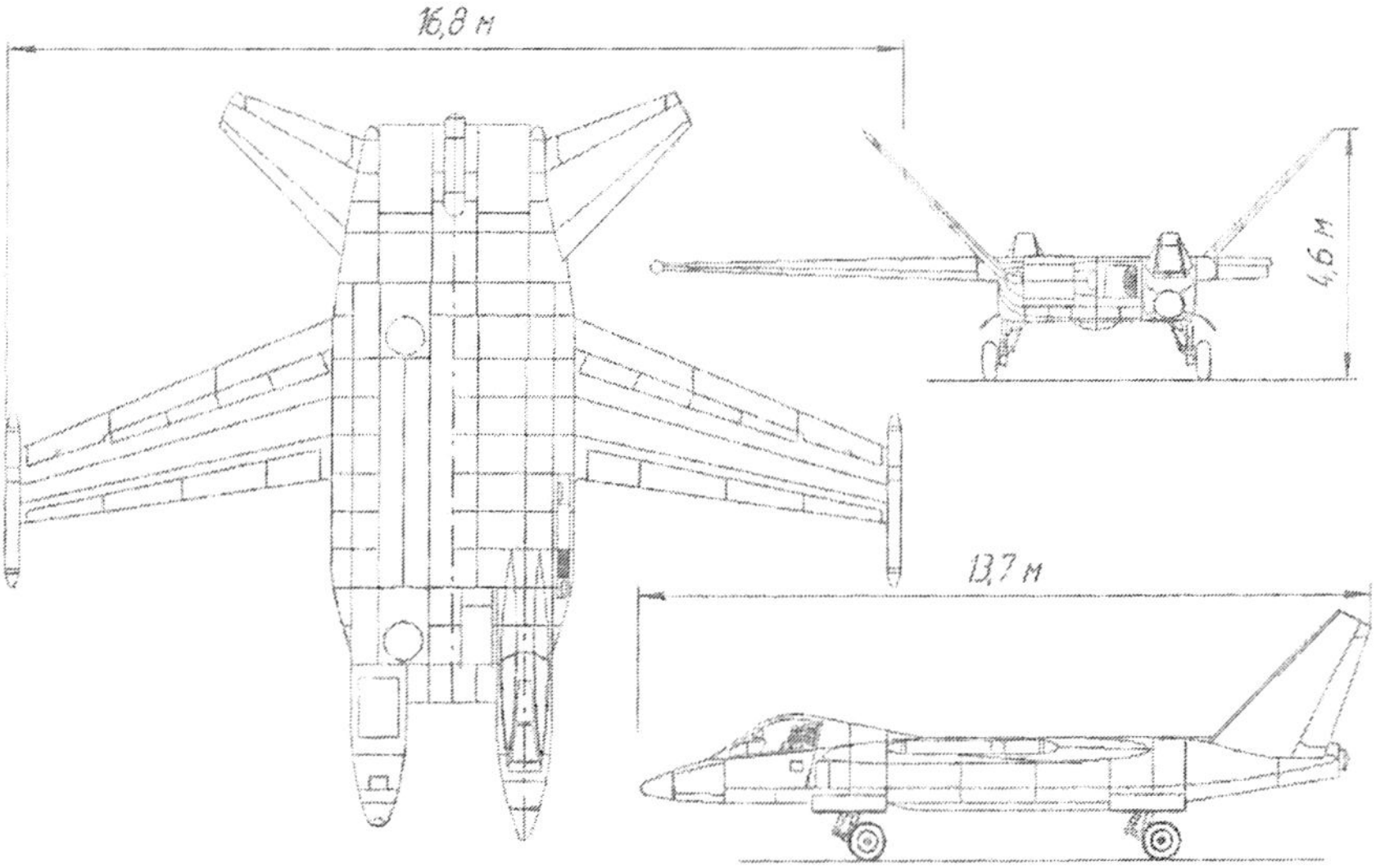

T-12の三面図。左側のコクピットにパイロット、右側に航法士が搭乗することになっていた。

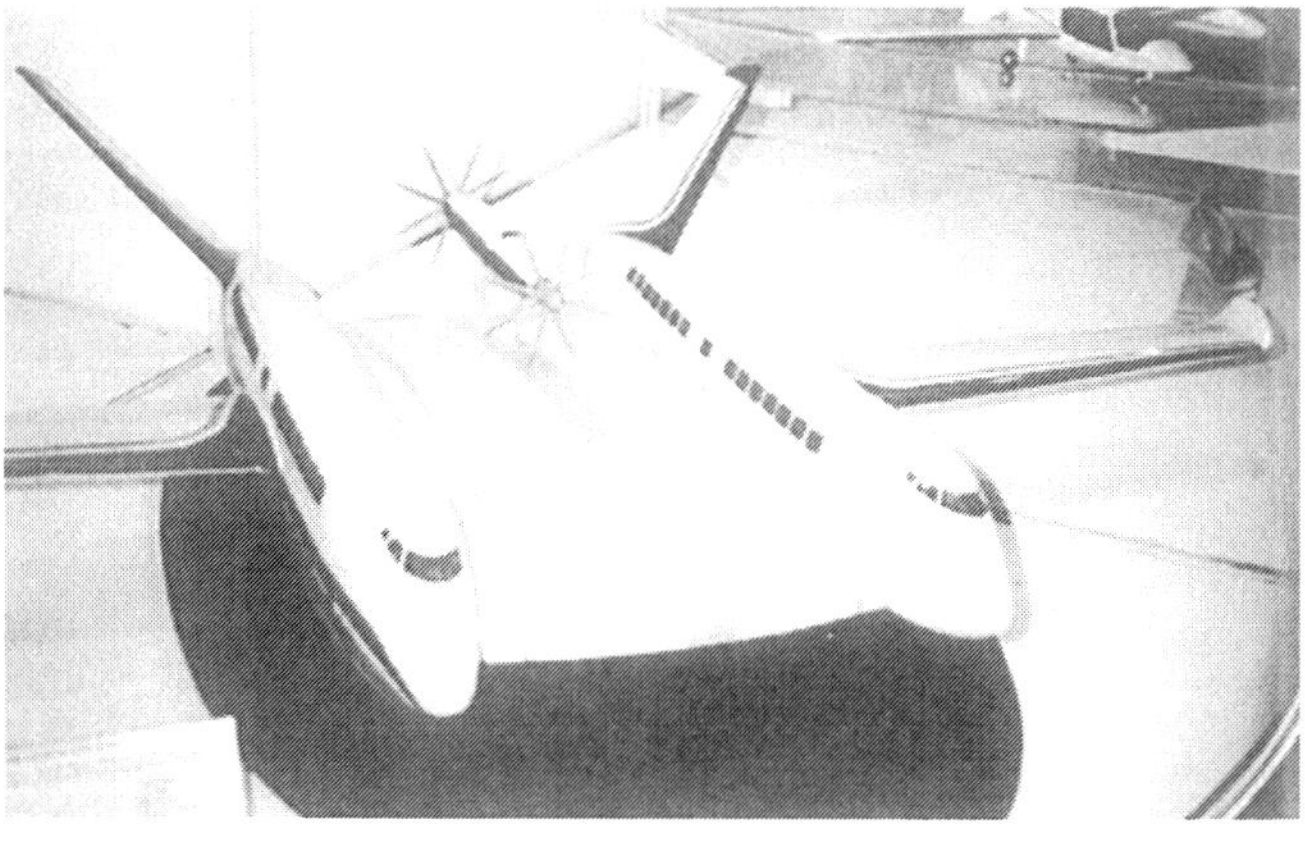

T-12と同じく、扁平な胴体＆双頭という形状をしているS-90-200輸送エクラノプラン。

つの機首である。まるでロシア帝国の国章である「双頭の鷲」のようだが、これがスホーイのエクラノプランの特徴で、はるかに大型のS-90-200でも同様の機体構成が採用されている。揚力を発生する中央胴体の左右を挟むようにカヌー型の胴体を配置することで空気のクッションを作り、超低空を安定して飛行できるようになるという仕組みだ。

前述したバルティーニ設計局も、VVA-14などでこれに似た機体構成を採用している。ただし、T-12の場合には、機首を単一とする案も検討の初期段階では存在していたようだ。また、機首が2つのバージョンでは左右それぞれの機首にランディング・ギアがついており、胴体の主輪と合わせると自動車のような四輪配置になっているのが面白い。

左右の機首にはパイロットと航法士用のキャノピーがそれぞれ独立して設けられ、先端部にはセンサーが搭載されることになっていた。詳細は明らかになっていないが、左側がパイロットとレーダー、右側が航法士と電子光学システムという割り振りであった。

機首部分のサイズから考えると、レーダーはNIIチホミロフの「オーサ」かファゾトロンの「コピョー」(いずれもフェーズドアレイ・レーダー)、電子光学システムはSu-25攻撃機の全天候型であるSu-25T用のI-251あたりが想定されていたと思われる。

いずれにしても、同じ時期に実戦配備の始まったSu-25が単座でレーダーを持たないことを考えれば、かなり贅沢な仕様といえる。このことからも明らかなように、T-12はSu-25の後継機というよりは、その1ランク上を狙った機体であった。

F-117のようなステルス性を重視した攻撃機

次に、揚力発生の大部分を担う中央胴体部分に着目してみたい。この胴体の先端部は楔状の鋭角を構成しており、上面に空気取り入れ口が開口している。これは異物吸入対策とともに、下方に対するRCS(レーダー反射断面積)を低減させるための措置であろう。

中央翼と左右の胴体、そして主翼はシームレスにつながっている上、2枚の垂直尾翼には外側に向かって大きな傾斜がつけられていることから、T-12はステルス性をかなり意識していたものと考えられる。

中央翼内に大型のウェポンベイが設けられ、武装はすべて内蔵するように設計されていたこともやはり、ステルス性への意識を伺わせる(搭載重量は4・25~6・5トン)。この点も、翼下に大量の無誘導兵器を搭載して直協支援を行なうSu-25とはずいぶん違うところだ。

どちらかというと、アメリカのF-117Aナイトホーク攻撃機や計画段階で中止されたA-12アヴェンジャー艦上攻撃機のように、ステルス性を活かして敵地深く侵入し、少数の誘導ウェポンで目標を破壊するような特殊攻撃機としての用途が主であったと思われる。機関砲を搭載していない点からしても、Ｔ-12がただの攻撃機として計画されたわけでないことは明らかであろう。

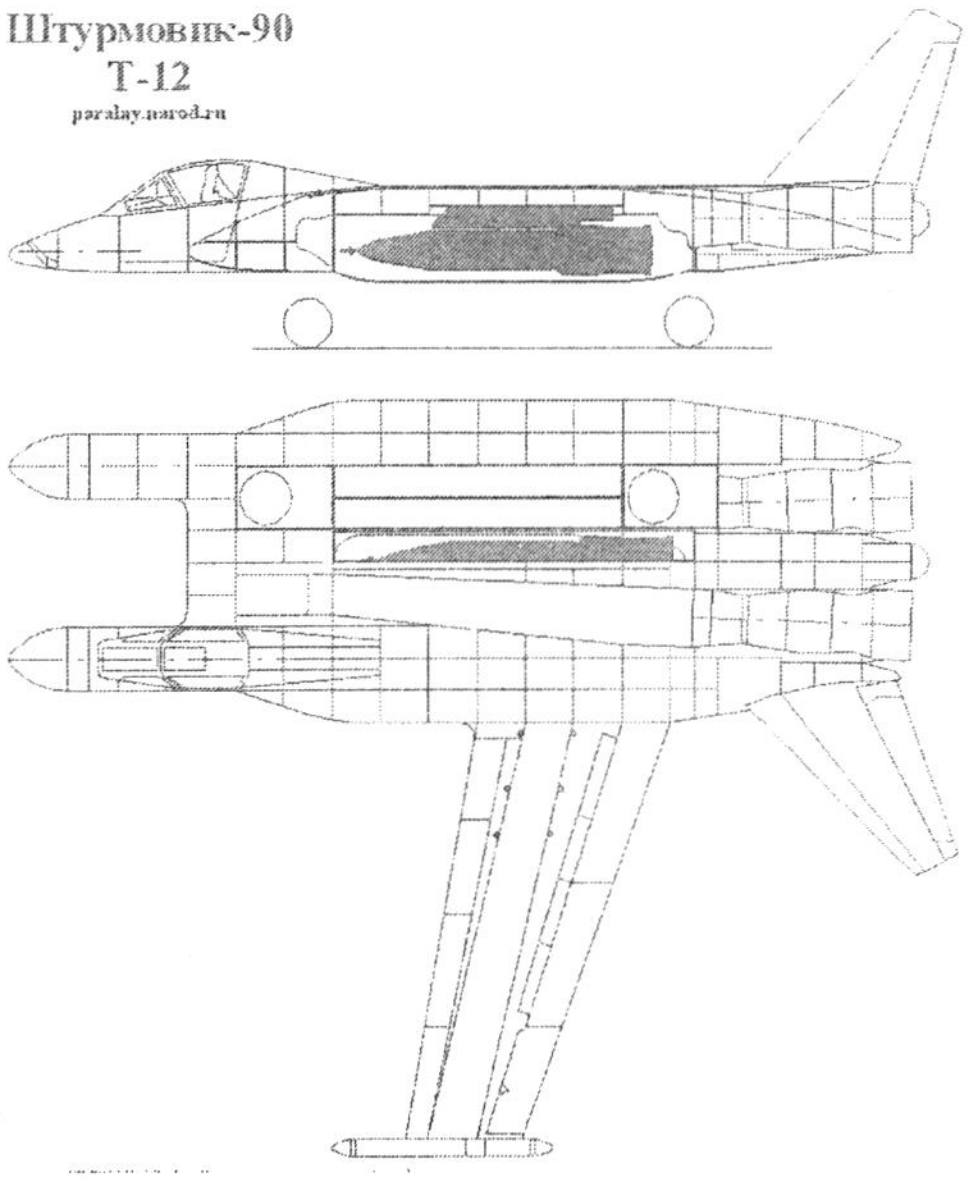

Ｔ-12の爆弾などの武装搭載方式を示した図。黒部分が武装部分であり、ステルス性を重視して、内蔵することとなっていた。

双発／単発バージョンを想定

エンジンについては、双発のバージョンと単発のバージョン双方が検討された。

双発バージョンではＭｉＧ-29用のＲＤ-33からアフターバーナーを除いたＲＤ-33Ｋ（または「製品21」とも呼ばれる。最大推力５５００キログラム）と呼ばれるタイプが想定されていたようだ。平坦な形状に成型されたノズル部分は機体上面と一体化しており、この点でもステルス性への配慮が認められる。

また、上面から外気を取り入れる設計になっており、これによって排気温度を下げ、赤外線シグネチャを低下させる設計であったようだ。

一方、単発の場合にはかなり強力なエンジンが必要になったと思われるが、詳細は不明である。同時期にスホーイが第五世代戦闘機計画で開発していたＳ-37（のちのＳｕ-47）用のＲ-79Ｍ（推力約1万８５００キログラム）あたりを使用するつもりだったのかもしれない。

いずれにしても超音速飛行は想定しておらず、最大速度が時速１０００キロ、巡航速度が時速８３５キロとなっている。

単発型のT-12のイメージイラスト。

主翼には斬新な前進翼を採用

もうひとつ、T-12の非常に大きな特徴が、左右の胴体から延びた前進翼である。当時、スホーイのシモノフ設計官（Su-27を成功に導いた功労者である）は前進翼に非常に強い関心を持っており、前述のS-37でも前進翼を採用していた（詳しくは前回【13　知られざるソ連艦載機の系譜（6）――スホーイのSu-27KMとSu-33KUB（96頁）】を参照）。

S-37計画時の見積もりによれば、前進翼は、低速域での機動性向上や亜音速飛行時の航続距離増大、機内容積の拡大といったメリットを有しており、これまで見てきたようなT-12の性格からいっても確かにうってつけであったといえる。

前述のように、T-12の基本設計は1980年代末には完了しており、ソ連末期にはイルクーツク航空機工場（IAPO）での生産準備が整っていたともいわれる。もし配備が実現していれば、湾岸戦争時のF-117のように、敵防空網を隠密裏に突破して重要目標を叩くといった特殊任務攻撃機として運用されることになったに違いない。また、A-12のように艦載機として運用される計画だったと推測する向きもある。

しかし、ソ連崩壊による軍事予算の激減は、T-12計画の存続を許さなかった。スホーイ設計局がT-12計画の存在を明らかにしたのは、ソ連崩壊後の1997年のことである。
なお、想定されていたT-12のスペックは以下の通りであった。

全幅：16・4メートル
全長：13・7メートル
全高：4・7メートル
翼面積：58・6平方メートル
最大離陸重量：2万1700キログラム
標準離陸重量：1万8500キログラム
空虚重量：1万850キログラム
燃料搭載量：6400〜7500キログラム
ペイロード：4250〜6500キログラム
最大速度：時速1000キロ
巡航速度：時速835キロ
航続距離：3500〜50000キロ

15 コルチャーギンのKOR-70垂直離着陸艦上機

バルティーニの弟子コルチャーギン

以前【10　知られざるソ連艦載機の系譜（3）——ベリエフとコルチャーギンの汎用艦載機計画（73頁）】で、「ガルプン」と「タイフーン」という2つの艦載機計画を紹介したことがある。共通のプラットフォームから対潜哨戒機や早期警戒機などを開発しようというプロジェクトだ。

そして、両プランの立案に関して中心的な役割を果たしたのが、ワレンチン・コルチャーギン設計官であった。コルチャーギンはもともと天才的なエクラノプラン（表面効果翼機）設計者であったバルティーニの設計局に所属していたが、「ガルプン」計画時には水上機開発で有名なベリエフ設計局へと移り、「タイフーン」計画当時は自分の名を冠した設計局を与えられていた。

ここから、彼が一貫して水上機畑を歩んできたこと、そして非常に優秀な人物であったことが分かるだろう。彼が手がけたプロジェクトは比較的オーソドックスな飛行艇やグライダーが多いが、なかには師匠のバルティーニ譲りと思われる奇抜な設計の機体もある。そのひとつが、今回取り上げるKOR-70垂直離着陸艦上機だ。

海軍が必要とした、航続距離とペイロードを持つ艦載機

1960年代、ソ連海軍は対潜哨戒、偵察、近接航空支援、輸送、連絡といった任務に使える垂直離着陸（VTOL）機に関心を持っていた。開発中であったYak-38 VTOL戦闘機とともに将来の空母艦載機となるだけでなく、空母を持たない小艦隊や個々の艦艇に対しても、水平線外の作戦能力を提供することになると期待されたのである。

もちろん、当時のソ連水上艦艇はすでにヘリコプターを搭載することが普通になっており、上記の任務も部分的にヘリコプターによって実現できるようになってはいた。しかし、ヘリコプターは速度や航続距離で固定翼機に大きく劣る。かといって通常のVTOL機は通常離着陸（CTOL）運用に比べて多大の燃料を消費し、航続距離やペイロードを圧迫する傾向があ

る。

実際、Ｙａｋ-38は極めて航続距離とペイロードが小さく、実用機と呼ぶにはあまりに性能不足であった。海軍が求めていたのは、母艦から８００キロ離れた空域まで進出し、ミッションをこなせるプラットフォームであった。

そこでソ連海軍が辿りついた結論は、シー・ステート３（波高１・２５メートル）までならば水上機として運用し、必要に応じてＶＴＯＬも可能な機体、というものであった。これならばどうしてもＶＴＯＬ運用が必要な場合以外、海面を滑走して離水できるため、航続距離はＣＴＯＬ機並みに伸ばすことができる。

コルチャーギンの艦上ＶＴＯＬ機案「ＫＯＲ-70」

このコンセプトに従って、１９６９年、バルティーニ設計局のコルチャーギンとベルリーン両設計官は、KorSVVP-70あるいは単にＫＯＲ-70と呼ばれる設計案を海軍に提出した。Korとはプロジェクトリーダーであるコルチャーギンの頭文字、ＳＶＶＰはＶＴＯＬ機を意味するロシア語（Samolet vertikal'nogo vzleta i posadki）の略語である（以下、ＫＯＲ-70と呼ぶ）。

ＫＯＲ-70は、バルティーニ設計局のお家芸であるエクラノプランの影響を強く受けている。エクラノプランとは航空機が地表や海面付近を飛ぶときに空気がクッションの役割を果たし、揚力が増加する現象（表面効果）をより積極的に利用した航空機で、地表面スレスレの低高度を飛行することで通常の航空機よりも航続距離を伸ばしたり、ペイロードを増加させることを狙ったもの。西側では、ＷＩＧ（表面効果翼機）などと呼ばれる。

ただし、地表スレスレしか飛べないのではあまりに運用上の柔軟性が限られるため、バルティーニはエクラノプランに飛行機（サマリョート）の翼を組み合わせたエクラノリョートと呼ばれる折衷型式を採用していた。障害物の多い場所は高度をとって回避し、海面など平坦な場所ではエクラノプランとして運用することができるというわけだ。

取り外し可能なＶＴＯＬ用リフトエンジン

ＫＯＲ-70の機体構成にも、当時バルティーニが開発中であったエクラノリョートＶＶＡ-14（【5　奇才バルティーニの〝空飛ぶ船〟（１）——エクラノプランＫＭ（37頁）】参照）の影響が明らかに認められる。ＫＯＲ-70の胴体は扁平な形状をしており、それ自体が揚力を発生するリフティング・ボディである。胴体の左右からは、ＶＶＡ-14とよく似たほぼ後退角のない主翼が突出している。全体が丸っこく寸詰まりな印象だが、これは艦載機としてなるべくコンパクトに収めようとした結果で、主翼を折り畳めば、全長14・7メートル、全幅5・5メートル、全高3・5メートルに収まるという。

主翼は付け根部分から後方に90度回転させて、胴体上面に収納する方式だった。水平尾翼は扁平な機体と半ば一体化するようにして、機体後尾に装備されている。また水平尾翼は1枚で、安定性を高めるために付け根部分が前方へやや延長されている。コクピットは胴体の中央部から前方に突き出しており、ここに操縦士と副操縦士が並列に着座する形式だった。

エンジンは合計6基も装備しており、このうち2基は胴体の左右側面に装備されたＡＩ-25推進／リフト用エンジン（推力1500キロ）、残る4基はリフト専用のＲＤ-36-35Ｆ（推力2900キロ）だ。ＡＩ-25のノズルはＹａｋ-38シリーズによく似た可変式で、胴体左右に装備され、ＶＴＯＬ運用時には排気を下方に向けることができる。

一方、ＲＤ-36-35Ｆは胴体内の前後に2基ずつ垂直方向に固定装備されており、ＶＴＯＬ時のみ使用されることになっていた。したがって、4基のＲＤ-36-35Ｆは飛行時にはデッド・ウエイトとなってしまうため、エンジン収容部をブロック化しておき、ＶＴＯＬ運用が想定されない場合は素早く艦内で取り外

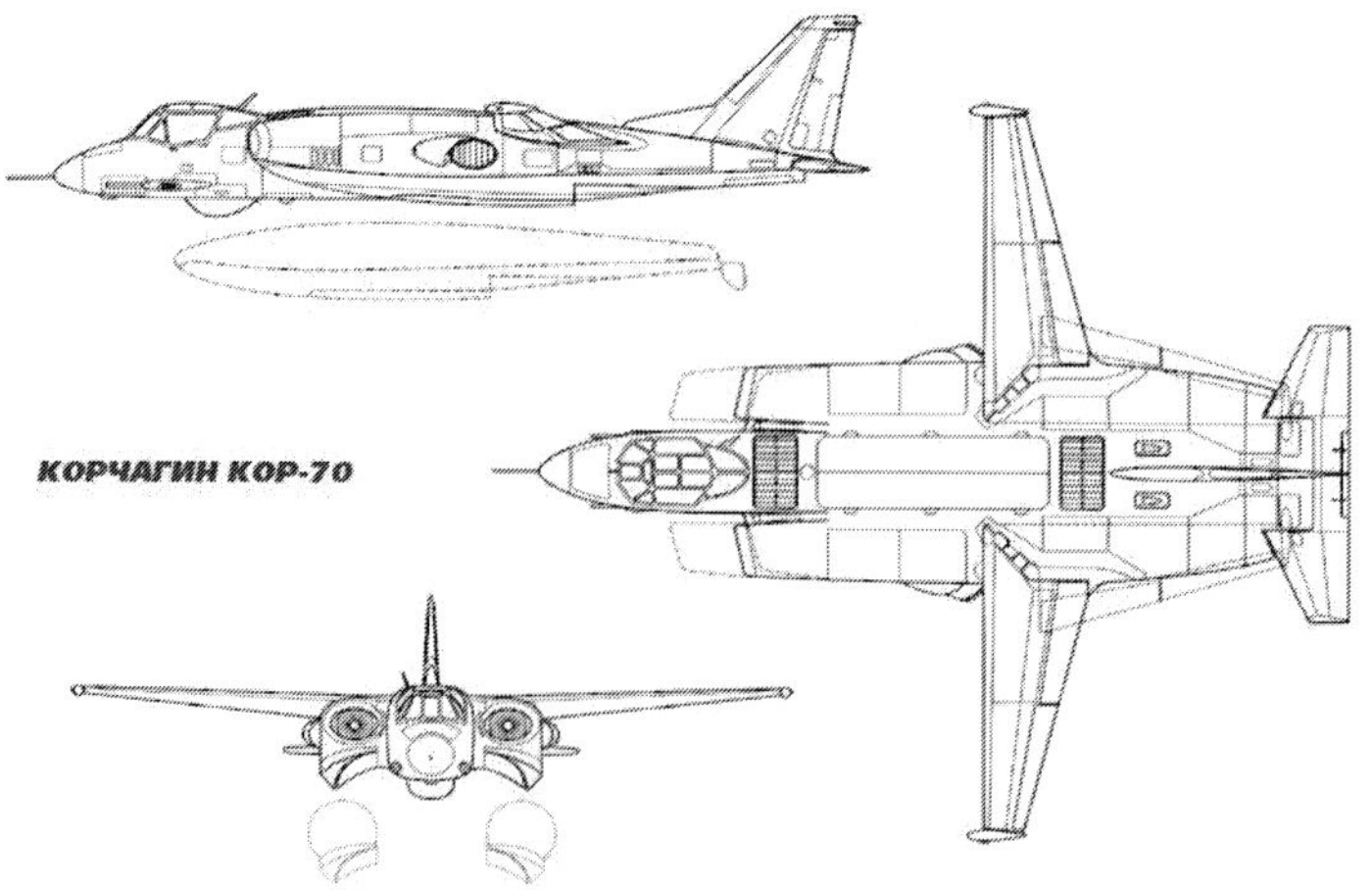

「ＫＯＲ-70」案の三面図（点線部分は引き込み式のフロート）。小さな主翼と１枚の水平尾翼が特徴的。

すことができるよう配慮されていたという。リフト用エンジンの問題はＶＴＯＬ機が抱える共通の問題であったが、不要なときは外してしまう、というアイデアを思いついた設計者はおそらくコルチャーギンだけであろう。

特徴的な引き込みフロートとモジュール化

ＫＯＲ-70の機体で何よりも特徴的なのは、水上運用のためのフロートである。このフロートは普段、機体下面に引き込まれて一体化しているが、離着水時には油圧式のギアで機体下方にせり出す仕組みになっていた。引き込み脚ならぬ引き込みフロートというわけだ。コルチャーギンの見積もりでは、想定される気象環境のおよそ8割で離着水運用が可能であると考えられていた。

ちなみに、通常の着陸脚も備えられており、ＶＴＯＬ運用時や滑走からのＣＴＯＬ運用時にはこちらを使用する。ＶＴＯＬ時の運用限界はシー・ステート5（波高4メートル）とされていた。

前述のように、ＫＯＲ-70には幅広い任務が想定されており、いくつかのバリエーションが作られることになっていた。このため、ＫＯＲ-70の胴体部分はモジュール化され、任務に応じて製造段階でさまざまなモジュールを搭載することができた。輸送型なら貨物1・2トン、武装強襲型なら兵士10～12名を搭載する予定であったという（ＫＯＲ-70の胴体はかなり扁平だが、どうやって乗せるつもりだったのだろうか）。

対潜哨戒型や近接支援型などについては、計画が煮詰まる前に打ち切られてしまったため、どのような武装やミッション機器を搭載する予定であったのかは明らかでない。ＶＶＡ-14は「ブレヴェストニク」対潜システムを搭載する予定であったので、ＫＯＲ-70も同じシステムを積むつもりであったのかもしれない。

また、現在まで伝わっている図面を見る限りでは、機体下面に捜索用レーダーらしきレドームが装備されているほか、機首には機関砲が搭載されることになっていたようだ。飛行性能は、最大速度 時速６５０キロ、巡航速度 時速５００キロ、航続距離２４００キロ（フェリー）とされている。

航空工業省が承認せず、計画は中止に

ＫＯＲ-70は、バルティーニ設計局の多くのプロジェクトと同様、結局は実現することなく終わった。海軍内にはＫＯＲ-

70を有望視して支持する勢力もあったが、航空工業省（MAP）が認めなかったのである。バルティーニ設計局自身としても、ちょうどVVA-14が試作機による試験をスタートさせた段階であり、KOR-70に対する関心は薄れていたようだ。

また、仮にKOR-70計画が実現していたとしても、その前途は多難なものとなっていただろう。VVA-14もKOR-70に採用予定であったRD-36-35の同系エンジンをリフト用に使用するはずだったのだが、エンジンの開発が長引き、最終的にはVTOL機としての運用を諦める羽目に陥っている。KOR-70が同じ運命を辿ったとすると、単なる艦載機水上機ということになっていただろうが、その場合は海軍が納得していたかどうか。後の「ガルプン」や「タイフーン」計画に吸収されていた可能性が高いのではないだろうか。

ちなみにコルチャーギンはVTOL機やSTOL（短距離離着陸。ロシア語ではKVVP）機に興味を持っていたらしく、KOR-70以外にもいくつかのメモや設計案を残している。特に興味深いのはT-12と名付けられたSTOL輸送機で、左右の主翼内にリフト・ファンを埋め込むという設計だった。ファンを駆動するエンジンは推進用エンジンと別に機内に搭載されており、コクピット後方の胴体上面にインテイクを設けて空気を導入するというもの。ただ、これもやはり実用にはならなかった。

16 幻となった幾多のMiG-25発展プラン

〝世界最速の戦闘機〟MiG-25

MiG-25といえば、ソ連が生んだ世界最速の戦闘機として有名である。実用最大速度はマッハ2・83程度だが、短時間ならマッハ3・2以上を発揮可能とされ、最大出力600キロワットにも及ぶ「スメルチA」レーダーと長距離ミサイルの組み合わせによって敵爆撃機を長距離から迎撃するのが主任務であった。生産数は1200機弱にも及び、ソ連のみならず、インドやイラクにも輸出された。

MiG-25はいくつもの改良型が開発されており、主なところでは偵察・爆撃型のMiG-25RBシリーズや、防空制圧型のMiG-25BMがある。

さらには、機体構造やアヴィオニクスを一新した「スーパー・フォックスバット」として開発されたのがMiG-31である。世界初の戦闘機用フェーズドアレイ・レーダー「ザスロン」を搭載したほか、エンジンをターボファン化することで最大速度の低下と引き換えに航続距離を大幅に増大させた。MiG-25が全機退役した後もMiG-31は180機ほどロシア空軍に残っており、最近では「ザスロン」レーダーを「ザスロンAM」へとアップグレードするなどしたMiG-31BM仕様への改修作業が進んでいる。

だが、これ以外にもMiG-25をベースとしたさまざまな改良プランが多数存在していた。本稿ではその一端をご紹介することにしたい。

3本立てだったMiG-25初期案

MiG-25の発展プランの話に入る前に、まずはMiG-25がYe-155と呼ばれていた開発過程から見ていくことにしよう。当初Ye-155は、偵察型のYe-155Rと迎撃型のYe-155P、そして弾道ミサイル搭載型のYe-155Nの3本立てで開発が進められる予定であった。

当初の計画では、角型の二次元インテイクやツマンスキーR-15B-300ターボジェットエンジン（Tu-123用のR-15-300を電子制御化したタイプ。最大推力11200キログラム）を採用することではのちのMiG-25と共通していたが、偵察型のYe-155Rでは可変後退翼を採用する予定であった。機動性の向上とともに離着陸距離の短縮を狙った措置である。

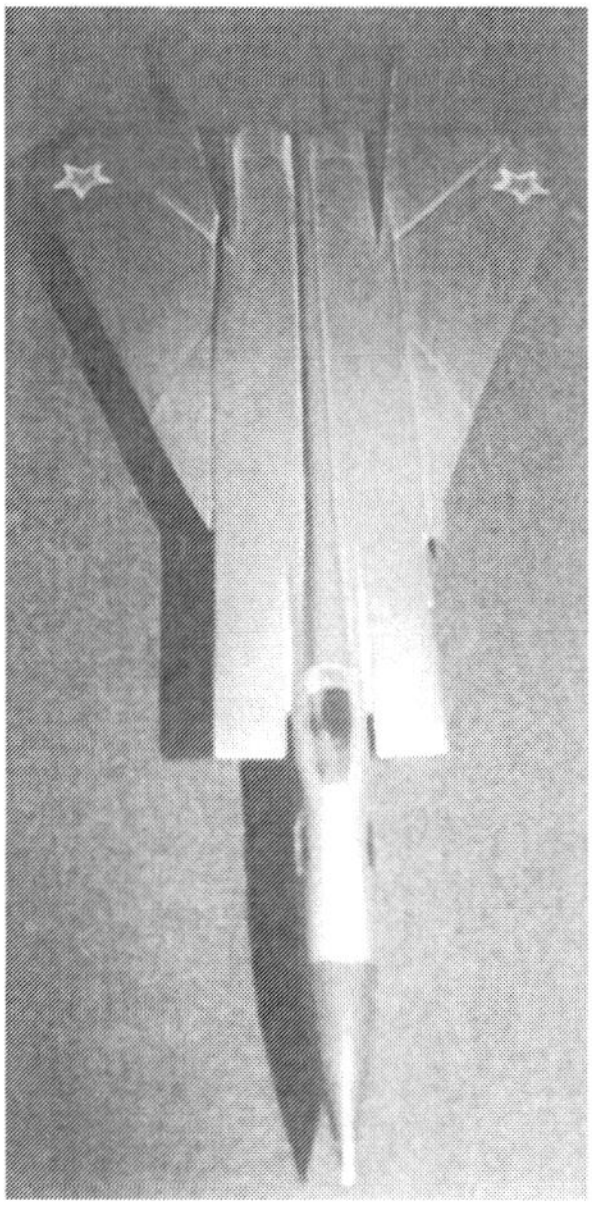

可変後退翼を採用する予定だった偵察型Ye-155Rのイメージ模型。

さらに迎撃型のYe-155Pでは「スメルチ-A」レーダーが搭載される機首スペースに、偵察機材とそのオペレーターが載る設計になっていた。それものちのMiG-25PUのように独立したバブル・キャノピーを設けるのでなく、巨大な機首内にそのままオペレーターが乗り込む形式である。それほど機首が（つまり「スメルチ-A」が）巨大だったのである。

しかし結局、偵察機には高高度性能と高速性能さえあればよいということでこの可変後退翼は採用されず、偵察オペレーターについても機器の自動化によって不要となった。そのため、実用化された偵察型のMiG-25RBでは戦闘機型と変わらない単座・クリップドデルタ翼の構成が採用されることとなった。

また、Ye-155Rについては、もうひとつの案としてリフトジェットを搭載したVTOL型も考慮されていた。これは当時のトレンドのようなもので、MiG-23やSu-24にも当初は同様の構想があった。Ye-155Rの場合にはRD-36-35エンジン（推力2350キログラム）を2基、胴体内に埋め込むことが考慮されていたが、飛行中のデッド・ウェイトになるということで採用されなかった。いずれにしても、防空戦闘機に比べてはるかに前線付近で活動することの多い偵察機の運用性を高める工夫といえるだろう。

Ye-155Nについてはほとんど資料が残っておらず、あまり真剣な検討の対象にはならなかったようだ。1970年代には改めてMiG-25ベースの弾道ミサイル母機が検討されたようだが、やはり具体化することはなかった。

Ye-155R VTOL型のイメージ模型。

無人偵察機プラットフォームＹｅ-１５５ＲＤ

堅固に防御された目標や中高度以下からの偵察が必要な場合、パイロットを危険にさらすリスクを低減させるために、Ｙｅ-１５５Ｒではなく無人偵察機を使用することが考慮された。そこで無人偵察機を搭載したプラットフォームが構想された。これがＹｅ-１５５ＲＤである。Ｙｅ-１５５ＲＤ自身は偵察機材は搭載せず、代わりに無人偵察機のオペレーターが搭乗するようになっている（搭乗方式は定かでないが、おそらくはＹｅ-１５５Ｒと同様に機首内にオペレーター席を設けたのだと思われる）。

想定によれば、Ｙｅ-１５５ＲＤは目標の１５０～２００キロ手前で無人偵察機を分離。無人偵察機が目標上空へ侵入し、偵察データをＹｅ-１５５ＲＤへと電送することになっていた。しかし最終的には独立型の無人偵察機を運用することが決まり、計画は中止された。

他に例類を見ないビジネスジェット化案

もともとロシアは飛行機での移動の多い国である。国土があまりに広大なため、まともに自動車や鉄道で移動していては時間がかかりすぎるのだ。飛行機はステータスではなく実用的な高速移動手段なのである。このため政府高官や国営企業の重役などは、普段からヘリコプターや小型専用機で移動することがさして珍しくなかった。

こうした背景の下で提案されたのが、ＭｉＧ-25をベースとしたビジネスジェット案である。ＭｉＧ-25の太い機首をさらに拡大して前方に延長し、5～7名の乗客または700～1000キログラムの貨物を搭載可能なスペースとしている。操縦席はさらにその前方にあり、乗員は1名ないし2名と想定されていた（基本的にはワンマン・クルーだが乗客を乗せるときはパーサーがつくのだろう）。

航続距離は3000～3500キロで、巡航速度は時速2500キロに達する。エンジンは戦闘機型と同じR-15B-300が予定されていた。

この超音速ビジネスジェット計画は1963～65年にかけて提案・研究されたものの、結局、具体化することはなかった。とはいえ、戦闘機をベースにビジネスジェットを開発しようなどという計画は、ソ連内外を問わず、他に例類のない革新的プランといえるだろう。経済性という観念に乏しいソ連だからこそ生まれてきた案ともいえるが……。

有望ながら中止となった迎撃戦闘機案Ye-155PA

MiG-25の実用化後、その迎撃戦闘機としてのポテンシャルを高めるための抜本的改良案として検討されたのが、Ye-155PA案である。改良点の第一はエンジンで、推力をアップさせたR-15BV-300により、最大速度を時速3700～4000キロまで向上させる計画だった。

さらにレーダーには「スメルチ100」フェーズドアレイ・レーダー（のちの「ザスロン」）を搭載することで探知距離を向上させ、多目標同時処理能力を持たせたほか、新型ウェポンとしてK-100長距離空対空ミサイルが搭載されることになっていた。

この案はそれなりに有望視されていたものの、アメリカの爆撃機が高高度侵入戦術を止め、代わりに中低高度を飛ぶ巡航ミサイルなどの迎撃が重要になってくると、速度性能はそれほど重視されなくなってきた。このため、次で触れるYe-155MP計画ではより高い汎用性が求められることとなり、Ye-155PA計画は〝発展的解消〟を遂げた。

サイド・バイ・サイドを採用した戦闘爆撃機型Ye-155MF

1968年5月24日、ソ連国防省はMiG-25をベースとした3種類の発展型を開発するよう命じた。すなわち、迎撃戦闘機としての能力をさらに向上させたYe-155MP、偵察型Ye-155MR、そして戦闘爆撃機型Ye-155MFである。Ye-155MPについては後で詳述するとして、ここではＹｅ-１５５ＭＦを取り上げることにしたい。

Ｙｅ-１５５ＭＦで要求されていた任務は、高速・高高度飛行で敵防空網を突破し、誘導爆弾や対地ミサイルで敵の重要施設を高高度から攻撃することであった。

武装はＫｈ-58対地ミサイルを翼下に4発搭載するほか、胴体内にウェポンベイを設けて２５０キロ爆弾を12発搭載できるようになっていた。自衛装備については分かっていないが、基本的には高速を活かした一撃離脱戦法が最大の自衛手段だったはずで、空対空武装は積んだとしても短距離ミサイル２発程度であろう。

面白いのは機首が扁平な形状になり、操縦士と兵装士官がサイド・バイ・サイドで座るようになっている点だ。のちにスホーイが開発したＳｕ-34でも、Ｓｕ-24の空力形状を大きく変えてまでサイド・バイ・サイド方式を採用しているが、ソ連空軍はこの形式がかなり気に入っていたらしい。キャノピーはアメリカのＡ-6イントルーダに似た枠付きの不恰好な形状である。

しかし、同時期に開発の進んでいたスホーイのＳｕ-24（これもサイド・バイ・サイドだ）が戦闘爆撃機として採用されたことで、Ｙｅ-１５５ＭＦが日の目を見ることはなかった。

サイド・バイ・サイドのコクピット配置を採用した戦闘爆撃機型Ye-155MFのイメージ模型。

偵察型Ye-155MR 可変後退翼案のイメージ模型。

より汎用性の高い迎撃戦闘機案Ｙｅ-１５５ＭＰ

前述の通り、Ｙｅ-１５５ＰＡを経て、より汎用性の高い迎撃戦闘機として計画されたのがＹｅ-１５５ＭＰである。レーダーとしてスメルチ１００／ザスロンを搭載する点はＹｅ-１５５ＰＡから受け継いだものの、エンジンをターボファンとすることで、最大速度の低下と引き換えに航続距離の増大を狙っているのが大きな特徴だ。また、ザスロンの運用のために専用のオペレーターを搭乗させることや、胴体そのものの基本的な空力形状をＭｉＧ-25から踏襲することも当初から決まっていた。

しかし具体的な機体の構成となると、まさに百花繚乱《ひゃっかりょうらん》であった。たとえば主翼に関していえば、ＭｉＧ-23の経験をもとにした可変後退翼案があれば、新しいクリップドデルタ翼と主翼前縁延長（ＬＥＲＸ）を組み合わせた形式、オージー翼のようにゆるやかなカーブを描く翼（中央流体力学研究所の開発した新型主翼）などが提案された。

特に可変後退翼案では垂直尾翼もＹｅ-１５５シリーズの特徴である双尾翼から単尾翼に変更されており、全体としてＭｉＧ-25とＭｉＧ-23を足して二で割ったような印象を受ける。

兵装の搭載方式も、通常の翼下搭載のみならず、胴体下にも吊り下げる案や半埋め込み式などが検討された。乗員の搭乗

新型主翼・双尾翼・タンデム複座・ＡＬ-31Ｆを組み合わせた「518-55」案。

方法についてもタンデム式（座席を直列に並べる配置）とサイド・バイ・サイド式があったが、後者はＹｅ-１５５ＭＦとは異なり、キャノピーはより流線形に近い形状をとっている。戦闘爆撃機よりも高速性が重視されるためであろう。エンジンはＳｕ-27と同じＡＬ-31Ｆを使用する案と、Ｄ-30Ｆを使用する案があった。

　このうち、可変後退翼・単尾翼の組み合わせは初期の段階で放棄されたようだが、代わって有力視されていたのが、Ｒ・Ａ・ベリャコフ主任設計官が考案した「５１８-５５」と呼ばれる案だった。これは新型主翼・双尾翼・タンデム複座・ＡＬ-31Ｆを組み合わせたもので、飛躍的な飛行性能の向上につながるはずであった。

　だが、最終的に選ばれたのは、従来型主翼とＤ-30Ｆエンジンを組み合わせた、ＭｉＧ-25に近い形状の「５１８-２２」案だった。性能向上とコストを天秤に掛けた結果の落とし所がこのあたりだったのだろう。

「５１８-２２」案は１９７１年にＹｅ-１５５ＭＰ案として採用され、１９７５年に最初の試作機が完成した。ＭｉＧ-31の制式名称が与えられたのは、１９７７年のことである。

Ye-155MPの可変後退翼案（上）と、オーソドックスな「518-22」案（下）のイメージ模型。

オーソドックスな「518-22」案が採用されて、制作中のYe-155MP試作機。

17 ツポレフTu-148とミコヤン「製品7・01」長距離迎撃機計画

ツポレフも参加していた新型迎撃機計画

前回は、MiG-25からMiG-31への発展過程で検討されたさまざまなプランをご紹介した。実はこの間、ツポレフ設計局でもMiG-31に相当する新型迎撃機が計画されていたことはあまり知られていない。

もちろん、ツポレフといえば大型爆撃機を得意とする設計局であるが、巨大な長距離迎撃ミサイル母機Tu-128を開発した経験も持っていた。その後継機として計画されたのが、Tu-148であった。

Tu-148の開発が始まったのは、1965年のことである。MiG-31計画の源流となるYe-155PAの開発開始とほぼ同時期だ（詳しくは前回【16 幻となった幾多のMiG-25発展プラン（115頁）】を参照）。両計画はいずれも、Tu-128とMiG-25の任務を統合して引き継ぐことを目的として計画されたため、ライバル関係にあったのである。ちなみに

このほかに、ヤコヴレフ設計局も新型迎撃機計画を提示している。

航続距離と多目的性を重視したTu-148-100

この新型迎撃機に対する基本的な性能要求は、次のようなものであった。

・「スメルチ-100」レーダー（のちの「ザスロン」パッシブ・フェーズドアレイ・レーダー）を搭載すること
・K-100長射程空対空ミサイルを運用可能なこと
・低高度を侵入してくる目標への対処能力を持つこと、など

これに対してツポレフが提出した計画がTu-148-100である。末尾の「100」はもちろんレーダーとミサイルの

番号からとったものだ。

Ｔｕ-１４８-１００はＭｉＧ-23のような一次元式インテイクを機種左右に持つ複座機で、主翼は中翼の可変後退翼となる予定であった。機首部は直径２メートルもの「スメルチ１００」のアンテナを収めるため、非常に太くデザインされている。

エンジンはＲＤ-19Ｒ-２ターボジェット（最大推力１万４２００キロ）×２、最大燃料搭載量18・５～21・５トン、最大離陸重量は55～60トンにも及ぶ。最大速度は低空で時速１４００キロ、高高度（１万６０００～１万８０００メートル）で時速２５００キロ、行動半径は亜音速巡航で５０００キロ、超音速巡航で２５００キロ、対地攻撃任務時（時速１０００キロ）で１８５０キロであった。

また、胴体内にはウェポンベイを持ち、Ｋ-１００空対空ミサイルだけでなく対地巡航ミサイルを搭載して敵後方地域への打撃任務も担えるようになっていたという。全体として、ライバルのＭｉＧ-25ＰＡよりも速度性能は低い分、航続距離と多目的性を重視した設計といえるだろう。

ミサイル迎撃能力を付加したＴｕ-１４８-33

しかし、１９６０年代後半に入ると、計画はいったん仕切り

可変後退翼を採用したTu-148-100の模型。

直しを余儀なくされた。「スメルチ100」レーダーとK-100ミサイルという主要コンポーネントが変更されたためだ。代わって「ザスロン」レーダーとR-33ミサイルが搭載されることになり、迎撃機の設計もこれに合わせて変更する必要が出てきた。

また、Su-24戦闘爆撃機の配備が始まった結果、迎撃機には後方打撃能力は求められなくなった。

Tu-148-100の上面・側面図。胴体内にウェポンベイがあり、対地巡航ミサイルなどを搭載できた。

こうした変化の結果、MiG-25PAがMiG-25PM（Ye-155PM。のちのMiG-31）へと発展したことは前述の通りであるが、Tu-148のほうも大幅に設計が変更された。それがTu-148-33である（末尾の「33」はR-33からとられた）。

Tu-148-33の大きな特徴は、敵爆撃機を直接迎撃するだけでなく、「ハウンドドッグ」、SRAM、SCAD、SCAMといった各種対地攻撃ミサイルが迎撃対象に含められたことだ。さらに地表スレスレを飛行する将来型対地巡航ミサイルも迎撃可能とするよう定められている。また、Tu-148では亜音速時の航続距離が4600キロに低下する一方、哨戒時間が5時間に伸びたほか、AWACSと連携したり、僚機とデータ交換しながら編隊戦闘を行なうことが可能となった。

機体そのものに関していうと、エンジンをより強力なRD-36-41ターボジェット（最大推力1万6000キロ）へと換装することは決まっていたものの、機体形状に関しては、当時開発中のTu-22M中距離爆撃機とよく似た可変後退翼型や、高翼・無尾翼デルタ型、高翼・台形翼型、高翼・ダブルデルタ型などいくつものバリエーションが考慮されていた。

なかでもダブルデルタ型は機首のインテイク左右にカナード状の翼を持ち、その翼端にも空対空ミサイルを装備するというかなりユニークな設計であった。なお、タンデム複座（座席

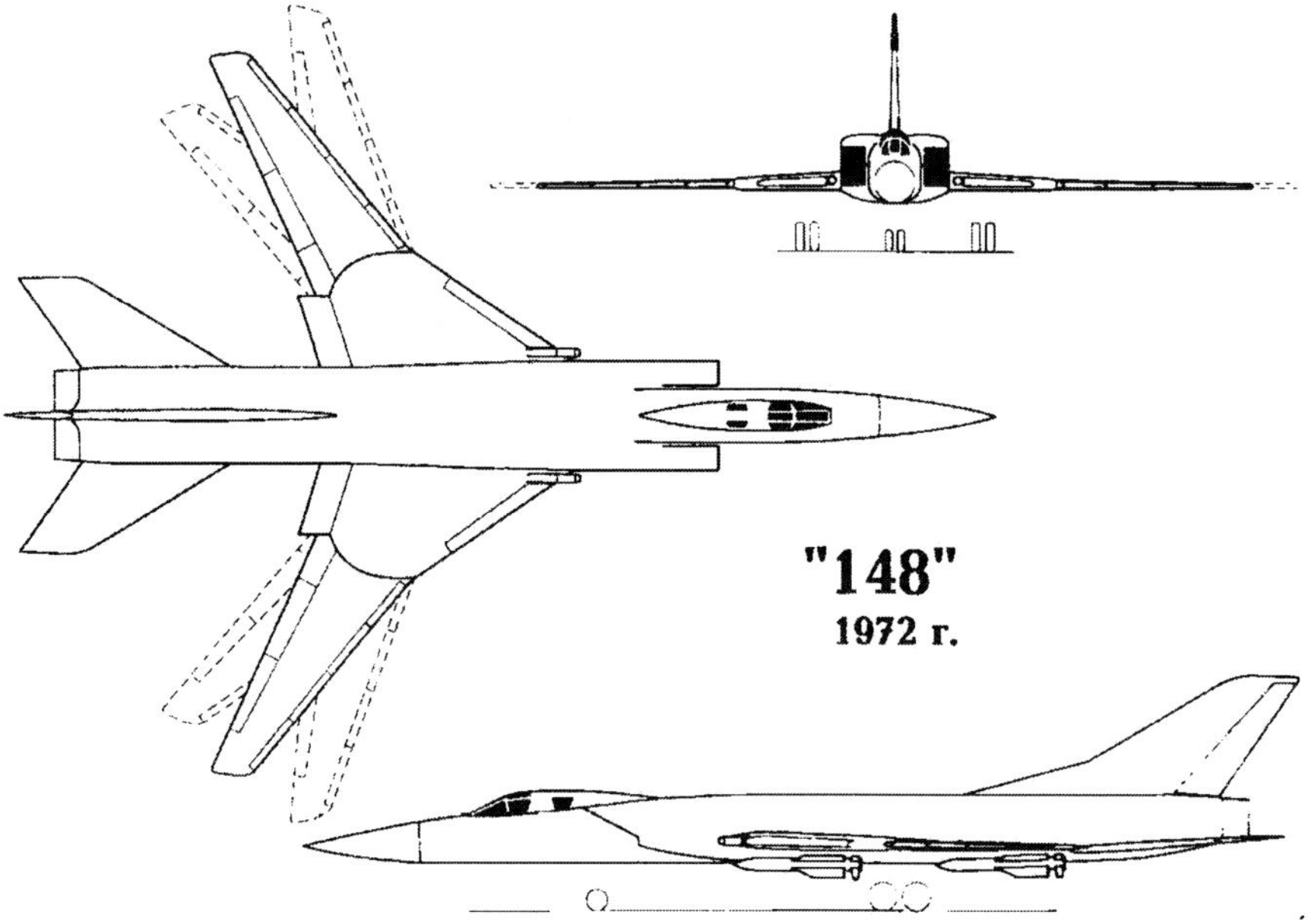

Tu-148-33可変後退翼型案の三面図。

を直列に並べる配置)、単垂直尾翼、二次元式インテイクなどの特徴はどの設計案にも共通している。

Tu-148-33案は当時のカドムツェフ防空軍司令官からの支持を取り付けており、前途は比較的有望と見られていた。しかし1968年、カドムツェフ司令官がMiG-25で飛行中

上が空対空ミサイルを機首側面や主翼翼端に装備するTu-148-33案のイメージ図。下は翼端と主翼下に装備する案のイメージ図。

に事故死したことでＴｕ-１４８-33案は支持を失い、結局はＹｅ-１５５ＰＭ／ＭｉＧ-31が次期迎撃戦闘機に選定されてしまった。

ＭｉＧ-31の後継機――ミコヤン「製品７・０１」計画

一方、ＭｉＧ-31には後継機計画も存在していた。ミコヤン設計局が計画に取り掛かったのは、１９８０年代半ばのことであったとされる。ＭｉＧ-31の実戦配備が始まったのは１９８２年であったから、ほとんど運用開始と同時に次世代に向けたスタディが始まっていたことになる。この新型迎撃機計画は当初、ロシア語の「多目的長距離迎撃機」の頭文字をとってＭＤＰと称されていたが、計画が具体化するにしたがって「製品７・０１」の設計局内名称が与えられた。

「製品７・０１」は水平尾翼を持たず、デルタ式の主翼と機首左右のカナード翼を組み合わせた機体構成を採用している。乗員は２名で、ＭｉＧ-31と同様、タンデム式に搭乗する案と左右に並んでサイド・バイ・サイド式に搭乗する案とがあったようだ。主翼は大型のストレーキを介して連続的に機体とつながっており、全体として扁平なリフティング・ボディ状になっているのが特徴的だ。

実は、「製品７・０１」を担当したオレグ・スモイロヴィチ設計官はその直前までスホーイ設計局に所属しており、リフティング・ボディ型超音速爆撃機Ｔ-60Ｓの設計を担当していた（Ｔ-60計画については【18　諦めないスホーイの爆撃機計画（２）――Ｔ-６ＢＭとＴ-60、オブイェークト54】（137頁）を参照）。スモイロヴィチが移籍したのはＴ-60Ｓ計画を巡るシモノフ局長との衝突が原因であったようだが、その際、彼は自分の設計チームからかなりの人数をミコヤン設計局へと引き抜いていた。「製品７・０１」の胴体形状には、Ｔ-60Ｓの開発陣の経験が活かされていたわけである。

スーパー・クルーズを可能に

さらに特徴的なのがエンジンの装備方式で、２基のＡＬ-41Ｆターボ・ファンを機体背部に背負うように配置するという独特の方法を採用している。これはＴｕ-22爆撃機で採用された搭載方法だが、爆撃機設計者であったスモイロヴィチがこれを参考にした可能性は高い。

また、インテイク・ダクトの先端部分を楔状に一体化させ、超音速飛行時にはショック・コーンを発生させるという方法はアメリカがＸＦ-１０７で採用したものであり、こちらの影響

水平尾翼を持たず、デルタ式の主翼とカナード翼の組み合わせで構成される「製品7.01」のイメージ模型。

「製品7.01」のイメージ。２基のエンジンを機体背部に背負うように配置し、インテイクも背部になるのが特徴的。

も考えられよう（同様の方式はTu-22の改良型として計画されたTu-106計画でも考慮されていた）。

ちなみにAL-41Fは当時、第五世代戦闘機計画MFI（前線多用途戦闘機）用に開発されていた20トン級の大出力エンジンであり、これによって「製品７・０１」は最大速度 時速２５００キロ、巡航速度時速１６００キロが可能となる予定であった。西側でいうスーパー・クルーズ（アフター・バーナーを焚かずに超音速で巡航できること）を目指していたわけである。

行動半径は亜音速巡航なら４０００キロ、超音速巡航でも２５００キロに及ぶが、これはアメリカの「トマホーク」巡航ミサイルの射程を参考に、敵爆撃機が空中発射巡航ミサイルを発射する前に撃墜できるよう定められた値であったという。

ロングレンジからAWACSを狙う

さらに「製品７・０１」は、レーダーに関してもMFI用のティホミロフN０１４パッシブ・フェーズドアレイ・レーダーを搭載する予定であった。ただし、「製品７・０１」ではアンテナを正面だけでなく左右にも設置することで、左右１８０度、上下60度を常時監視できるようになっていたという（MFIではアンテナは正面のみであったと思われる）。探知距離は最大４２０キロに及び、最大40目標を同時追尾可能であった。さらに機体尾部にもN０１２後方警戒レーダーが搭載され、戦闘機（RCS［レーダー反射断面積］３平方メートル程度）なら50キロ、爆撃機なら１００キロの距離で探知可能できた。

武装については、K-１７２空対空ミサイル×４基が主兵装として想定されていた。これは射程４００キロ級の超長射程ミサイルで、実用化すれば長距離からの対AWACS（空中早期警戒管制機）攻撃などに使用される予定であった。

また、「製品７・０１」では自衛用として、当時は開発中であった最新鋭のR-77中距離空対空ミサイルやR-73短距離空対空ミサイルも運用可能とされていた。ただし、MiG-31とは異なって機関砲は装備されていない。最大離陸重量が70トンもある「製品７・０１」では、さすがにドッグ・ファイトは無理というものであろう。

Kh-55巡航ミサイルや誘導爆弾を搭載して爆撃機として運用できるとの説もロシア語インターネット資料には見られるが、技術的には不可能ではないにしてもソ連軍が実際にそのような運用を考慮に入れていたという信頼できる資料は見当たらない。

ビジネス機転用の計画と開発中止

「製品7・01」はMiG-25と同じく、ビジネス機への転用も考えられていた。それが「製品7・01P」だ。おそらくは乗客の搭乗スペースを確保するために機首部分が下方へと垂れ下がるような形状に変更され、さらにパイロットと副操縦士は並列に搭乗するよう改められている。想定されていた乗客数は明らかでないが、機体規模からしてさほど大人数であったとは思われない。機体の側面図には左右にそれぞれ4つずつ窓が描かれているので、合計8名程度（多くて10名）というところではないだろうか。

ソ連が崩壊し、財政難に陥ったことで、「製品7・01」計画は1993年に中止に追い込まれた。「製品7・01P」については民生需要を期待して開発継続の道を探る動きもあったが、やはり同年に中止されている。

この結果、ロシア空軍はまだしばらくの間、防空をMiG-31に頼らなければならなくなった。そこで「ザスロン」レーダーのバック・エンド部分を改修して探知距離を300キロ前後まで延伸し、さらにR-37空対空ミサイル（射程300キロ）の運用能力を持たせるなどしたMiG-31BM仕様への改修が始まっている。MiG-31BMは2020年代までロシアの空を守り続けることになるだろう。

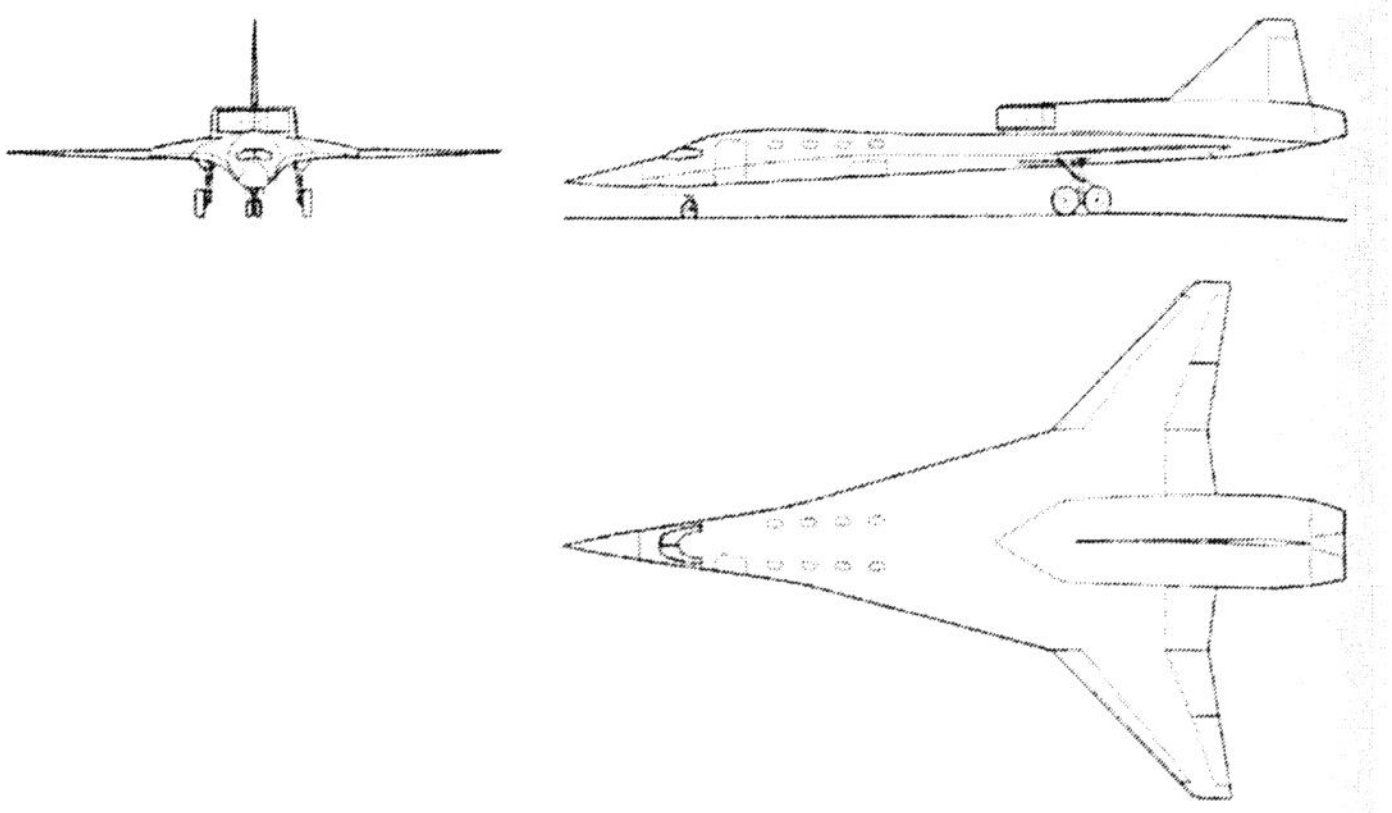

ビジネス機への転用バージョンである「製品7.01P」の三面図。

18 諦めないスホーイの爆撃機計画（1）——超音速大陸間爆撃機 T-4MS

日の目を見ることはなかった、スホーイの数々の爆撃機計画

あまり一般的なイメージとして共有されているとはいえないが、スホーイは1960年代からいくつもの爆撃機計画に取り組んできた。このうち、実用化されたのはSu-24およびSu-34戦闘爆撃機のみであり、後はT-4超音速爆撃機が試作段階までは漕ぎつけたものの、日の目を見ることはなかった。

だが、その背後には、いくつもの先進的な爆撃機計画が存在していたのである。ここから2回に分けて、これら幻の爆撃機計画を紹介していくことにしたい。

T-4は防空システムの発達により計画中止に

冒頭で触れたように、スホーイは超音速爆撃機T-4を試作したことがある。マッハ3級を狙った高速爆撃機であり、アメリカのXB-70ヴァルキリーに相当する機体といえる。最大離陸重量がおよそ100トンと想定されたため、局内では「航空機100」の通称で呼ばれていた。

マッハ3の速度がもたらす空力加熱に耐え、なおかつ戦略爆撃機としての長大な航続距離を両立させるため、機体にはチタンとステンレスが多用された。また、巡航中は空気抵抗を可能な限り低減するためにキャノピーがすっかり機首に隠れてしまい、離着陸時のみ機首を下げるという、コンコルドによく似た機構を有してもいた。

武装は核弾頭を搭載したKh-45空対地ミサイル（射程600キロ）×2発である。操縦系統は、スホーイとしては初めての挑戦となるフライ・バイ・ワイヤとなった。

T-4は1972年に初飛行したものの、この時点ではすでに高高度・高速侵入というコンセプト自体が陳腐化していた。西側の防空システムの近代化が大幅に進んでいたため、当時のソ連空軍の見積もりによれば、T-4のような高速爆撃機をも

ってしても生残率は25〜30パーセント未満であろうと考えられたのである。この結果、T-4計画は存在意義を失い、試作機による飛行試験も1975年には中止された。

ソ連初の超音速大陸間爆撃機となるはずだったT-4M

だが、スホーイはこの間、新たな戦略環境に即したT-4の発展型を構想し、ソ連政府から開発を認められていた。それがT-4Mで、T-4の胴体径を2メートルから2・2メートルへとやや増大させた上、可変後退翼を採用した改良型であった。操縦系統や各種アヴィオニクス、4基のRD-36-41エンジン(最大推力1万6150キロ)などはそのまま受け継いでいる。

T-4Mは「航空機100」に可変後退翼を意味するロシア語の頭文字「I」を付して、「航空機100I」と呼ばれた。

T-4Mの最大の特徴は、可変後退翼を採用したことで、航続性能が従来の6000キロから7000〜1万キロ(亜音速なら1万4000〜1万8000キロ)へと大幅に改善され、米本土全域を攻撃半径に収めることが可能になった点である。これによってT-4はソ連初の超音速大陸間爆撃機となるはずであった。実際、1967年にはT-4Mはソ連国防省からの開発命令を受け、優先国家プロジェクトとなっている。

しかし、のちにソ連空軍の戦略爆撃機に対する要求ペイロードが4万5000キロまで引き上げられたため、T-4M案では対応が難しくなってきた。また、空力特性にも不備が見つかり、これを修正するためには膨大な改設計作業が必要となることから、このT-4M案もまた最終的には破棄されてしまった。

最も野心的な設計だったT-4MS

T-4シリーズの中でも最も野心的な設計となったのが、T-4MSだ。これはアメリカのAMSA(有人戦略航空機。のちのB-1戦略爆撃機)計画に刺激され、1969年に出された新型戦略爆撃機の要求に対してスホーイが提出した案であり、設計局内では「航空機200」と呼ばれていた。

つまり離陸重量が200トンに達すると見られていたわけで、当初のT-4に比べると倍も重くなったことになる(ただし、のちの検討で最大離陸重量は170トンに収まった)。名称の末尾についている〝S〟は〝Strategicheskaia〟すなわち「戦略任務」の意だ。

空軍からの要求は、次のように厳しいものだった。

・高度1万8000メートルで時速3200〜3500キ

ロで巡航し、なおかつ1万1000〜1万3000キロの航続距離を有すること
・同高度で亜音速飛行した場合および地表付近を亜音速飛行した場合に、航続距離が1万6000〜1万8000キロおよび1万1000〜1万3000キロであること
・誘導兵器および自由落下兵器を合計で最大4万5000キロ搭載できること

など、航続距離・速度性能・兵装搭載力を高いレベルで兼ね備えることが求められていた。この計画には、ツポレフ、ミヤシーシェフ、スホーイの3設計局が応募した。

当初、スホーイ側はT-4Mのさらなる改良によってこの計画に応じようとしたが、T-4Mベースではこれだけの高度な性能を達成するのは不可能であることがすぐに分かった。そこでT-4Mをそのまま拡大したような案も検討されたが、重量が過大になるなど不都合が多かったため、この案は放棄された。

設計を一新して厳しい要求をクリアさせる

最終的に採用されたのは、機体構成を一新し、リフティング・ボディと可変後退翼を組み合わせるという、ボンダレンコ設計官の案だった。リフティング・ボディというのは翼だけでなく胴体も揚力を発生させる設計のことで、T-4MSの場合は機体を矢じりのように平たくして揚力発生形状としている。

これによって主翼だけに揚力発生を頼るよりも格段に多量のペイロードを搭載できるようになった上、幅広の機体を活かして広いウェポンベイを設けることが

矢じりのように平たい機体を持つT-4MSのイメージ図。

胴体でも揚力を発生させるリフティング・ボディを採用したT-4MSのイメージ図。

可能になった。この結果、T-4MSのペイロードは平常時で9000キロ、最大で4万5000キロに達し、Kh-45なら4発、当時開発中だったKh-2000なら24発を搭載可能となった。

また、T-4MSの可変後退翼は30度から72度まで可変する

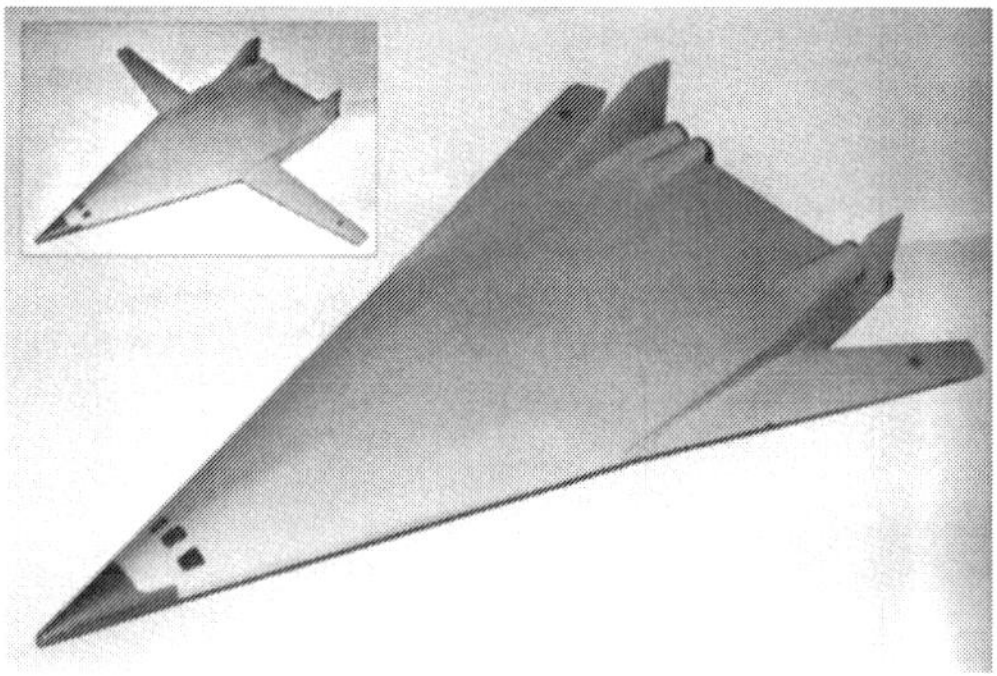

T-4Mの可変後退翼を広げたときと閉じたときのイメージ図。リフティング・ボディを採用しているため、主翼は非常に小さい。

が、リフティング・ボディを採用した結果、T-4Mよりも小さな翼で済むようになった。このため、機動時にかかるGの大部分を強度の高い胴体部分で負担できるようになり、低高度をより高速で飛行できるようになったのである。この点からして、もはや高空・高速侵入という運用法は放棄され、低空侵入が主たる想定になっていたと見てよいだろう。

エンジンやアヴィオニクスは当初、T-4／T-4Mから大部分を流用する予定であったが、中期以降の生産型では推力2万キロのNK-101エンジンなど、新たなコンポーネントの搭載が前提とされるようになった（したがってこの段階では、T-4MSはT-4／T-4Mとはほとんど別の航空機になって

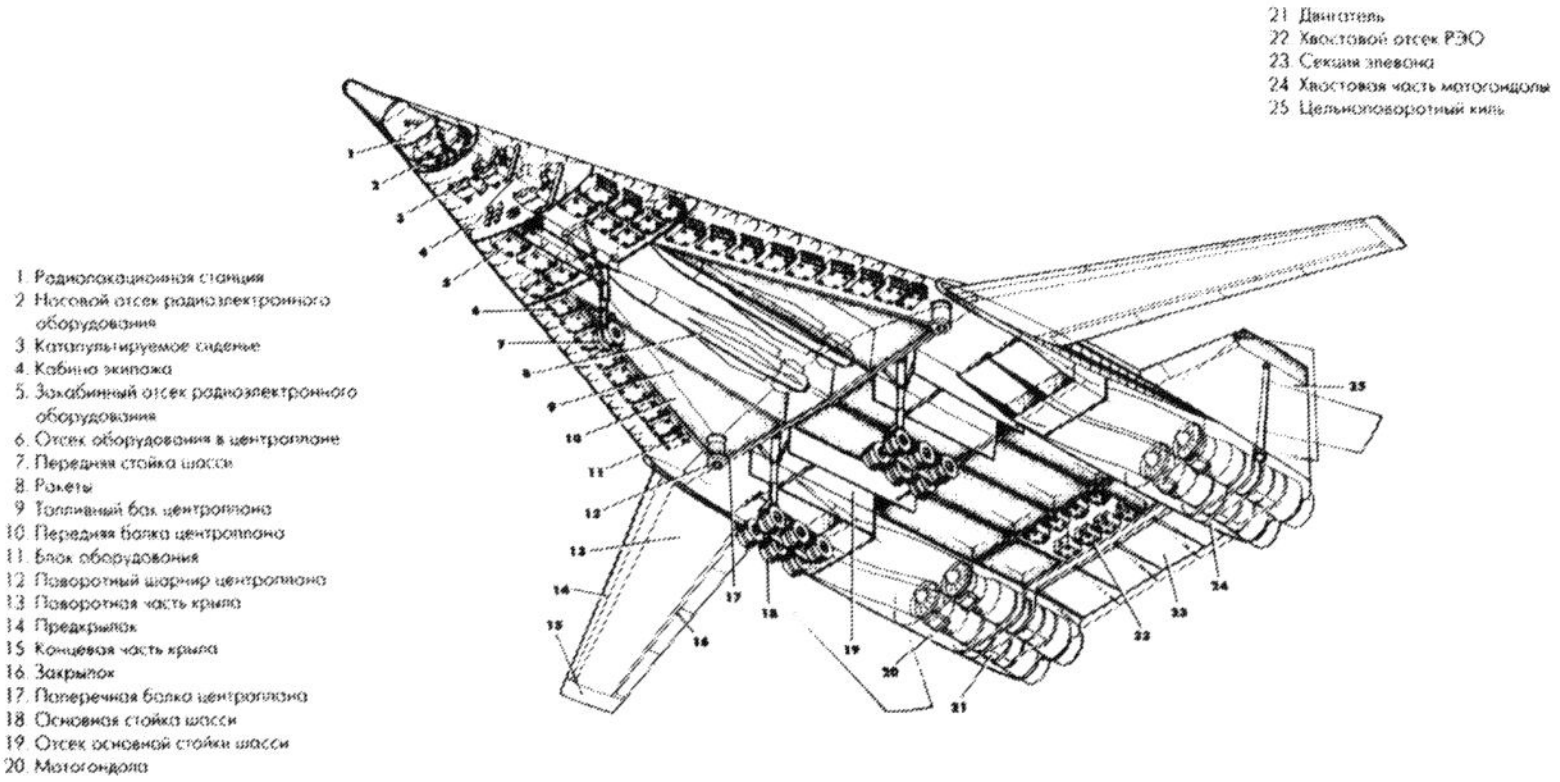

T-4MSの透視図。機体に広いウェポンベイを持っており、大量のペイロードを搭載することができるようになっていた。

いただろう)。

　T-4MSの設計は1971年頃までに細かい修正を含めて詰めの段階に入っていた。この段階で、従来の形状では機体の縦安定性が不足することが判明したため、機首部分が延長されて鼻先だけが突き出すような形状に変更された。それまでの精悍な外観に比べるとどうにも間抜けだが、一応、これによって安定性の問題は解決した。

最も高評価を得るが、生産能力を疑問視される

　1972年、ソ連科学技術省によって3設計局の設計案の検討が行なわれた。

　この際、ツポレフの「160」案（のちのTu-160）はまったく空軍の要求を満たしていないとして酷評され、検討に参加したある長距離航空軍のレシェトニコフは「君たちが提案しているのは、こりゃ旅客機だよ！」とまで言い放ったという。Tu-160の最高速度はT-4MSよりも35パーセントも低く、航続距離は2〜3分の1とされているので、それもむべなるかなと思える。

　一方、最も高評価を得たのはスホーイのT-4MSで、次点がミヤシーシェフのM-20（その後、M-18に発展）案であっ

た。M-20／-18は可変後退翼を採用したＴｕ-１６０によく似た外観の機体であったが、性能はＴｕ-１６０よりもはるかに上であった。

だが、実現可能性となるとＴ-４ＭＳには大きな問題があった。というのも、当時、スホーイではT-10（のちのＳｕ-27の原型となる機体）の設計が進行中であり、さらにＳｕ-17M攻撃機とＳｕ-24M戦闘爆撃機の改良作業（後者については次回で触れる）まで抱えていた。こうしたなかで戦略爆撃機の開発・生産まで進める余裕はとてもないと判断されたのである。M-18についても空軍の評価は高かったものの、やはり爆撃機の生産能力については疑問符がついた。

最下位のツポレフがスホーイ案を引き継ぐことに

こうした事情を勘案した結果、当時のクタホフ空軍総司令官は次のように決断せざるを得なかった。

「次のように決定したい。確かにスホーイの設計案は優れており、彼らに任せたいのだが、彼らはすでにＳｕ-27の設計を抱えている。これは我々にとって、とても、とても必要な航空機なのだ。したがってスホーイをコンペの勝者とは認めるが、ツポレフがさらなる作業を継続できるよう、すべてのリソースをそちらへ廻す……」

この苦渋に満ちた言葉により、革新性に満ちたＴ-４ＭＳは放棄され、〝旅客機〟と呼ばれた「１６０」案がＴｕ-１６０として次期戦略爆撃機に選ばれたのである。もっとも、T-10には重大な空力特性の欠陥が見つかり、実戦配備を大幅に遅らせてほぼ全面的な改設計が行なわれているので、Ｔ-４ＭＳの開発にまで手を出していた場合、Ｓｕ-27があれほどの傑作機として完成することはなかったかもしれない。

だが、スホーイの爆撃機計画はこれで終わらなかった。Ｔ-４ＭＳで培ったリフティング・ボディ機の設計を中型爆撃機へと活かそうとするのだが、それについては次回に譲ることにしたい。

19　諦めないスホーイの爆撃機計画（2）——T-6BMとT-60、オブイェークト54

諦めないスホーイの爆撃機計画T-6BM

前回、スホーイの開発した超音速戦略爆撃機T-4と、その発展型であるT-4MおよびT-4MSを紹介した。T-4は試作のみ、T-4MとT-4MSに至っては構想のみで潰えているが、スホーイが爆撃機計画を諦めたわけでは決してなかった。戦闘爆撃機から戦略爆撃機に至るまで、各種の爆撃機計画が複雑に絡み合いながら依然として進行していたのである。

T-4シリーズ計画と並行して進んでいたのが、T-6（Su-24）戦闘爆撃機の近代化計画である。Su-24シリーズはソ連空軍の新世代戦闘爆撃機として1979年夏から量産が始まっていたが、スホーイ設計局では同年、T-6の設計を大幅に見直したT-6BM（Su-24BM）計画をマロフ設計官を中心にスタートさせていた。

BMというのはbol, shaia medernizatsiiaすなわち「大規模改良型」の意で、Su-24の胴体を拡大してウェポンベイを設けるとともに、エンジンをより強力で燃費の良いターボファン（おそらくはSu-27系と同じAL-31F）に換装するというのが計画の骨子であった。ウェポンベイによって爆装時でも空気抵抗を減少できる上、従来のAL-21Fターボジェットに代わってターボファンを採用することで、速度性能や航続距離を大幅に改善できると見込まれていた。

また、エアインテイク・ダクトが短くなり、代わりに可変後退翼のグローブベーン部分が延長されるなど、空力形状もかなり変化している。さらに面白いのは機尾部分で、大型爆撃機のようなガトリング式の後方防御機銃がエンジンノズルの間に覗いている。

地味なところでは、改造に伴う重量増を支えるため、主脚も強化された。アヴィオニクスについては詳細が伝わっていないが、やはりオリジナルよりも近代的な装備を搭載することになっていたと考えたほうが自然であろう。

航空工業省次官のシモノフに潰される

Ｓｕ-24ＢＭ計画は当時のクタホフ空軍総司令官の熱烈な支持を得て承認され、フルスケールのモックアップも製作された。あとはシラーエフ航空工業大臣の承認を待つばかりとなった。

だが、シラーエフはＳｕ-24ＢＭ計画に批判的だった。というよりも、航空工業省次官としてスホーイから出向していたシモノフ副設計局長が、「Ｓｕ-24ＢＭなどは過去の航空機であり、もっと最新の設計に基づいた機体を開発しなければならない」という持論を持っていたのである。シラーエフとシモノフは気の合うコンビだったようで、Ｔ-10（のちのＳｕ-27）開発計画の際には、初期の設計案の欠陥をなかなか認めようとしないイワノフ設計局長に対して圧力を掛けて設計変更を認めさせたこともある（彼らの後押しがなければ、Ｓｕ-27はあれほどの傑作戦闘機にはなっていなかっただろう）。

その二人が反対しているのだから、Ｓｕ-24ＢＭ計画は大きな逆風に直面することになってしまった。当時の状況を、スホーイのオレグ・サモイロヴィチ設計官は著書『スホーイの傍らで』で次のように述べている。

「１９７９年末、Ｍ・シモノフは航空工業省次官を拝命した。イワノフはそれまで全力でこの人事を阻止しようとしていた。シモノフ人事の傍ら、イワノフは私を主任設計官にするようＶ・カザコフに話をつけてくれたが、シモノフが次官になったら我が設計局は大変なことになるだろうと心配していた。私は工場長のＡ・Ｓ・ザジーギンと一緒に、そんな心配は根拠がないものだと言って安心させようとした。だが、残念なことに、正しいのはエフゲニー・アレクセーイェヴィチ（イワノフ）のほうだったのである」

ＴｓＡＧＩの新エンジンを載せる「Ｔ-60」案

シモノフが主張していたのは、Ｓｕ-24ＢＭ計画を中止する代わりに、Ｔ-４ＭＳ（前回【**18　諦めないスホーイの爆撃機計画（１）――超音速大陸間爆撃機Ｔ-４ＭＳ（131頁）**】参照）を縮小したような離陸重量60トン級の中距離爆撃機を開発するという計画だった。矢じりのようなリフティング・ボディの機体に可変後退翼と、まさに〝ミニＴ-４ＭＳ〟のような機体構成の爆撃機である。

ただし、Ｔ-４ＭＳがエンジンを機体下面に搭載していたのに対し、シモノフの案では機内にエンジンを収容し、インテイクを機体上面に設けているのは大きく異なる点だ。おそらくは下方からのレーダー照射に対するステルス性を意識したものと見られる（アメリカのB-2爆撃機も同様の手法を採用しているが、諜報活動を通してソ連がこれを知っていたのか、研究の結果として同じ結論に行きついたのかは明らかでない）。

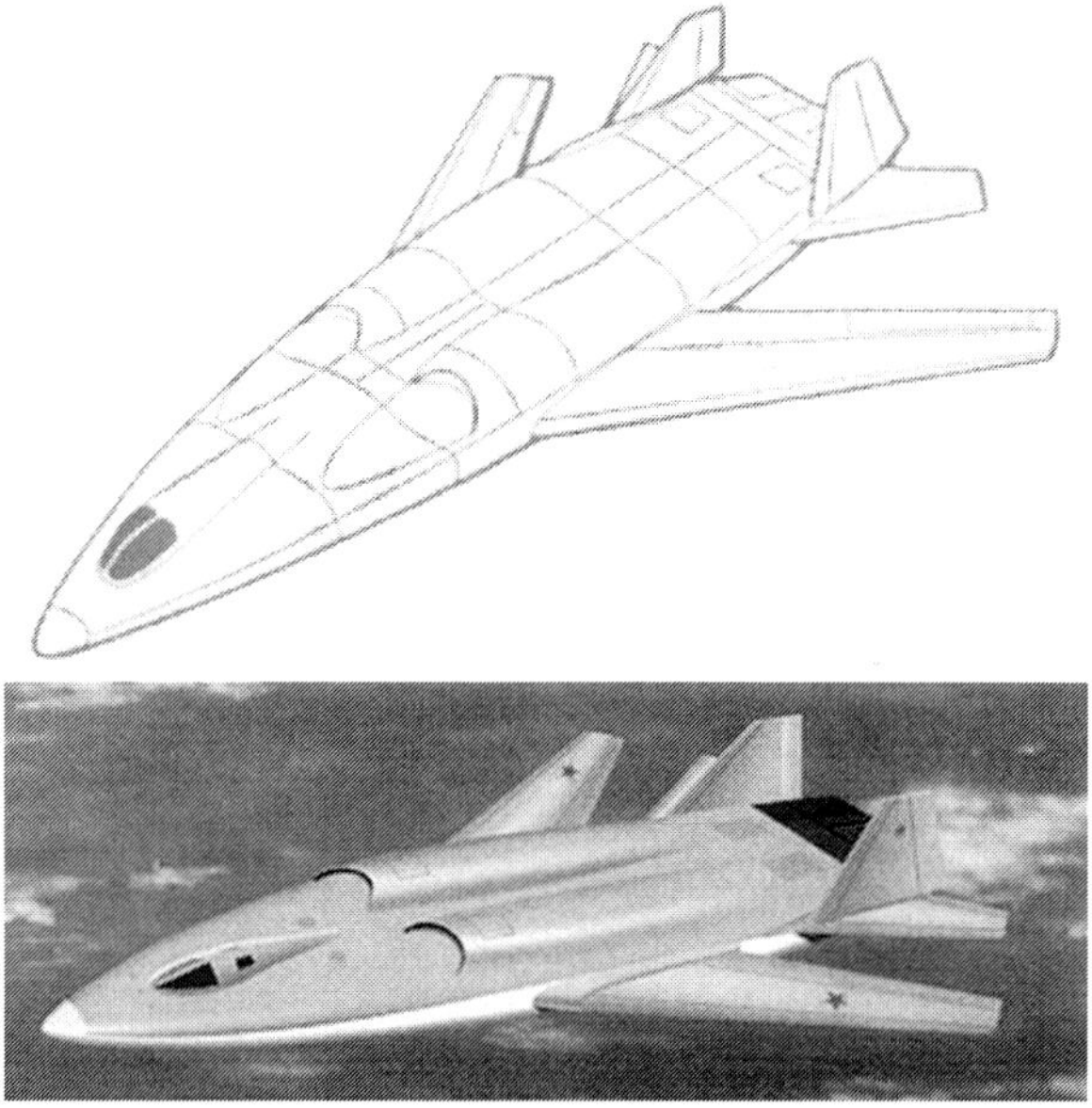

シモノフが強力に推進した、T-4MSの縮小版ともいえる「T-60」案のイメージ図。

また、エンジン自体も特殊なもので、補助タービン付きのインテイクから吸入した空気を2つのエンジンで共有するという、中央流体力学研究所（TsAGI）が新発明したものだった。シモノフはTsAGIと各設計局の関係をもっと密接にせねばならないと考えており、基本的な開発はTsAGIが行

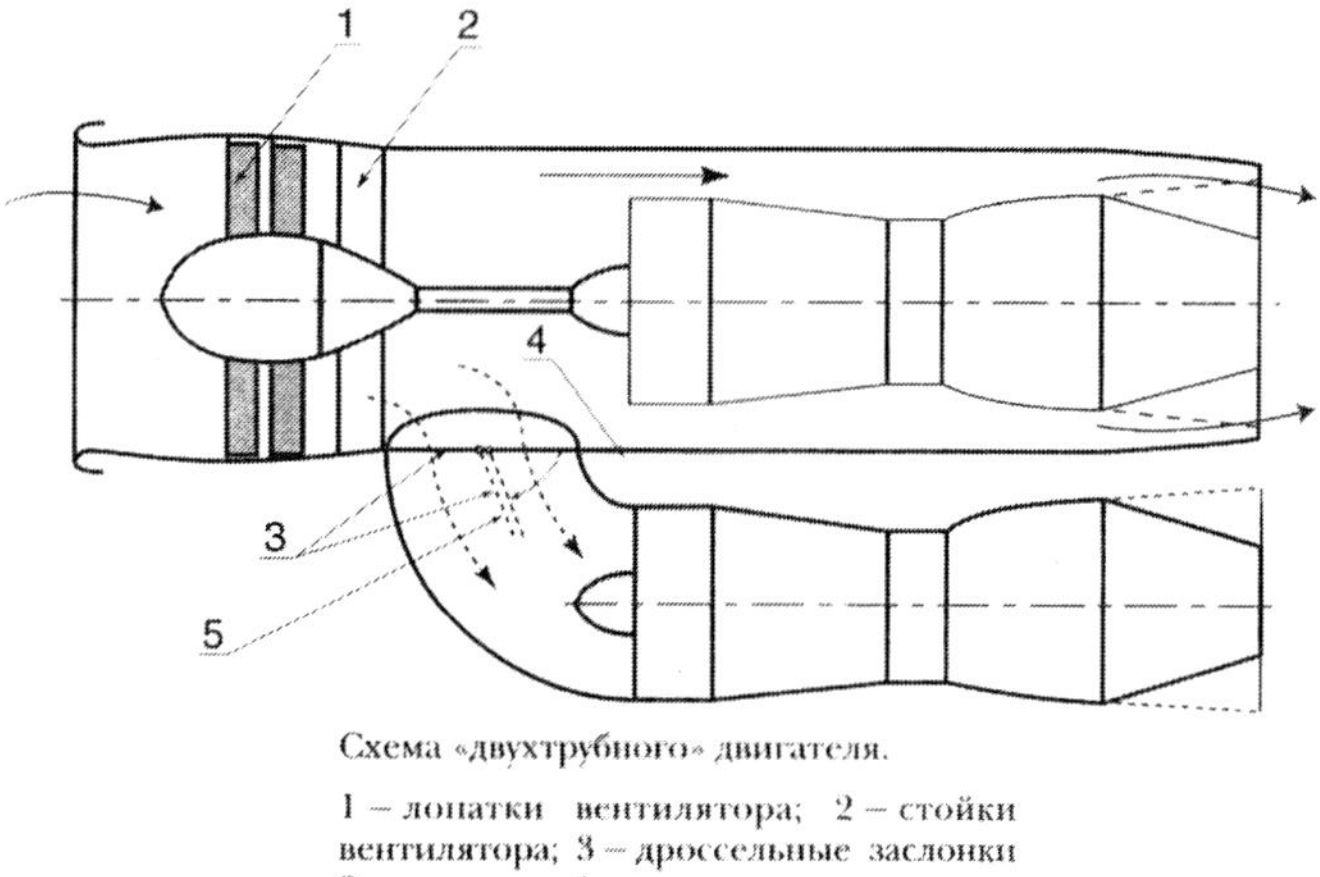

補助タービン付きのインテイクから吸入した空気を、２つのエンジンで共有するという新エンジンの仕組み図。

ない、設計局はその細部を詰めるという関係を理想としていた（彼が手腕を発揮したSu-27の開発過程は、ある程度、それに近いものがあった）。

そして1983年、シラーエフはイワノフ設計局長を退任させ、シモノフを新設計局長としてスホーイに送り込むことに成功した。設計局長に就任したシモノフは、それまでTsAGIで実施されていた例の新型爆撃機計画をスホーイ設計局へと移管させ、「T-60」と名付けた。「60」とはもちろん、離陸重量から取った数字だ。開発担当者には、前述のサモイロヴィチが任命されることになった。そしてこれにより、Su-24BM計画はついに正式に中止されることとなったのである。

このことを知ったクタホフ空軍総司令官は狂犬のごとく怒り狂い、シモノフに詰め寄ったという。シラーエフ大臣のとりなしでその場はなんとか収まったようだが、結局、Su-24BMが現実のものとなることはなかった。

改良案を提案し続けるもシモノフに潰される

その後もスホーイ設計局の設計官たちはSu-24の改造を模索し続けた。たとえばある案では、Su-24BMをベースとして可変後退翼を固定翼とし、垂直尾翼を二枚に変更、さらにT-60用アヴィオニクスを搭載することが計画された。Su-24BMを取り上げられた空軍は、今度はこの計画を支持し、1983年にはフルスケール・モックアップの製作にまで漕ぎつけたものの、シラーエフとシモノフの圧力でやはり中止されてしまった。

Su-24MMという、より控えめな案もあった。MMというのはmalaia modernizatsiia、つまり「小改造」という意味で、Su-24BMと対になった名称であろう。これには2つの案があり、第一案は従来型のSu-24にAL-31Fエンジンを搭載して航続距離を増大させようというものであった。ただし、Su-24の細長い一次元インテイクでは十分な吸気量を確保できないため、機体背部に第三のインテイクを設けるという、とても「小改造」とは呼べない案であった。一方、第二案はコンフォーマルタンクを設けて燃料搭載量を増大させ、航続距離の延長を図るという、ごくおとなしいものであった。

いずれにしても、これらのSu-24改良案はシモノフ設計局長によってことごとく拒絶され、ひとつとして実現することはなかった。シモノフは何がなんでもT-60計画を推進しようとしていたのである。

だが、これまで紹介してきたトーンからも明らかな通り、開発担当者であったサモイロヴィチはT-60計画にはそもそも批判的であったようだ。特に彼の気に入らなかったのは例の独特な設計のエンジンで、あんなものがうまくいくわけはないと断じている。

結局、サモイロヴィチは自分の設計チームを連れてスホーイを辞職し、ライバルのミコヤン設計局へと移籍した。そこで彼が設計したのが、以前の小欄で紹介した「製品７・０１」迎撃機というわけである。そう言われてみれば、「製品７・０１」はリフティング・ボディ形状の機体や背負い式インテイクなど、どことなくＴ-60に共通する部分がなくもない。

Ｓｕ-34に引き継がれた「オブイェークト54」案

一方、スモイロヴィチの抜けたスホーイでは、Ｔ-60を大幅に設計変更した「オブイェークト54」と呼ばれる案が出現していた。可変後退翼を採用し、最後退時には胴体や水平尾翼と主翼がぴったり密着するという独特の設計を採用した機体であった。

インテイクはＴ-60と同様に機体上面に開口され、エンジンは第五世代戦闘機用に開発されていたＡＬ-41Ｆが搭載される予定であった。ＡＬ-41Ｆは最大推力が20トン級の強力なエンジンであると同時にバイパス比を変化させることが可能で、これによってオブイェークト54は超音速巡航を行なうことが可能だった（兵装をウェポンベイ内に収容した場合）。

機首のデザインも特徴的で、カモノハシのように扁平な機首にパイロットと航法士が並列に搭乗するようになっている。レーダーは当時最新型のＢ-００４パッシブ・フェーズドアレイ・レーダーである——というところまで書くと、読者の中にはお気付きの向きもあるかもしれない。機体部分は別として、機首はほぼそのままＴ-10Ｖ（のちのＳｕ-34）戦闘爆撃機と同一なのである。当初、Ｔ-10Ｖ計画はＴ-60／オブイェークト54とはまったく無関係に進められていたのだが、高度な対地攻撃能力を実現するためにオブイェークト54の機首部分とアヴィオニクスを流用するという案が持ち上がり、実現したというわけだ。

Ｔ-60／オブイェークト54計画自体のほうは１９９１年まで開発作業が続いたものの、ソ連崩壊後の１９９２年に計画は中止された。前述のサモイロヴィチは、「Ｔ-60計画などに手を出さなければ、今頃空軍は１５０～２００機のＳｕ-24ＢＭを配備できていたであろうに」と嘆いている。その後、１９９４年にはＴ-60Ｓ（またはオブイェークト54Ｓ）の名前で計画が復活したとも伝えられたが、再びお蔵入りになってしまったようだ。

結局のところ、Ｓｕ-34のあの独特な機首の形状だけが、Ｔ-60計画の残したものであったといえるだろう。そのＳｕ-34は長きにわたる生産の停滞を抜け出して２０１０年から量産が軌道に乗り始めており、２０２０年までに１２０機強がロシア空軍に配備される予定である。

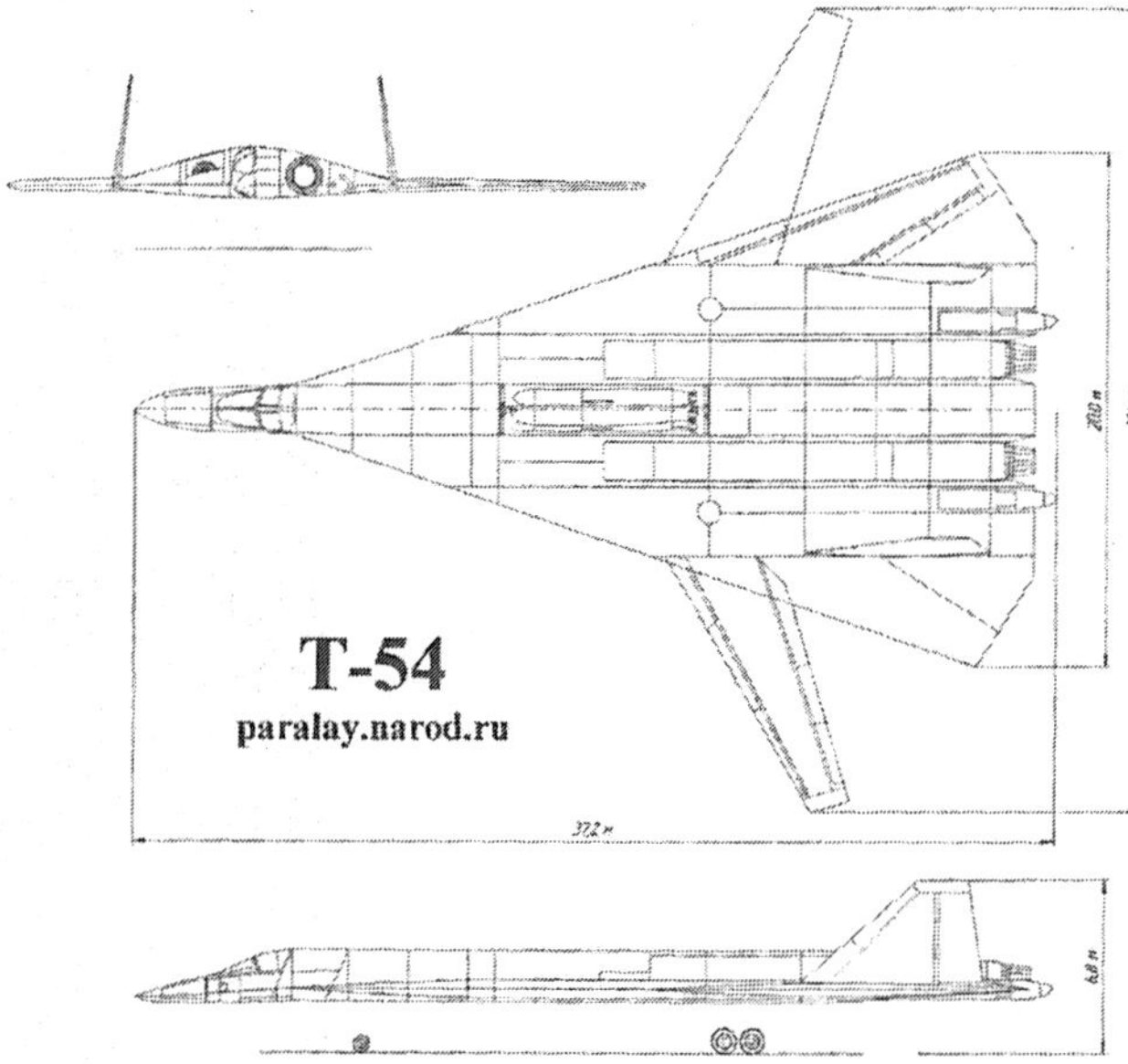

「T-60」案を大幅に設計変更した「オブイェークト54」案の三面図。

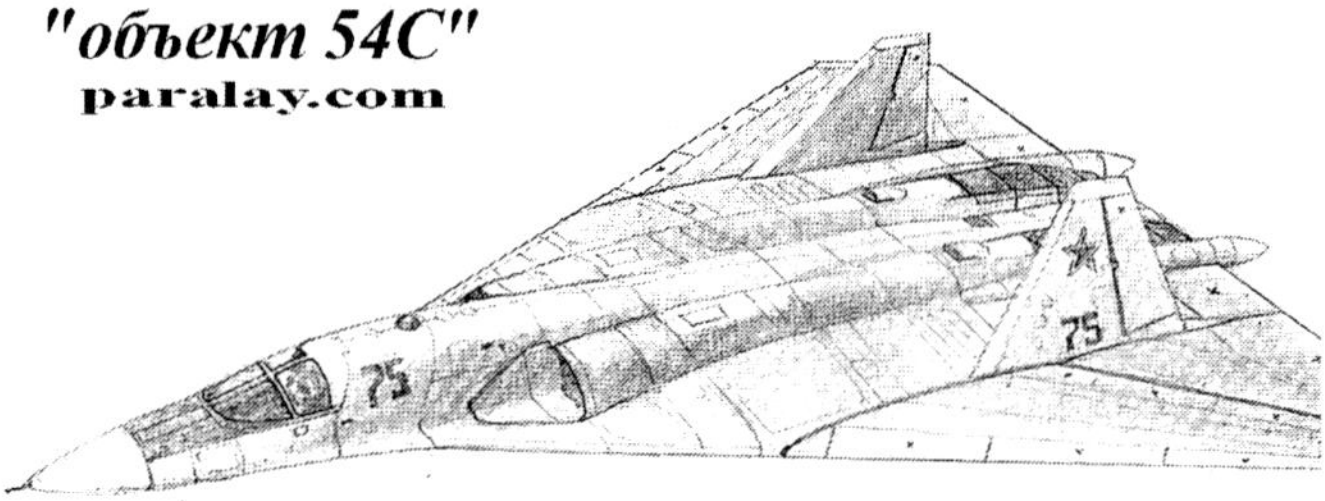

「オブイェークト54」案のイメージ。サイド・バイ・サイドの座席配置などはのちのＳｕ-34に受け継がれた。

20　ソ連のＶＴＯＬ・ＳＴＯＬ輸送機計画（1）――ミル設計局

を取り上げる。

ＶＴＯＬ／ＳＴＯＬ機開発に熱心だったソ連

冷戦期のソ連は垂直離着陸（ＶＴＯＬ）機や短距離離着陸（ＳＴＯＬ）機の開発を非常に熱心に進めていた。これはアメリカとの全面核戦争が始まった場合、通常の滑走路は早期に破壊されてしまうと考えられていたことによる。また、広大な国土を抱えるソ連では早くから要人のヘリコプター移動が一般的になっており、ヘリ並みの運用インフラで航空機並みの高速を発揮できるＶＴＯＬ機に対する関心も高かったと思われる。

だが、ＳＴＯＬ機はともかくとしても、ソ連で実用化されたＶＴＯＬ機は事実上、Ｙａｋ-38艦上戦闘機のみである。また、ＳＴＯＬ機に関してもＡｎ-72などいくつかの成功例があるものの、その背後にはやはり日の目を見られなかった無数のプロジェクトが横たわっている。

そこで本項では、実現しなかったソ連のＶＴＯＬ-ＳＴＯＬ輸送機を2回に分けて紹介していくことにしたい。今回は、「ソ連版オスプレイ」とも呼ぶべきミルＭｉ-30ティルトローター機計画と、ベリエフＢｅ-32ＳＴＯＬ／ＶＴＯＬ輸送機計画を取り上げる。

やや小型のティルトローター構想「Ｍｉ-30」

ミルといえばカモフと並ぶソ連の名門ヘリコプター設計局である。そのミルが自社の傑作中型ヘリＭｉ-8／-17の後継機として計画したティルトローター機がＭｉ-30だ。

Ｍｉ-30計画は1972年、ミル設計局の社内企画としてスタートした。Ｍｉ-30という名がついたのはのちのことで、設計局内では「ローター（ヴィント）」と「航空機（プラン）」を足して「ヴィントプラン」と呼んでいたようだ。ちなみに、のちにティルトローター機はロシア語で「コンヴェルトプラン」と呼ばれるようになったため、現在では「ヴィントプラン」といえばＭｉ-30を指すようになっている。

ティルトローター機「Mi-30」案のイメージ図（上）とV-22オスプレイ。オスプレイが翼端にエンジンを積んでいるのに対し、Mi-30ではエンジンは機体背面にあり、そこからトランスミッションで翼端のローターを回転させる構造だった。

Mi-30の機体は通常の垂直尾翼と水平尾翼を備える航空機型で、搭載能力はオスプレイよりもかなり小さな人員19名または貨物2トンと想定されていた（オスプレイは人員24～32名、貨物約9トン）。エンジンはのちにMi-8シリーズの標準エンジンとなるTV3-117×2発だったが、オスプレイと違って翼端のナセル（エンジンを覆っている部分）内ではなく、ヘリコプターのように機体上部に搭載される。そしてトランスミッションで翼端まで動力を伝達することで、直径11メートルのローターを回転させるという仕組みだ。

飛行性能は、最大速度 時速500～600キロ、航続距離800キロ、最大離陸重量10・6トンである。

機体の大型化が進むも、ソ連崩壊によって計画中止

しかし、1980年頃までかけて設計局内で検討を進めた結果、エンジンを3発化することが決まる。これに合わせて最大搭載量は3～5トン（人員32名）、最大離陸重量は15・5トン、ローターブレード径は12・5メートルと、当初の設計案に比べてかなり機体が大型化した。

この改正版Mi-30設計案は、1981年にソ連政府から軍用および民間用ティルトローター機として開発が承認され、同年8月にはソ連政府閣僚会議付属軍需産業委員会（VPK）によって正式に開発が決定された。

この計画に対して、ソ連軍は少なからぬ興味を示した。1979年末に始まったアフガニスタン作戦でソ連軍はヘリボーン作戦を多用していたが、当時のMi-8では速度、作戦行動

半径、高高度性能（高地の多いアフガニスタンではこれが重要だった）が不十分と見なされていたためである。

ただし、ソ連軍はＭｉ-30に強力なＤ-１３６エンジンを搭載することを求めたため、離陸重量は30トンまで増加することとなった。最初期案と比べると、離陸重量はほぼ３倍にも増加したことになる。エンジンに関する要求はその後も変更され、ＴＶ３-１１７を２発搭載する案、３発搭載する案、Ｄ-27を２発搭載する案など複数の案が検討され、最大離陸重量もこれに合わせて11トン、20トン、30トンと変化した。

Ｍｉ-30計画は１９８６～１９９５年の軍備計画に採用され、１９９６年からソ連軍に配備される計画であったが、リモコン型の小型試作モデルが製作された段階でソ連が崩壊し、計画は中断された。

また、１９９１年にはミル設計局はＭｉ-30の民間用バリエーションを３つ公表している。最大搭載能力３・２トン（人員21名）のＭｉ-30Ｓ、同２・５トン（人員11名）のＭｉ-30Ｄ、同０・９５トン（人員７名）のＭｉ-30Ｌの３つで、前二者は３発のＴＶ３-１１７を搭載し、最大離陸重量13トン、最後のＭｉ-30Ｌは２発のＡＬ-34を搭載する計画だった。これはどちらかというと１９８０年代初頭段階の原案に近いものだったが、やはり発注は得られず、計画はお蔵入りとなった。

小型のＶＴＯＬ型／ＳＴＯＬ型輸送機構想「Ｂｅ-32」

Ｂｅ-32は１９６０年代末にベリエフ設計局が開発していた搭載量５トン級の小型軍用輸送機で、同じ機体をベースにＶＴＯＬ型とＳＴＯＬ型を開発する構想であった。

任務としては戦術強襲作戦における強行着陸またはパラシュート降下、部隊・装備などの緊急展開、ロケットおよび砲兵部隊のための目標偵察、放射能・化学物質の観測、患者輸送などが想定されており、通常の輸送機としてだけでなく、ＶＴＯＬ／ＳＴＯＬ性能を活かして多様な任務が期待されていたことが窺える。想定スペックについては、最大離陸重量27・5～29トン、最大搭載量５トン、乗員２名という程度しか分かっていない。

Ｂｅ-32の胴体は直径の割に非常に短く、尾翼はＴ字型。胴体は与圧式で、左右のバルジ（膨らみ部分）には不整地着陸用のランディングギアが収められている。機体後部はランプ・ドアになっており、物資投下や空挺降下が可能だ。機内のペイロード・ベイは12×２・４×２・４メートルのサイズで、武装した兵士32名、ＡＳＵ-57自走砲、ＧＡＺ-66ジープまたはＵＡＺ-４６９ジープなどを収めることができた。

機首部分については、Ｂ-29のように段差のないガラス張りの想像図もあるが、のちに通常の輸送機のような機首形状に改

Be-32案の模型。初期の案では、機首形状はB-29爆撃機のように段差のないガラス張りであった。

められたようである。なお、機体全体は軽量化のために複合材が多用される予定だった。

　高翼形式の主翼には浅い後退角がついている。この主翼には、推進用のD-36ターボファンエンジン（推力6600キログラム級）がポット状に2発装備されているほか、そのさらに外側にリフトエンジン用のフェアリングが設けられている。STOL型のリフトエンジンは推力2900キログラムのRD-36-35FBで、各フェアリングに3基ずつ合計6基搭載されることになっていた。

　ちなみに、このRD-36-35シリーズは当時のソ連のVTOL機で幅広く使用されており、基本型のRD-36-35FBがMiG-21PD、MiG-23PD、T-58VD、T-6-1などのVTOL戦闘機・戦闘爆撃機に採用されていたほか、Yak-38にはRD-36-35FBが、改良型のYak-38Mには発展型のRD-36-35FBRが搭載されていた。また、実現はしなかったものの、以前に紹介したバルティーニのVVA-14エクラノプラン（【6　奇才バルティーニの〝空飛ぶ船〟（2）——飛行空母「2500構想」（45頁）】参照）にはRD-36-35PRが搭載されることになっていた。

　一方、VTOL型は当初、5200キログラム級のRD-36-65を左右のフェアリング内に5基ずつ、合計10基搭載することになっていたが、開発が遅れたため、初期量産型は前述のRD-36-35FBを各フェアリングに8基ずつ合計16基搭載する方針であったと伝えられる。

STOL型への一本化と新たなSTOL型案

　主翼についての話をもう少し続けると、後縁はほぼ全幅が三重隙間フラップとなっており、前縁にも全幅にわたってスラットを設けてＳＴＯＬ性を高める工夫がなされている。また、離着陸前後の低速飛行時にエンジンのいずれか一方が停止しても機体が安定性を保てるよう、リフトエンジンからの空気をエルロン、エレベーター、方向舵にダクトで導入して境界層制御を行なうという仕組みも取り入れられた。肝心のＳＴＯＬ性については、未整地でも３５０～４００メートル程度の滑走路で運用可能とされている。

アヴィオニクスに関しては、ＳＴＯＬ型は光学・赤外線センサー、暗視装置などの簡易なものが想定されていたが、ＶＴＯＬ型は「エンブレマ-Ｅ」火器管制レーダーや航法装置をはじめとして各種の本格的な電子装備を備え、より高度な作戦行動が可能とされていた。

以上のＳＴＯＬ／ＶＴＯＬ型のうち、ＶＴＯＬ型については１９６９年頃に計画が放棄され、ＳＴＯＬ型一本に絞られた。

さらに１９７０年にはＳＴＯＬ型のさらなる発展案が登場した。この案では、エンジンや機体構造はＳＴＯＬ型とほぼ同一であるものの、主翼基部が可動式となり、離着陸時に15度上方へ傾けられるようになった。これによって主翼の迎え角が増大するとともに、エンジンの排気も15度下方へ吹き付けられることになり、ＳＴＯＬ性の向上に貢献するというわけである。さらに、この方式を採用した結果、リフトエンジンは合計４基でよいということになり、重量の軽減も見込まれた。

不採用と幻のクワッド・ティルトローター案

だが、Ｂｅ-32計画が日の目を見ることはなかった。当時、ソ連軍はベリエフだけでなくアントノフおよびミヤシーシェフからもＳＴＯＬ輸送機案を募っており、検討の結果、最終的にアントノフのＡｎ-72が選択されたのである。

Ａｎ-72はエンジンの排気を主翼上面に直接吹き付け、コアンダ効果を利用して揚力を増大させることでＳＴＯＬ性を高めるという機械的にシンプルな方式を採用しており、信頼性やコストの面で確かにＢｅ-32に勝っていた。この結果、Ｂｅ-32は、次回で取り上げるミヤシーシェフＭ-12とともに廃案となってしまったのである。

ちなみに、Ｂｅ-32計画の初期段階では、ティルトローター方式を採用したまったく別の案も存在していた。しかも、機体の前後に主翼を備え、それぞれの翼端に二重反転式ローターを合計４基搭載するという、いわゆるクワッド・ティルトローター方式である。さすがに１９６０年代の技術でこのような野心的なプロジェクトを実現することは難しく、この案はごく初期段階で却下されたようだ。しかし、外観上のインパクトはなかなかに凄まじいものがあり、ロシア語圏のインターネット・フォーラムでは未だに奇妙な人気を維持している。

また、Ｂｅ-32という名称は、のちにＢｅ-30小型輸送機の改

良型に引き継がれた。Ｂｅ-30はＴＶＤ-１０ターボプロップを２基搭載した14席級の小型旅客機であったが、わずか８機が

クワッド・ティルトローター方式のBe-32 STOL型案の模型。前後に２つの主翼を備え、それぞれの翼端に二重反転式ローターを合計４基搭載するという奇抜な形状を採用している。

製作されただけで終わった。「新Ｂｅ-32」はこのＢｅ-30にパワーアップ型のＴＶＤ-１０Ｂターボプロップエンジンを装備し、客席数を17席に増加させたタイプとして１９９３年に公開されたが、結局、発注は得られなかったようだ。

21　ソ連の垂直離着陸輸送機（2）——カモフ・ヤコヴレフ設計局

カモフの垂直離着陸輸送機計画

前回はミル設計局の計画していたＭｉ-32をご紹介したが、ソ連のヘリコプター・メーカーのもう一方の雄であるカモフ設計局もさまざまな垂直離着陸輸送機を計画していた。

①Ｋａ-22

ティルト・ローター（ロシア語ではヴィントプラン）を追求したミルに対して、カモフは通常のヘリコプターのようなローターと主翼を備えた機体を構想していた。

最初の計画はＫａ-22と呼ばれるもので、弾道ミサイルを迅速に展開させる手段として１９５０年代に構想された。これは、左右の翼端にローターとＤ-25ＶＫエンジンを搭載する双発ヘリであった。ベースとなる機体は大戦中に活躍したＬｉ-2輸送機（アメリカ製のＤＣ-3のコピー）で、１９５６年に軍から出された要求によれば、5トンのペイロードを搭載した状態で７００キロ、4トンで１５００キロの航続距離を有し、最大 時速４００キロの速度を発揮できることとされていた。

これによって通常の装輪式発射機では到達できない地点にも戦術弾道ミサイルを展開させられる空中機動ミサイル部隊を編制する、というのが軍の構想であった。

Ｋａ-22のミソは、ローターに加えて通常の航空機のような主翼を持つことによって荷重を分散させ、通常のヘリコプターでは不可能な重量物輸送を可能にするという点である。

その源流は１９５１年の「Ｘ」計画に遡る。この計画ではＬｉ-2の機体構成にはほとんど手を付けないまま、機体の背中からそのまま二重反転ローターが突き出ているという極めてアヴァンギャルドなものだったが、さすがに採用されることはなかった。Ｋａ-22は、これをもう少し実用的な形式として提案されたものだったわけである。

Ｋａ-22計画は順調に進み、１９５７年には中央流体力学研究所（ＴｓＡＧＩ）で試作の機体を用いた検討作業が始まり、１９６１年4月には試作機の初飛行に漕ぎつけた。さらに同年9月には量産機が初飛行し、11月には16・４８５トンもの貨物を搭載した状態で高度２５５７メートルまで上昇して世界記録を樹立した。

しかし、Ｋａ-22には操縦が極めて難しいという欠点があった。その操縦特性はヘリコプターとも通常の航空機とも異なっており、特別の訓練を受けた限られたパイロット以外は操縦することができなかった。この結果、軍は在来型のヘリコプター形式を採用したミルのＭｉ-６を採用することに決定し、Ｋａ-22は４機のみ生産された段階で放棄された。

②Ｋａ-34とＫａ-35

しかしカモフ設計局は、依然として回転翼と固定翼の複合形式を追求していた。これが１９６０年代に提案されたＫａ-34とＫａ-35である。

Ｋａ-34は推進用のＮＫ-12ターボプロップを主翼下に２基ずつ搭載し、翼端には垂直離着陸用として１基ずつローターを装備する機体であり、パッと見には「プロペラだらけ」という印象を受ける。主翼端には前進角が掛かっているのもいかにもエキゾチックな印象だ。詳しいスペックは伝わっていないが、かなりの大型機を想定していたようである（カモフのサイトでも「重輸送ヘリコプター計画」という説明文があるだけだ）。

４発のターボプロップ機の主翼にＶＴＯＬ用のローターをつけたＫａ-34案の模型。

一方、Ｋａ-35は１９６７年に提案された大型垂直離着陸輸送機プランで、翼端にローターを持つ形式は同じだが、推進用エンジンとして各1基のＲＤ-36-35ターボジェットをポッド状に翼下に搭載している。最大離陸重量は71・5トン、ペイロードは最大20トンとされており、最大航続距離１０００キロ、最大速度 時速５００キロを発揮する予定であった。

面白いのは機体構成で、かなり背が高く太い胴体の機首下面に、ガラス張りの大きなキャノピーが設けられている。おそらくは航法士席と思われるが、詳細は明らかでない。

また、Ｋａ-35にはさまざまなバリエーションが想定されていたようで、１９９９年のモスクワ航空宇宙サロン（ＭＡＫＳ）では強襲輸送型Ｋａ-35Ｄ（Ｄはデサント、すなわち降下・襲撃を意味する）の模型が公開された。このタイプではエンジンナセルの形状が異なっており、別のより強力なエンジンが想定されていたように見えるが、どのエンジンを積むつもりだったのかは不明である。

さらに主脚を納めるバルジ（膨らみ部分）には対戦車ミサイルらしきものが各3基搭載されているほか、機首下面には機関砲の旋回砲塔が設けられているので、降下地点の制圧や直協支援などにも使われる予定だったのだろう。また、大きな胴体を活かして空中コマンドポスト型や空中早期警戒管制型も構想されていたようだが、いずれも実現しなかった。

強襲輸送型Ｋａ-35Ｄの模型。機首下面にガラス張りのキャノピーがあり、主脚付近には対戦車ミサイルを装備している。

③V-100

また、垂直離着陸輸送機という本項のテーマからはやや外れるが、カモフは攻撃ヘリにも複合形式を適用するつもりだった（よほど気に入っていたのだろう）。Mi-24武装襲撃ヘリの後継として、1970年代半ばに計画されたV-100がそれである。

当時、カモフはのちにKa-50／52として結実するV-80計画を進める一方、複合形式のV-100計画も検討していた。V-100では翼端にローターを搭載する一方、機体後尾に推進用のプロペラを装備しており、これら3つのローター／プロペラを機体上部に搭載したAI-20Dターボエンジンによって駆動させる計画であった。

乗員はパイロットと兵装オペレーターの2名で、のちのKa-52とは異なり、タンデム式（座席を直列に並べる配置）に搭乗する。

ヴィントクルィラ形式を採用したおかげで、兵装搭載量はこのクラスのヘリとしてはかなり大きく、3000キロもある。大型の主翼のおかげで兵装搭載ポイントも豊富に確保されており、合計8カ所のハードポイントに無誘導の空対地ロケット、誘導型空対地ウェポン、空対空ウェポンを搭載可能だ。空対空戦闘が考慮されているのはのちのKa-50／Ka-52シリーズに通じるところがあり、おそらく火器管制システムなども同じ物を搭載することが考慮されていたのだろう。

翼端にローターを搭載する一方、機体後尾に推進用のプロペラを装備したV-100で案の模型。

固定武装は機関砲1門であるが、多くの戦闘ヘリのように機首下のターレット（砲塔）に装備するのでなく、機体左舷のバルジ先端に装備される形式であった。

飛行性能は3000キロの最大ペイロードを搭載した状態で、時速450キロという高速性を発揮し、最大6500メートルの高度まで上昇可能とされていた。同じ条件下での戦闘行動半径は700キロにも及ぶ。通常の戦闘ヘリとは桁違いの飛行性能といえよう。

この計画は1975年にソ連軍に対して提案されたが、実現性が低いということで採用されず、結局、V-80計画が提案されることになった。

ちなみにこの時期、ミル設計局でも次世代戦闘ヘリとして複合形式が検討されていたようで、詳細はほとんど明らかでないものの、大型の主翼端にローターブレードを装備した模型が残されている。だが、これも結局は実現することなく、オーソドックスなスタイルのMi-28Nとして実現した。

“空中地対空ミサイル砲台”ヤコヴレフの「VVP-6」計画

ヤコヴレフ設計局といえば何かと特殊な航空機の設計を手がけることの多い設計局で、Yak-36、Yak-38、Yak-141など多くの垂直離着陸艦載機を開発している。また、あまり知られていないが、1950年代にはYak-24というタンデム双発ヘリを開発した実績も持つ。

そのヤコヴレフが1960年代に提案した重垂直離着陸機計画がVVP-6だ。ちなみにVVPとは「垂直離陸プラットフォーム」を意味するロシア語の略語である。

この計画は実にSF的な代物で、全長49メートルもの角張った大型の機体の左右に三対の主翼を張り出させ、それぞれの翼端にローターを装備するというものだった。都合6個のローターが装備されているわけで、VVP-6の「6」という数字はここから来ているらしい。さらにそれぞれの主翼には、ひとつのナセルに納められた4基のターボファンエンジンが装備されており（合計24基）、これがローターの動力兼推進力となる予定であった。

何よりも目を引くのは、機体上面に6基のS-75地対空ミサイルが搭載されている点だ。資料によってはこれらのミサイルを空中発射することが可能とするものがあるが、これはいくらなんでもありえないだろう。実際は空中展開可能な地対空ミサイルシステムという位置づけであったと思われる。

どう考えても何かの冗談のように思われるが、VVP-6の設計はヤコヴレフの業績一覧にも記載されており、模型も残っているところからして、何らかの検討はなされたのだろう。

全長49メートルの大型機体に、三対の主翼と６つのローターを装備するＶＶＰ-６案の模型。機体上面には対空ミサイルが装備されている。

〝サンダーバード2号そっくり〟ミヤシーシェフ「M-12」計画

筆者は西側の人形アニメ「サンダーバード」を子供時代に観ることはなかったが、後年、非常に驚いたことがある。サンダーバード2号だ。というのも、それがミヤシーシェフ設計局の検討していた垂直離着陸戦術輸送機M-12にそっくりだったからである。

M-12は前線付近の不整地や野戦飛行場に、兵員や装備を迅速に展開させられる垂直離着陸戦術輸送機として1965年に提案された。当時、米ソは戦術・戦略核戦力を急速に増強させつつあったことから、ひとたび戦争が始まれば従来のような大型輸送機が離着陸できる滑走路は瞬時に破壊される可能性が高まっていた。M-12構想はこうした戦略環境の変化に対応すべく浮上してきたものであったが、これには3つのバリエーションが存在していた。

第1のバリエーションは最も「サンダーバード2号」に似た計画で、丸みを帯びた扁平な機体の主翼端に垂直離着陸用のエンジンを納めたナセルを装備するというものである。エンジンの種類は明らかでないが、各ナセルに6基ずつ、合計12基を装備することになっていた。機体の背部後方には推進用のジェットエンジンが装備される。主翼は、後述するバリエーションと異なり、低翼形式であった。

第2と第3のバリエーションは1967年に提案された。第2バリエーションは前述の回転翼と固定翼の複合形式を採用しており、高翼式の主翼端に大型のローターが装備されてい

ミヤシーシェフ「M-12」の第1バリエーション案の模型。

る。推進用エンジンは持たず、通常のヘリコプターと同様の原理で飛行することになっていた。

最も野心的なのが第3のバリエーションで、高翼式である点は第2バリエーションと同様ながら、ティルトローター形式が採用されていた。各主翼端にはエンジンが2基ずつ装備されており、これによってひとつのローターを回転させるという形式である。また、機体の前部と後部には垂直離着陸時の補助動力として合計4基のリフトジェットが装備される計画であった。

ミヤシーシェフ「M-12」の第3バリエーション案の模型。

その後、ソ連軍は計画を変更し、垂直離着陸輸送機でなく短距離離着陸輸送機を選択する。それに合わせてヤコヴレフ設計局も短距離離着陸型のM-12を提案したが、最終的にはコアンダ効果を利用したアントノフのAn-72が選択された。こうして、M-12計画は日の目を見ることなく潰えた。

ちなみに前回紹介したBe-32は、この計画の際にベリエフ側が提案していたものである。

22　幻に終わった名機ＭｉＧ-21の発展プラン

ＭｉＧ-21といえば、ミコヤン・グレヴィッチ設計局（ＯＫＢ ＭｉＧ）が送り出した第二世代戦闘機のベストセラーである。フルシチョフ政権下では軍事予算が戦略核に重点投資され、第三世代戦闘機の登場が西側よりもかなり遅れた結果、第二世代機ながら１９７０年代初頭までソ連空軍の主力の座に留まった。それだけにＭｉＧ-21の改良型は多岐にわたるが、なかには実現せずに終わったものもある。今回は、そうした幻のＭｉＧ-21改良案たちを紹介していくことにしよう。

Ye-6T／3の3機の試作機

Ｙｅ-６Ｔは、ＭｉＧ-21の初期モデルであるＭｉＧ-21Ｆ／Ｙｅ-６（ＯＫＢ ＭｉＧ内でのＭｉＧ-21初期型の呼称。Ｙｅはロシア語で「実験型」を意味するイェクスペリメンターリヌィの頭文字）にＫ-13赤外線追尾空対空ミサイルを搭載するための試験機として、１９５８年に初飛行した。その後、３機の試作機はそれぞれ特殊用途の試験機に転用され、１号機（Ｙｅ-６Ｔ／１）はＲ-11Ｆ２-３００エンジンを搭載して速度記録機に、２号機（Ｙｅ-６Ｔ／２）は不整地での離着陸性能を実証するためのスキッド（ソリ）型降着装置の試験機となった。

最も野心的な改造が３号機（Ｙｅ-６Ｔ／３）で、機首の左右にカナード（ロシア語では先尾翼＝ＰＧＯ）を追加して三舵面制御の実験に用いられた。原型のＭｉＧ-21／Ｙｅ-６はデルタ翼に尾翼を組み合わせたオーソドックスな二舵面制御を採用しているが、ＯＫＢ ＭｉＧは早くから戦闘機の運動性改善策としての三舵面制御に着目しており、そのための実験機がＹｅ-６Ｔ／３であったわけである。

ただし、このカナードは故意に機体の「縦の静安定性」を低下させ、それによって機動性を高めるデスタビライザー（不安定化させる装置）として装備されたもので、通常は「風見鶏」（機体に掛かる風圧に従って動く）状態だが、マッハ１以上の高速飛行時には油圧で水平に固定される仕組みだった。このカナードによる機動性の向上には著しいものがあり、その成果は次で紹介するＹｅ-８に活かされることとなった。

機首インテイクではレーダーのサイズに限界があった

　戦後、ＯＫＢ ＭｉＧが送り出した実用戦闘機は、ＭｉＧ-15からＭｉＧ-21に至るまで、機首にエアインテイクを開口する方式を採用してきた。機首からまっすぐにダクトで空気を吸入し、エンジンに導入するわけであるから、これが最も効率がいいのである。

　しかし、戦闘機に火器管制レーダーを搭載することが一般的になってくると、この方式には問題が出てきた。どうしても載せられるレーダーのサイズに制限が出てくるためだ。ＭｉＧ-17やＭｉＧ-19の迎撃機バージョンの場合はインテイクリップ上部とショックコーン内部にレーダーハウジングを設けてテイホミロフＲＰ-1／-2「イズムルード」レーダーを搭載していたが、最終バージョンのＲＰ-2でも探知距離は11～12キロ程度、追尾距離に至っては3・5～4キロに過ぎず、全天候戦闘能力にはほど遠いものであった。

ＭｉＧ-21とＹｅ-8の側面。ＭｉＧ-21Ｆ-13／ＰＦの機首先端のインテイクから飛び出している円錐状の部分がショックコーン。超音速飛行時に衝撃波を発生させて空気の吸入効率をよくする働きがあった。Ｙｅ-8ではインテイクは機首下面に移動し、ショックコーンもなくなっている。

続くMiG-21Pシリーズ（MiG-21の迎撃戦闘機バージョン）では、機首の大型ショックコーン内部にSu-9迎撃戦闘機と同じTsD-30TP「サプフィール」レーダーを搭載した。それにより、最大探知距離20キロ、追尾距離13キロを達成したが、やはり捜索・交戦能力は貧弱なものであったと言わざるを得ない。もともとソ連の電子工学の水準は西側に対して後れをとっていた上、F-4ファントムなどのサイドインテイク方式を採用した戦闘機に比べて、搭載できるレーダーのサイズ（特にアンテナ径）が格段に制限されたためである。

大規模な改良型Ye-8

こうした限界に早くから気付いていたOKB MiGは、第三世代のMiG-23の開発を進める一方、MiG-21の抜本的改良計画を構想する。機首インテイク方式を捨て、大型レーダーの搭載を可能にするという計画だ。これ自体はMiG-21をサイドインテイク方式化したJ-8Ⅱと同じ発想だが、しかし、OKB MiGが考えていたのは、単なるMiG-21の再度インテイク化ではなかった。

このMiG-21大規模改良型はYe-8と呼ばれ、MiG-21PFの主翼、機体後部、搭載機器を用いて開発された。ただし、機体後方の下面に装備されたベントラル・フィンは大型化され、地上へのクリアランス（間隔）を確保するために90度折り

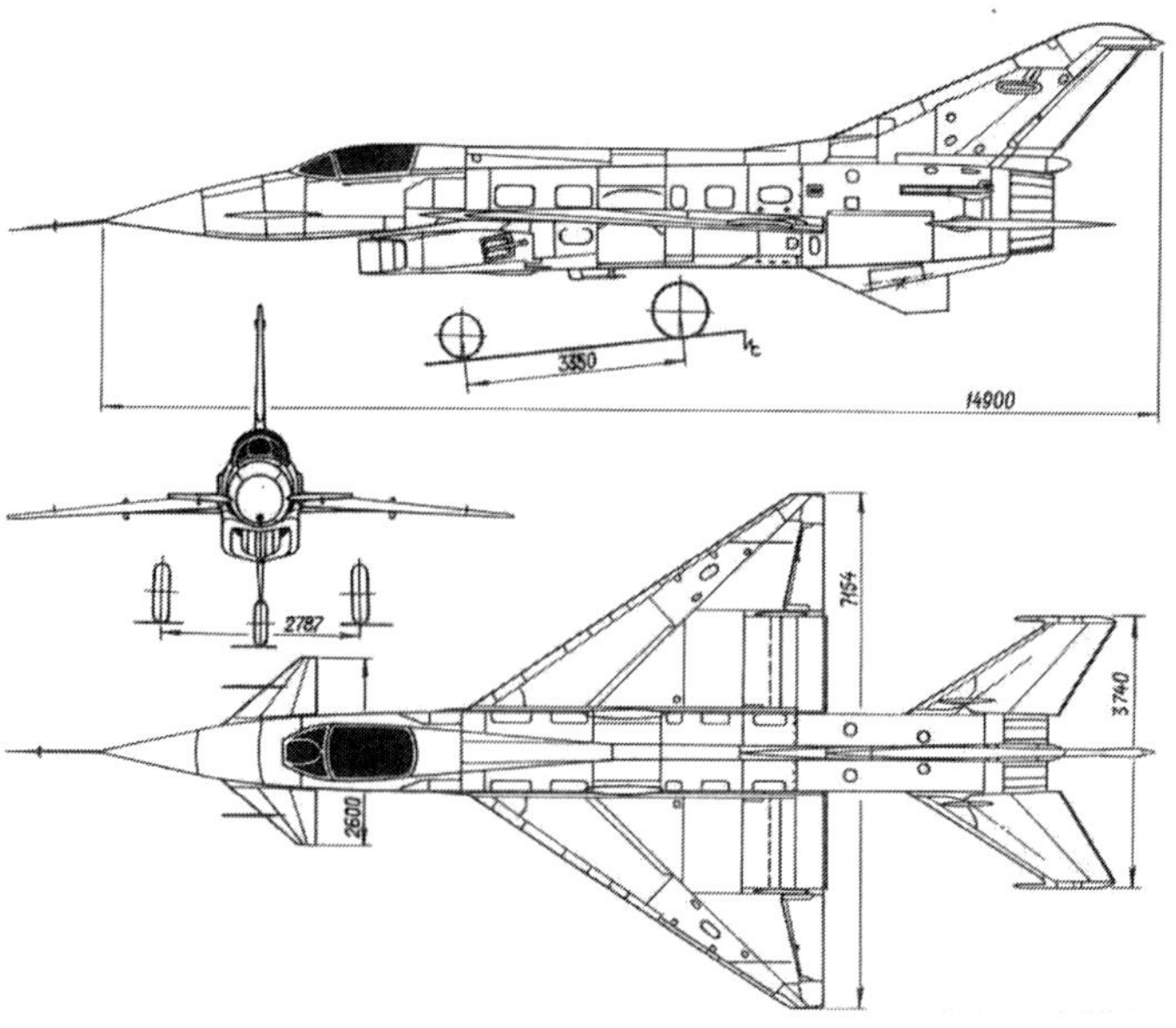

Ye-8の三面図。側面図の機体後方の下面に突き出ているのがベントラル・フィンで、側面積を増やして方向安定性を高める働きがある。

畳む方式が採用されている。このあたりはのちのＭｉＧ-23に通じるアプローチだ。

エンジンも従来型のＲ-11Ｆ２Ｓ-３００（最大推力５７２０キロ）から、Ｒ-21Ｆ-３００（最大推力７２００キロ）へと大幅にパワーアップされた。

さらに５つの燃料タンクが再設計されてすべてインテグラル・タンク化されたことにより、燃料搭載量も３２００リットルへと増加している。武装は赤外線追尾空対空ミサイル×２基のみでＭｉＧ-21から変わっていないが、新型のＲ-23の運用を考慮していた。

インテイクを機首先端から下面へ移動

刷新されたのは機体前半部分で、前述のように、機首部分のインテイクが廃止された。ただし、１９６２年に初飛行した２機の試作機には大型レーダーは搭載されず、在来型と同じ「サプフィール」レーダーが装備されている。実用化した場合には、ＭｉＧ-23用に開発されていた大口径アンテナ型の「サプフィール-23」が搭載される予定だったようだが、結局、実現することはなかった。

一方、インテイクはＪ-８Ⅱのように機首左右に振り分けるのではなく、Ｆ-16のように機体下面に装備された。これは大迎え角飛行時の空気流入を確保するためと、後述するカナードの装備スペースを確保するためであったと思われる。ただし形状はどちらかというとのちのユーロファイター・タイフーンに似た角張った形で、張り出した中央の分離板先端がショックコーンの役割を果たすようになっている。

さらにこの分離板の左右には空気流入量を制御するためのフラップが設けられており、発想としてはＦ-４やＭｉＧ-23で採用されたような二次元式インテイクを張り合わせたものと理解した方がよいだろう。

なお、このインテイクから吸入された空気は前脚収納庫の左右を通り、その後、上方に屈曲して機体後部の中心軸を通るダクトに空気を供給する仕組みであった。機首からまっすぐに吸入する方式に比べると吸入効率は落ちるが、機体の総合的性能を確保するために仕方ないと判断されたのだろう。

前方から見たＹｅ-８。二次元式インテイクが背中合わせになった独特の形状となっている。機体前半部は完全に新設計され、ＭｉＧ-21の面影はない。

上後方から見たＹｅ-８。主翼と機体後半部はＭｉＧ-21のままであったが、水平尾翼の位置は150ミリほど下げられている。またドーサルスパイン（背骨のような、機体背部の張り出し部分）とパラシュート収納コンテナも再設計されている。

カナードにより、目覚ましく向上した飛行性能

最も大きく変化したのは、機体制御方式である前述のＹｅ-６Ｔ／３の成果を活かして機首左右にカナードが装備され、三舵面制御機となった点である。カナード部の全幅は左右併せて２・６メートルで、Ｙｅ-６Ｔ／３の場合と同様、マッハ１以下では風圧に応じて遊動するようになっている。また、カナードからの後流を避けるため、水平尾翼の装備位置がオリジナルよりも１５０ミリほど下方に修正された。

カナードの装備による効果は目覚ましいものであった。マッハ１・５～２・０の飛行時において揚力がほぼ倍増し、さらに機体の重心が変化したことによって荷重制限が大幅に引き上げられた。たとえば高度１万５０００メートルにおける荷重制限は、従来の２・５Ｇからから５・１Ｇへとほぼ倍増し、戦闘機としての機動性が目覚ましく向上したのである。これによってＹｅ-８は、部分的に第四世代戦闘機に匹敵する機動性を獲得するに至った。

飛行試験ではトラブルが多発

以上のように、Ｙｅ-８の性能向上振りには目覚ましいものがあり、量産化に掛ける期待も高かったが、飛行試験が始まってみると、その望みは打ち砕かれた。新型のＲ-21Ｆ-３００エンジンが未完成で、性能が極めて不安定であることが判明したためである。

Ｙｅ-８の試作1号機は１９６２年1月、２号機は同年５月に完成し、それぞれ５月５日と６月29日に飛行試験が始まった

斜め上方から見たＹｅ-8。ユーロファイター・タイフーンのようなカナードにはマスバランス（錘の一種）が付けられている。

が、合計約40回の飛行試験を通じて11回も空中でのエンジン停止が発生したという。実に4回の飛行につき1回の割合でエンジンが止まっていたわけで、テストパイロットのモソロフとフェドトフは幾度も命の危険に瀕することになった。

特に致命的だったのが、1962年9月11日の事故であった。この日、高度1万5000メートルをマッハ1・8で飛行していたモソロフ飛行士のYe-8は、エンジンが突如として爆発し、機体が空中分解したのである。

のちの事故調査によれば、この爆発事故はR-21F-300エンジンの第6段目コンプレッサーで発生したようだ。タービンブレードが破損して飛散し、エンジン、機体、さらに右翼エルロンを破壊した。この爆発によって二系統の油圧系統がいずれも破壊され、機体はコントロールを失いながら急速に失速、墜落したというのが、最終的な結論である。

1962年9月11日の事故と計画中止

モソロフ飛行士は射出座席でどうにか脱出したものの、重傷を負った。Ye-8に装備されていた射出座席の射出限界は時速800キロであったが、機体がコントロールを失ってしまったために適切な減速ができず、超音速のまま脱出せざるを得なかったためだ。

このときの状況について、モソロフ飛行士はのちに、こう語っている。

あの事故は高高度・高速飛行中に起こった。コクピットには瞬く間に煙が充満してきて、エンジンも操縦系統も応答しなくなった。機体は制御不能になり、私はテストパイロットではなくただの乗客になってしまった。まだ速度が非常に速かったので、私はすぐに脱出することができなかった。速度が低下するのを待ったのだが、機体はスピンしながら急降下し始めた。もはや飛び出すしかなかった。……すでに頭がガンガン

後方から見たＹｅ-８。R-21F-300エンジンの巨大なノズルが口をあけている。換装により推力は大幅にアップしたが、このエンジンがＹｅ-８の致命傷となった。

して、手が震え、後で誰かが「あいつはこらえ切れずに意識を失ったんだな」と思うとしたらひどく腹が立つだろうな、という思いに苛まれた。だが違う、私は意識を失ったりしなかった。私はこらえ切って、無線に「９９９（モソロフのコールサイン）は脱出する」と告げた。

返ってきたのは沈黙だった。私は「９９９は脱出する」と繰り返した。３度目のコールの後で私は射出座席のレバーを引き、激流の中に投げ出された。それはコンクリートのようで、私の脚をひっ捕まえるやへし折った。

私は落下した。パラシュートの自動開傘装置が作動しない。私は真っ青な空の中を落ちていく。どうすればパラシュートの紐を引けるだろうか？　腕は片方しか動かない。もう片方はケーブルに引っかかっていた。痛みは感じなかった。私はどうにかパラシュートの紐を引き、地上に降り立つことができた

この時点までに試作2号機は13回の飛行試験を行なっていたが、事故ののち、飛行は停止された。そして、Ｙｅ-8計画自体も中断に追い込まれてしまったのである。

その後もＯＫＢ ＭｉＧは火器管制装置やエンジンを改良したＹｅ-８Ｍと呼ばれる計画を構想するが、23-01（のちにＭｉＧ-23の原型となるＶＴＯＬ戦闘機）計画が始まったことで、これも破棄された。

Ｙｅ-8の前で記念撮影を行なう開発陣。

23 レーザー迎撃実験機A-60と巨大人工衛星「スキフ-DM」

機運が高まった弾道ミサイル迎撃兵器の開発

米ソが大量の核兵器によるにらみ合いを続けていた冷戦期には、落下してくる敵ICBM弾頭を迎撃する手段の開発は重要な意義を持っていた。敵のICBM攻撃を撃退する能力(拒否的抑止力)を持ちうるならば、敵の核報復能力(懲罰的抑止)を恐れる必要がなくなり、圧倒的優位に立つことができるからだ。

ソ連は1960年代から首都モスクワの防衛用に対ICBM迎撃システムを配備していたが、これは核弾頭の爆発によってガンマ線パルスを発生させ、敵弾頭を無力化させるというシステムであり、結局は地上の被害が避けられない。

このため、ソ連は1960年代以降、レーザーを用いた弾道ミサイル迎撃システムの開発を進めてきた。最初の計画は「テラ-3」と呼ばれる地上配備型レーザーで、カザフスタンのサリシャガン実験場に高出力の光乖離レーザー砲が設置され、ソ連崩壊まで各種の実験に供された。

1970年代に入ると、ソ連に続いてアメリカでもレーザーによる弾道ミサイル迎撃の可能性が言及され始めた。そのため1972年に締結されたABM(弾道弾迎撃ミサイル)条約では、弾道弾迎撃ミサイルやレーダーの配備箇所が極めて厳しく制限された上、将来的に海上・空中・宇宙配備型および移動型迎撃ミサイルを実験・開発・配備することまで禁じられていた。これは、あえて弾道ミサイル迎撃能力を弱体にしておくことで、相互確証破壊(MAD)を担保することを目的としたものであった。

しかし、それよりも敵の攻撃をはねのけられる能力を持っておいたほうが確実であると考える一派により、レーザーや粒子ビームといった新たな物理的原理に基づく兵器が注目されるようになった。ABM条約は、このような新原理に基づく迎撃兵器については構成要素の実験を行なうことを許容しており、本格的な兵器開発に至る手前の段階であれば条約に違反しない。このため、将来に備えて技術開発を行なっておこうという機運が軍やシンクタンクを中心として高まったのである。

さらに1980年代に入ると、アメリカはレーガン大統領の主導で戦略防衛構想(SDI)、またの名を「スターウォーズ」と呼ばれる計画をスタートさせ、巨額の研究開発予算がレーザー兵器やビーム兵器に投じられるようになった。

レーザー迎撃システム用テストベッド「Ａ-60」

一方のソ連も手をこまねいていたわけではない。前述したテラ-3計画に続き、１９７０年代には航空機および人工衛星に高出力レーザーを搭載する計画が持ち上がっていた。

この計画の最終的な目標は、メガワット級二酸化炭素レーザー発射装置を軍事衛星に搭載し、中間飛行段階にあるアメリカのＩＣＢＭ弾頭を宇宙空間から迎撃することであった。そして、この衛星用レーザー・システムの開発テストベッドとして開発されたのが、今回のテーマであるＡ-60である。

空中レーザー実験機の開発計画は「ＩＡ」と呼ばれ、特殊航空機の設計で有名なベリエフ設計局と防空システム開発を担当するアルマーズが中心となって開発が進められた。

テストベッドとなるＡ-60はソ連空軍で標準的に使用されていたＩＬ-76ＭＤ大型輸送機（SSSR-86879）をベースとした機体だが、随所が改造されている。

最も目立つ外見上の特徴は機首部分に装備された半球形のレドームだが、この部分には目標照準用のＬＩＤＡＲ（レーザ

ＩＬ-76ＭＤ大型輸送機をベースにした空中レーザー実験機「Ａ-60」。

ー画像検出・測距）システムが納められており、のちのアメリカのＹＡＬ-１のようにレーザー砲そのものが搭載されているわけではない。

メインのレーザー砲は、主翼ウイングボックス後方に、ハッチから発射時のみターレット部分を突き出して照射するという方式が採用された。レーザー照射システムが巨大すぎ、機首部分に搭載すれば空力的バランスを著しく乱すと判断されたためである。レーザー照射システム自体の開発は、ソ連の代表的な核技術研究所であるクルチャトフ研究所が担当した。

　強力なレーザー・システムに電力を供給するため、機体の左右下面には大型のバルジ（膨らみ部分）が設けられ、ここにガスタービン発電機が搭載された。さらに機首部分にもＬＩＤＡＲ用の補助動力ユニット１基が搭載されている（これは電

目標照準用のレーダーLIDARを収納しているA-60の機首部分。

側面から見たA-60。主翼後部に巨大なバルジが設けられているのが分かる。ここには、レーザー・システムに電力を供給するためのガスタービン発電機が搭載されていた。

子戦型として開発されたＩＬ-76ＰＰの方式を踏襲したもの)。

このほか、細かいところでは機尾の機銃手席と貨物用ランプドアが廃止されたが、ランプ自体は機体構造と一体化しているため、そのまま残された。

ソ連崩壊により中止されるも２０１２年に再開

Ａ-60の1号機は１９８1年に初飛行し、10年後の１９９1年には改良型の2号機（1Ａ2。SSSR-86879）が飛行した。この2号機は主翼ウイングボックス後部に巨大なフェアリングを設けており、1号機よりもさらに巨大なレーザー照射システムを搭載しているものと思われる。

だが、これらの機体を用いたテストの内容についてはほとんど明らかになっていない。高度３～４万メートルの成層圏を飛行する高高度気球や、Ｌａ-17空中標的に対するレーザー照射実験が数十回にわたって実施されたようだが、どの程度の成果を上げたのかはすべて機密事項とされている。

次で述べる「ポーリュス」計画が失敗に終わったこともあり、ソ連崩壊後、Ａ-60を用いた空中レーザー迎撃実験は中止された。しかし２０1２年、ロシアは空中レーザー迎撃システムの開発を再開することを宣言しており、今後、Ａ-60の後継機が出現する可能性も出てきた。

巨大レーザー衛星「スキフ-ＤＭ」

Ａ-60と平行してレーザー衛星計画のほうも開発が進んでいた。この計画は、ロシア語で「極」を意味する「ポーリュス」と呼ばれた。

当初の「ポーリュス」計画では、まず水と砂だけを詰めたモックアップを打ち上げ、続いて実験機器を搭載した「スキフ-1」、レーザー装置を積んだ「スキフ-2」という順序で打ち上げる予定になっていた。というのも、最終的に打ち上げられる「スキフ-2」は重量１００トンもの巨大衛星になる予定であったため、大重量打ち上げ能力の実証から始める必要があったのである。

もちろん、従来の打ち上げロケットではまったく性能が不足するため、打ち上げには離床重量が２５００トンにも達する巨大ロケット「エネルギヤ」が使用されることになっていた。

だが、１９８５年、計画は突如として前倒しされ、ある程度の実験機器を搭載した機能モックアップ「スキフ-ＤＭ」を1９８６年に打ち上げることが決定された。実は「エネルギヤ」ロケットの1号機はソ連版スペースシャトルである「ブラン」の打ち上げに使用される予定であったが、「ブラン」の開発が遅れたため、代わりに「ポーリュス」計画のほうを前倒しすることになったのだった。

だが、突然の計画前倒しを命じられた開発陣のほうはおおわらわであった。何しろ、まずは「水と砂」を打ち上げるはずであったのが、突然、一定の機能を備えた実験衛星にすり替わってしまったのである。

そこで「ポーリュス」計画の設計チームは、既存の宇宙コンポーネントを最大限に利用することにした。サリュートが宇宙ステーション「ミール」の後継として1981年から開発していた「ミール2号」用のコンポーネントを流用して実験機器の搭載スペースとし、その上部にTKS貨物船を接続して軌道投入時の推進ユニットや居住区画(将来的に乗員が乗り組む場合用)、太陽電池ユニットなどの役割を負わせたのである。

最終的に、「スキフ-DM」は全長37メートル、直径4・1メートル(太陽電池パネルを除く)、重量80トンという巨大衛星となった。

実用上の機能は非常に限られた実験機だった!?

この「スキフ-DM」の構成要素のうち、「ミール2号」部分に搭載されていた実験機器については、はっきりしない部分が多い。ただ、少なくともレーザー砲やその主電源となる出力1・2メガワットのガスタービン発電機は搭載されず、レーザー発生用の二酸化炭素タンクにはキセノンとクリプトンが充填されていたという。

結局、搭載されたのは目標照準用ユニット(おそらくA-60の機首に搭載されたLIDARと同様のもの)と、その機能をテストするための標的放出装置(実用型には搭載されない)といったところであったようだ。

このほかには海上・空中・地上から「スキフ-DM」に対してレーザーを照射する実験(当然、空中からの照射実験には、A-60が使用されることになっただろう)や、逆にバリウムを散布してレーザーを妨害する実験などが予定されていたともいわれるが、詳しい実態は明らかになっていない。

また、工場で製造途上の「スキフ-DM」は青と白のストライプが入った塗装であったのに対し、打ち上げ時の「スキフ-DM」は全体が真っ黒の不気味な塗装に変更されていることから、何らかの光学的なステルス性に関する実験が計画されていたのかもしれない。

こうしてみると、結局、「スキフ-DM」はやたらに巨大な割に、実用上の機能は非常に限られた実験機に過ぎなかったといえる。とりあえずは巨大なペイロードの打ち上げ能力を実証することに意味があったとも考えられるが、最終的には「スキフ-DM」を新宇宙ステーションの中核モジュールとして用いる構想もあったようだ（実際、打ち上げられた「スキフ-DM」の腰の部分には白地で「ミール-2」と書かれている）。

「エネルギヤ」ロケットに搭載された「スキフ-DM」（黒い塗装のもの）。別計画のコンポーネントを流用したため、腰の部分に白字で「ミール-2」と書かれている。

別の角度から見た「エネルギヤ」ロケットに搭載された「スキフ-DM」（黒い塗装のもの）。この角度からだと、本当の計画名である「ポーリュス」と書かれている。

あまりにもお粗末な「スキフ-DM」の末路

「スキフ-DM」の打ち上げは１９８７年に２月に実施されたが、成功しなかった。前述のように、「スキフ-DM」は最上部に推進ユニット代わりのＴＫＳ貨物船を連結していたため、

「エネルギヤ」からの切り離し後に姿勢を１８０度転換してＴＫＳを最下段に持ってくる必要があった。

だが、実際に「エネルギヤ」から切り離された「スキフ-ＤＭ」は姿勢転換を開始したものの、１８０度では止まらずに３６０度、つまり一回転してしまい、そのまま地球に再突入して燃え尽きてしまったのである。これについては、プログラムのミスであるという説とともに、当時のゴルバチョフ書記長が意図的にやらせたという説も根強く唱えられている。

実はゴルバチョフは、１９８５年に宇宙兵器開発の凍結を軍に命じていた。このため、「スキフ-ＤＭ」の打ち上げについて軍から説明を受けたゴルバチョフは激怒し、打ち上げの中止を命じたといわれている。おそらく、軍は「ポーリュス」計画についてゴルバチョフに正確な説明を行なわないまま秘密裏に推進していたのだろう。

そこへ来て、あまりにもお粗末な「スキフ-ＤＭ」の末路を考えると、たとえば「軍が打ち上げを強行したものの、ゴルバチョフが破壊命令を出した」あるいは「打ち上げまでは認めるが軌道には乗せてはならないといった妥協が、軍とゴルバチョフの間で成立した」……といった陰謀論も、つい浮かんできてしまう。

だが、現在に至るもロシア政府は「ポーリュス」計画の全貌を明らかにしてはおらず、「スキフ-ＤＭ」の最後についても真相は明らかになっていない。

ただ、「ポーリュス」計画が継続されたとしても、１メガワット程度の出力では、実用的なＩＣＢＭ迎撃能力は持ち得なかっただろう。実際、「ポーリュス」計画の後半では、ＩＣＢＭ迎撃よりもアメリカの人工衛星に対してレーザー照射による機能妨害を行なうことに重点が置かれていたといわれる。

24　Ｓｕ-57に敗れたミコヤンの第五世代戦闘機計画

ミヤコンも参加していたPAK-FA

ＰＡＫ-ＦＡ（前線航空軍向け将来型航空機コンプレクス）といえば、ロシア初の第五世代戦闘機としてスホーイが開発を進めているＴ-50のことだ。Ｔ-50の試作1号機は２０１０年に初飛行し、本稿執筆時点では合計11機体制で試験が続けられている。２０１７年にはＳｕ-57の制式名も与えられ、２０２０年代には実戦配備が始まると見られている。

だが、スホーイと並ぶソ連／ロシアの戦闘機メーカーであるミコヤンも指をくわえてこれを見ていたわけではなく、さまざまな独自の第五世代戦闘機構想が存在していた。本項では、ミコヤンが構想しながら実現しなかった第五世代戦闘機計画に光を当ててみることにしたい。

ここまで幾度か触れてきたように、ソ連の第五世代戦闘機計画はＭＦＩ（前線多用途戦闘機）計画にまで遡る。

１９７９年、ソ連空軍および防空軍は共同でＩ-90（90年代の戦闘機）計画を立ち上げ、１９８１年には中央流体力学研究所（ＴｓＡＧＩ）によって将来型戦闘機のあり方に関する勧告が策定された。これは「ウートカ」と呼ばれる空力モデルで、超音速および亜音速飛行時、そしてクリティカルな飛行領域に対応できることを要件としていた。

これを受けたミコヤンは第五世代戦闘機計画に着手し、１９８３年には「航空機、エンジン、アヴィオニクス、武装の開発に関する総合開発プログラム」が空軍および防空軍によって承認された。１９８７年には、空軍および防空軍によってミコヤンとヤコヴレフの設計案（スホーイはＳｕ-27の大規模改良型で十分として、当初、コンペに参加しなかった）が審査され、ミコヤンの設計案がＭＦＩ（多用途前線戦闘機）として採用された。

MFIとLFIの2本立てだった戦闘機開発

ＭＦＩにおいて目標とされた第五世代戦闘機の特徴は以下の通りである。

・超高機動性
・超音速巡航性能
・電波および赤外線ステルス性能
・離着陸性能の改善
・運用コストの低減
・統合化された新型アヴィオニクス

以上のように、MFI計画の目標は概ね、アメリカのADF（のちのF-22）に匹敵するものであったといえる。また、MFIをベースとした偵察機や艦上戦闘機型なども同時に開発されることが決まった。プロジェクトの責任者には、元MiG-15のパイロットからミコヤンのテストパイロットなり、さらに設計官へと転身したという異色の経歴を持つG・A・セードフ設計官が選ばれた。

さらにMFIは、コスト削減のために軽戦闘機LFI（軽量前線戦闘機）のベースとなる予定であったが、最終的に2つの戦闘機開発を進める財政的余裕はないということでMFIに一本化された。LFIはMFIと基本的な形状を共有しつつ、全体のサイズを縮小した相似形となる計画であったようだ。エンジンはAL-41F単発となり、MiG-29を代替するとされた。

MFIをベースとして、より小さい単発機とする予定だったLFIのイメージ図。

ステルス性能はあまり重視せず

　ＭＦＩは、大型デルタ翼と双垂直尾翼、そしてカナード翼を組み合わせた機体で、インテイクは欧州共同開発のタイフーンに似た機体下面の三次元式各型インテイクとなっている。全体的な形状はＦ-22ほどステルス性に配慮しているように見えず、全体的には在来型戦闘機に近い。おそらく、これはステルス性に関するソ連軍の思想を反映したもので、高度なステルス性よりも、電波吸収材料などによるＲＣＳ（レーダー反射断面積）の低減程度で十分との判断があったものと思われる。

　アヴィオニクスとしては、ＰＥＳＡ（パッシブ・電子スキャン・アレイ）であるファゾトロンＮＩＩＲ製Ｎ０１４が予定されていた。これは機首に直径９００メートルのアンテナをひとつ、さらに左右側面にひとつずつのコンフォーマル・アンテナ・アレイを備えるレーダーで、機体前方象限の幅広い領域をカバーする。

　このレーダーは最大20目標（40目標との説もあり）を同時追尾し、12目標と同時に交戦可能な高度な同時多目標処理能力を備える予定であった。出力は平均１・５キロワット、最大５キロワットで、最大探知距離は４２０キロにも及び、地上・水上目標への探知・攻撃能力も備える。レーダー・システム全体の重量は７００キロ。

　また、機体後方をカバーするＮ０１２レーダーも搭載される。これはエンジン側面に搭載された２つのアンテナから成り、ＲＣＳが3平方メートルの目標を50キロから探知できる。

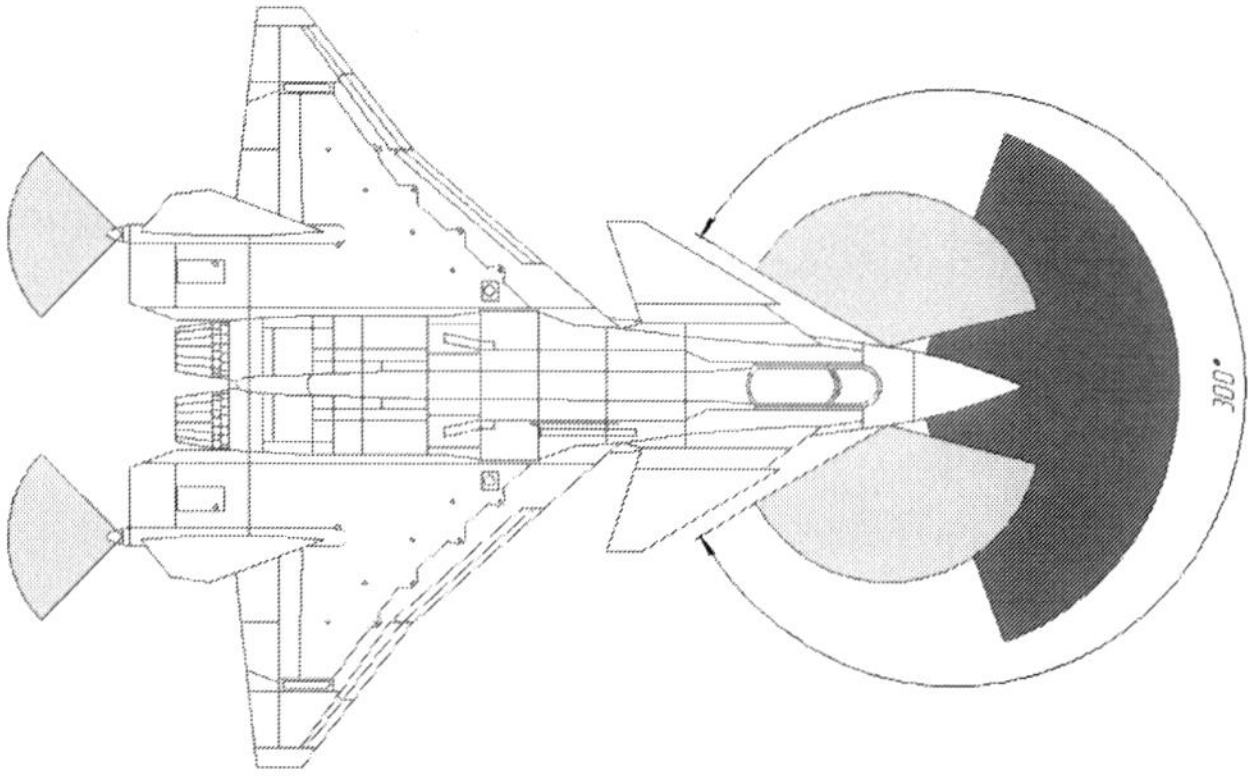

計５つのアンテナを備えていたＭＦＩのレーダー覆域を示した図。濃い半円が機首部のメインレーダーの範囲を示している。

通貨危機の影響でプロジェクトは中止

エンジンは、推力18トン級のサトゥルンAL-41Fが予定されており、武装をすべて機内に収容した状態であればアフターバーナーを使用しなくても超音速巡航が可能となる予定であった。また、推力可変型ノズルが採用されており、高い機動性を実現する。アフターバーナーを使用した場合の最大速度はマッハ2・6である。

武装についてははっきりしないが、同時交戦能力を実現するためにR-77などのアクティヴ・レーダー・ホーミング（ARH）ミサイルが搭載されたはずである。また、前述のようにMFIはマルチロール・ファイターとなることが予定されていたため、空対地・対艦ウェポンの搭載も可能であったと思われる。

だが、1999年、MFI計画は中止された。当初の計画では1999年に試作機1・42を初飛行させ、2000年代には量産型1・44の生産へと移行する予定であったが、当時のロシアは1998年の通貨危機の影響にあえいでいる最中であり、このような大規模プロジェクトを実行する余裕を持たなかった。

さらに1・44の大規模改良型として1・46と呼ばれる発展型も計画されていたが、同時に放棄された。

1機だけ試作されたMFI／1.42。

ミコヤンは２０００年、１機だけ試作された試作機１・４２を初飛行させて計画の存続を図ろうとしたが、結局、ロシア政府は新たな第五世代戦闘機としてスホーイのT-50案を選定したため、結局は日の目を見ることはなかった。

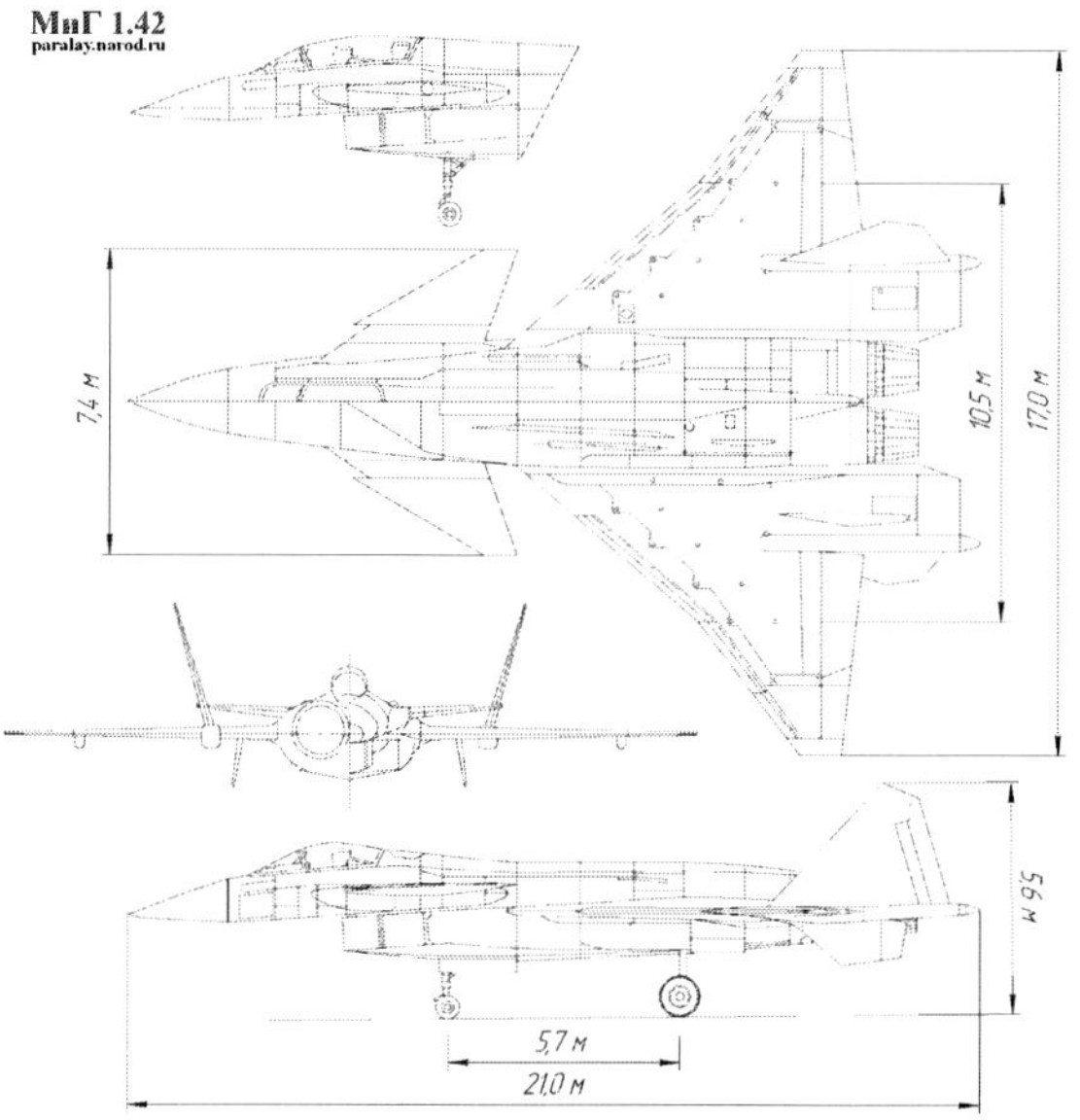

ＭＦＩ／１・４２の三面図。

25　ＩＬ-2後の〝シュトゥルモヴィク〟の系譜（１）――イリューシン設計局

シュトゥルモヴィク＝襲撃機

たまに目にする誤解だが、ロシア語の「シュトゥルモヴィク（shturmovik）」という言葉はイリューシンＩＬ-２攻撃機だけを意味するわけではない。「シュトゥルモヴィク」とは襲撃機（西側でいう「攻撃機」のうち、直協支援に重点を置いた機体）全般を指す言葉で、したがって現在のロシア軍で使用されているＳｕ-25も「シュトゥルモヴィク」（以下、「襲撃機」と呼ぶ）である。

第二次世界大戦後、ソ連空軍ではこの種の襲撃機を廃止した時期もあったが、襲撃機開発の水脈は途絶えてはいなかった。そこで３回に分けてソ連における「非実在シュトゥルモヴィク」たちをご紹介していこうと思う。１回目にあたる今回は、イリューシン設計局の２つの襲撃機計画をご紹介する。

エンジン上部にコクピットを配置したＩＬ-20

ソ連空軍は第二次世界大戦中、ＩＬ-２とその改良型であるＩＬ-２Ｍを３万５０００機も生産したほか、１９４４年以降はＩＬ-８試作戦闘機をベースとして開発されたＩＬ-10が実戦に投入された（こちらも５０００機近く生産され、さらにチェコスロヴァキアでもライセンス生産されている）。

さらに終戦直後の１９４７年、ソ連国防省は早くもＩＬ-10の後継となる新型襲撃機の性能要求を発出した。これに対してセルゲイ・イリューシン率いるイリューシン設計局は、ＩＬ-20と呼ばれる独特の襲撃機計画を提示している。

ＩＬ-20は全金属製の低翼・単葉機であり、エンジンには離床出力（短時間だけ出せる最大出力）３０００馬力のＭ-47液冷レシプロエンジンを採用していた。

何よりも特徴的なのは、そのコクピット配置である。一般的なレシプロエンジン機はエンジンの後方にコクピットを配置

側面から見たＩＬ-20。「猫背」との渾名をつけられていた。

するが、ＩＬ-20ではエンジンの上部にコクピットが配置されている。これによってコクピットはプロペラの直後に位置することになり、襲撃機として重要な下方視界の確保が容易になった（下方35度まで視認可能）。しかし外観は、機首部分が大きく膨れ上がり、どこか魚類めいた不気味なものになった。

　コクピット後方の胴体内には機銃手が乗り込み、機体背面に埋め込み式に配置されたＩＬ-ＶＵ-11リモコン銃座（Ｓｈ-３　23ミリ機関砲×２門装備）を操作する。搭乗員を含む機体の主要部は６～15ミリの装甲で保護され、装甲の総重量は１８４０キロにもなった。

　ＩＬ-20の固定武装は当初、翼内のＳｈ-３　23ミリ機関砲２門

斜め前から見たＩＬ-20。機首はそぎ落とされたような形状で、下方視界は極めて良好だった。理論上は30度で緩降下すれば、機体の真下まで見通すことができた。

に加えて、23度斜め下方に向けたＳｈ-３が胴体内に２門搭載される予定であった。これは水平飛行中でも敵を掃射できる装備として計画されたが、結局は照準が難しいということで採用されなかった。そこで試作機は主翼内のＳｈ-３を合計４門に倍増させ、１門あたりの携行弾数も９００発に増加した。その他の武装は爆弾もしくはロケット弾を合計１２００キロ携行することができ、主翼内には小型爆弾を収容する小さな爆弾倉も設けられている。

ＩＬ-20の飛行試験

後方から見たＩＬ-20。背中の膨らんでいる部分は銃手席と旋回銃座となる。

は１９４８年に始まったが、エンジン上部にコクピットを配置するという独特の設計が災いして空気抵抗が増加し、速度性能はＩＬ-10を下回った。この結果、Ｍ-47エンジンの振動問題などもあり、ＩＬ-20計画は１９４９年に放棄された。

【スペック（ＩＬ-20）】
全長：13・6メートル
全幅：15・4メートル
翼面積：44平方メートル
空虚重量：７５００キロ
離陸重量：９５００キロ
エンジン：ＡＭ-47液冷12気筒エンジン（３０００馬力）
最大速度：時速５１５キロ
航続距離：１６８０キロ

初めてジェットエンジンを積んだ高速襲撃機ＩＬ-40

ＩＬ-20の開発が放棄された直後、イリューシンは新たな襲撃機構想に着手した。これはミクーリンＡＭ-2軸流ジェットエンジンを2基搭載した高速襲撃機として計画されたもので、アフターバーナーを使用した場合は各２７００キロの推力によって時速９００キロ以上の高速を発揮できる性能が目標とされた。この計画は１９５２年、ソ連政府によって正式に承認され、１９５３年にはＩＬ-40として初飛行を果たしている。

ＩＬ-40の試作1号機は35度の浅い後退角をつけられた低翼式の主翼を持ち、エンジンは胴体左右のバルジ（膨らみ部分）に収容されていた。胴体部分は最大10ミリの装甲を施されており、この内部にコクピット、６つの燃料タンク、アヴィオニクス類が収まるようになっている。また装甲重量は２トン近くにも及んでおり、重装甲ぶりが伺えよう。

乗員は前方の操縦席に座るパイロットと、ドーサルスパイン後端の航法手・銃手となっており、この機体構成はＩＬ-２とどことなく似ている。ただし、第二次世界大戦で使用されたＩＬ-２の大部分（ＩＬ-２Ｍ）では銃手席にごく薄い装甲しか施されていなかったのに対して（このため銃手の死傷率は極めて高く、懲罰配置として用いられることも多かった）、ＩＬ-40の銃手席はパイロットと同様、４～10ミリの厚さの装甲で守られ

後方から見たＩＬ-40。機尾の排気口付近に、搭載されたＩＬ-K-10リモコン銃座が確認できる。

ており、より〝人道的〟な設計となった。

固定武装は当初、機首の左右に３門ずつ、計６門搭載されたNR-23 23ミリ機関砲であった。また、機尾にはもう１門のNR-23がＩＬ-K-10リモコン銃座に搭載されて装備されている。

ペイロードは最大１０００キロで、分厚い翼内に設けられた爆弾倉（１００キログラム爆弾用）や、機体・翼下面のハードポイント（５００キロ爆弾、ＴＲＳ-１３２およびＴＲＳ-82無誘導ロケット弾用）に搭載される。また、１１００リットルの増加タンクを搭載することも可能だ。

機関砲のガスをインテイクから吸い込んでしまう

ＩＬ-40の開発作業は極めて順調に進み、開発開始からわずか３年後の１９５３年には試作機が製作された。さらに同年３月７日にはＶ・Ｋ・コッキナンキ飛行士によって初飛行が行なわれている。

しかし、３月末に行なわれた機関砲の発射試験で大きな問題が生じた。この試験はファウストヴォ射爆場の上空５０００メートルで行なわれたが、この際、機首の機関砲から発生したガスを機体左右側面のインテイクが吸い込み、エンジンが空中で停止してしまったのである。幸い、高度の余裕があったことと、コッキナンキがパニックに陥らず冷静に行動したこととによって、どうにかエンジンの再始動は成功し、機体は基地に戻ることができた。

だが、試作機の設計に重大な問題があることは明白であった。初めてのジェット襲撃機であった故の盲点であろう。ちなみに同様の問題は、ミコヤンが開発した初のジェット戦闘機ＭiＧ-９でも発生している。

そこでイリューシン設計局は事故後、機関砲を６門のNR-23から４門のＴＫＢ-４９５Ａに変更した。ＴＫＢ-４９５Ａは口径こそ23ミリとNR-23と同じだが、発射速度が分間１３

機関砲をTKB-495Aに変更し、場所も機首先端に移設したＩＬ-40。しかしこれでも飛行中、機体が横滑りしている状態で機関砲を発砲すると問題が生じた。

００発と速く、携行弾数も1門あたり２２５発に増加したため、門数の減少は十分補えると判断されたようだ。

また、４門のＴＫＢ-４９５Ａはインテイクが排気を吸い込まないよう、機首先端部分に搭載された。さらに、機首部分にはこれらの機関砲から発生する排気を回収し、外部へと放出するための専用チェンバーが設けられた。

インテイク・ダクトを機首先端まで延長

この改良を経て、ＩＬ-40は１９５３年中に工場試験をパスし、１９５４年には国家試験のために空軍に引き渡された。この試験においてＩＬ-40は優れた操縦性と機動性を示したが、ひとつの問題が発見された。

機体が横滑りしている最中に機関砲を発砲すると、またもエンジンの出力低下や停止といった問題が発生することが判明したのである。工場試験では直線飛行時にしか機関砲の発砲試験を行なわなかったため、排出ガスによるエンジン停止問題は解決したと思われていたが、依然として問題は残っていたのだ。また、この際、機関砲から排出されるガスが極めて高温になることも分かった。

さらにこの試験では、主脚の間隔が短すぎるため、不整地飛行場で運用しようとするとタキシングや離着陸時の安定性が著しく低下するという欠点や、機体の重心が平均空力翼弦（Ｍ

ＡＣ）の35～36パーセントにあり、操縦性が過敏すぎることなどが指摘された。

新たに発覚した問題に対して、さまざまな小改良による解決策が模索された。特に機関砲の問題については、中央航空エンジン研究所（ＴｓＩＡＭ）と国防省第２研究所が中心となって、エンジン自体の安定性を高める仕組みや、機関砲の発砲時だけ燃料供給を減少させる仕組みなどが模索された。

しかしイリューシン設計局が最終的に採用した解決策は、よりラディカルなものだった。インテイク・ダクトを機首先端まで延長してしまったのである。この設計変更によってＩＬ-40の機に首はまるで鼻の穴のようにふたつの丸いインテイクが並ぶこととなり、外見が大変ユーモラスになった。一方、機関砲は機首下面へと移設され、いかなる飛行姿勢であっても排気ガスを吸い込む心配はなくなった。

さらにエンジンをツマンスキーＲＤ-９Ｖ（最大推力３２５０キロ）に変更したことで、ペイロードも１４００キログラムまで増加した。この改良型はＩＬ-40Ｐと呼ばれる。

インテイク・ダクトを機首先端まで延長し、機関砲を機首下面に移設したＩＬ-40Ｐ。おかげで漫画の豚のようなユーモラス外見となっている。

高速戦闘爆撃機の台頭により、計画は中止

この結果、１９５５年にはＩＬ-40Ｐの量産が決定され、ロストフ航空機工場で第１バッジ（生産分）の40機の生産に向けた準備が開始されたが、１９５６年、決定は突如として覆された。空軍は襲撃機という機種自体を廃止し、高速の戦闘爆撃機によってすべてを置き換えるという方針を採用したのである。これによってＩＬ-40Ｐの命運は尽きることになった。

また、ＩＬ-40には２つのバリエーションが存在していた。ひとつは砲撃観測機ＩＬ-40Ｋで、機首をガラス張りの観測手席としたもの。当然、インテイクは初期型ＩＬ-40のように機体の左右側面に装備されるが、機首には機関砲を搭載しないためにこれで問題ないというわけだ。ただし、固定武装が存在しないわけではなく、主翼内の１００キログラム爆弾用爆弾倉を潰してここに機関砲を搭載していた（襲撃機型ＩＬ-40も翼内爆弾倉を諦めて同じ解決策を採用していれば、早期に実用化できたのではないかという気がしないでもない）。

第二は海軍航空隊向けの雷撃機ＩＬ-40Ｔで、基本的な機体構成はＩＬ-40Ｋとほぼ同様である。異なるのは、機首に登場するのが雷撃手であることと、機体下面に魚雷を吊り下げる仕様になっていた点だけだ。だが、このプロジェクトはＩＬ-40Ｐの開発中止以前の段階で中止されている。

【スペック（ＩＬ-40Ｐ）】
全長：17・22メートル
全幅：17メートル
全高：５・76メートル
翼面積：54・１平方メートル
空虚重量：１万２１９０キログラム
離陸重量：１万６６００キログラム
最大離陸重量：１万７６００キログラム
燃料搭載量：３３００キログラム（＋増加タンク時 １１００キログラム）
エンジン：ＲＤ-９Ｖ（２１５０キログラム［アフターバーナー使用時 ３２５０キログラム］）
最大速度：時速９９３キロ
航続距離：１３００キロ
戦闘行動半径：４００キロ

26 ＩＬ-2後の〝シュトゥルモヴィク〟の系譜（2）――ミヤコン・ヤコヴレフ設計局

再考された襲撃機の有用性

前回、イリューシンが開発したＩＬ-20とＩＬ-40Ｐ襲撃機について紹介した。特にＩＬ-40Ｐはその奇妙な概観にも関わらず優秀な性能を持つ襲撃機であったが、高速戦闘爆撃機による一撃離脱の核攻撃戦術を重視するようになった空軍が、襲撃機という機種自体を廃止してしまったことにより、日の目を見ることがなかった。

だが、このような方針はすぐに転換を余儀なくされる。

そもそも高速戦闘爆撃機を重視する路線は、開戦劈頭から大量の戦術核兵器を投射し、その衝撃力に乗じて機甲部隊が電撃的な進撃を行なうというドクトリンに対応したものであった。しかし１９６０年代に入って柔軟反応戦略の時代に移行すると、最初から核兵器を使用しないというシナリオも考慮する必要が出てきた。こうなると、やはり地上部隊と綿密に連携をとれる低速・重武装襲撃機が必要になってくるのは必然であった。「シュトゥルモヴィク」の復権である。

実際、ヴェトナム戦争や中東戦争の戦訓からも、この種の機体の重要性は確認されていた。たとえば第三次中東戦争では、エジプト空軍に供給されたソ連製戦闘爆撃機のうち、亜音速のＭｉＧ-17のほうが超音速のＳｕ-７ＢＭＫよりも対地攻撃能力が高く、損害も低かったとされる。また１９６７年に実施された「ドニエプル」演習でも、Ｓｕ-７ＢやＭｉＧ-21よりもＭｉＧ-17のほうが、地上部隊に対する支援効果が高いことが確認された。そしてさらに、冷戦の敵手であるアメリカがＯＶ-10やＡ-10といった低速攻撃機の開発に乗り出していることも、ソ連指導部を刺激した。

新たな軽襲撃航空機の開発へ

このため、ソ連空軍は１９６９年、襲撃機という機種を正式に復活させ、軽襲撃航空機（ＬＳＳｈ）の性能要求を発出した。主要な要求は、西側の新型中距離地対空ミサイル「ホーク」が存在する環境でも生き残れる生存性や、超低空目標を攻撃する際にも飛行性能が大きく低下しないこと、などであった。

これに対してミコヤン、スホーイ、ヤコヴレフ、イリューシンの各設計局が設計案を提出した。各設計局の提案は、ＭｉＧ-21ＬＳｈ（ミコヤン）、Ｔ-８（スホーイ）、Ｙａｋ-25ＬＳｈ（ヤコヴレフ）、ＩＬ-42（イリューシン）で、最終的にはＴ-８がＳｕ-25として採用されたことは周知の通りである。

実はこのなかで、完全新規設計の提案を行なったのはスホーイのみであり、この点が既存機の改設計案を提案してきた他の３設計局に差を付けたようだ。しかし、選考に漏れたその他の提案は、現在の目で見てもいずれも個性的で興味深い。以下、２回に分けてこれらの設計案を順に見ていこう。

ＭｉＧ-21の襲撃機版「ＭｉＧ-27Ｓｈ」案

当初、ミコヤンではＭｉＧ-21の主翼面積を拡大し、ハードポイントを６ヵ所に増加させるほか、新型対地照準システムを搭載するなどしたＭｉＧ-21Ｓｈでこのコンペに応募する予定であった。

しかし検討が進むにつれて、この程度の小改良では空軍の要求が満たせないことが明らかになってくると、ミコヤン設計局はＭｉＧ-21の機体設計に大幅な改良を加えることを決断した。最初に検討されたのは、設計案「27」である（のちにＭｉＧ-23の戦闘爆撃機型がＭｉＧ-27と呼ばれるが、まったくの無関係）。

設計案27は、さらに「ＭｉＧ-27Ｓｈ」案と「27-11」案とに分かれていた。

ＭｉＧ-27ＳｈはＭｉＧ-21シリーズの特徴であったデルタ翼を台形翼に変更し、さらに機首のインテイクを機体側面に移したタイプである。

ＭｉＧ-21シリーズの特徴であったデルタ翼を台形翼に変更し、さらに機首にあったインテイクを機体側面に移設した「ＭｉＧ-27Ｓｈ」案の模型。

ただし、これは機首に大型火器管制レーダーなどを搭載するためではなく、機首を鋭くそぎ落とすことで下方視界を良くする効果を狙ったものだった。照準システムなどはおそらく、Ｓｕ-25に準ずるものが搭載されることになったものと思われる（Ｓｕ-25の場合はＳｕ-17Ｍ３用の「クリョーン-ＰＳ」レーザー照準システムやASP-17BTs-8光学照準器を流用した）。

エンジンについては詳細が明らかでないが、アフターバーナーは搭載せず、亜音速機となる予定だったようだ。襲撃機としての生残性を確保するためにコクピットなどの主要部は装甲化され、爆弾・無誘導ロケットなど最大３０００キロの武装は９ヵ所の機外ハードポイントに搭載される。固定武装はＧＳｈ-23 23ミリ機関砲２門。

無尾翼でハイエンド機を狙った「27-11」案

もうひとつの案である27-11は、よりユニークな機体である。そのベースとなったのは、超音速輸送機Ｔｕ-１４４の空力特性研究用に製作された21-11／ＭｉＧ-21Ｉであった。

ＭｉＧ-21Ｉは、Ｔｕ-１４４の特徴であるＳ字型のオージー翼をそのまま小型化して装備した無尾翼機である。抵抗の低減や高迎え角飛行時の失速を遅らせる効果などに優れるとの理由で、襲撃機計画のベースとされた。また、離着陸性能の改善、兵装搭載量の増大、操作性の改善といった効果も見込まれた。

27-11でもインテイクは機体側面へと移されたが、機首の形状はやや扁平で、のちのＭｉＧ-27に一脈通じるものがある。これは機首内部に電子戦システムや空対地ミサイル用照準システムなど、ＭｉＧ-27Ｓｈよりも高度なアヴィオニクス類を搭載するための措置であったようだ(縦方向に機首を太くすると下方視界が悪化するので、横に膨らませることにしたのだろう)。

さらにエンジンはターボジェット双発となり、８ヵ所の機外ハードポイントに加えて胴体内に４ヵ所のハードポイントを設けるなど(兵装搭載量は３０００キログラムとも５５００キログラムともいわれる)、21-11は全体的にかなりのハイエンド機を狙っていたように見える。

また、これらの改良によって増大した機体重量を支えるため、脚もより強化された設計となった。

結局、ミコヤンとしてはＭｉＧ-27ＳｈよりもＭ21-11のほうを取ることにして（次に述べるスホーイのＴ-８が比較的簡易な機体を目指していたため、逆を張ったのかもしれない）、21-11はＭｉＧ-21ＬＳｈの名称で、空軍に対して正式に提案された（ＬＳｈは「軽襲撃機」の意）。しかし空軍はスホーイＴ-８を

オージー翼研究機「21-11／MiG-21I」をベースに開発された「27-11」案の模型。

採用したため、21-11／MiG-21LShは試作機さえ製作されることなく終わった。これは〝簡易で頑丈〟という襲撃機の王道ともいうべき基本線を抑えたT-8の勝利ともいえるし、すでにこの時期、MiG-21という機体の〝賞味期限〟が切れてきていたともいえよう。

やや旧型機を改造したヤコヴレフ「Yak-25LSh」案

ヤコヴレフ設計局は、Yak-25迎撃機をベースとしたYak-25LSh案を提案した。Yak-25は火器管制レーダーと後退翼を組み合わせ、2基のターボジェットエンジンを主翼に

「27-11」案のベースとなったオージー翼研究機「21-11／MiG-21I」。S字型を描くオージー翼独特のカーブがよく分かる。

装備した第一世代の迎撃戦闘機であり、初飛行は１９５２年と当時でさえかなり旧式の機体である。

当初、ヤコヴレフ内では完全新規で開発することも検討されたものの、すでに実績のあるＹａｋ-25をベースにすれば開発期間をおよそ半年に短縮できるということで、Ｙａｋ-25の改良が選ばれたようだ。この改良型は、Ｙａｋ-25の軽襲撃機型という意味で、Ｙａｋ-25ＬＳｈと呼ばれた。

Ｙａｋ-25からの最も大きな変更点は、機首部分である。Ｙａｋ-25では「イズムルード」レーダーを収容するために大きな丸いレドームが搭載されていたが、Ｙａｋ-25ＬＳｈでは下方20度までの視界を確保するために、鋭くそぎ落とされたような形状となり、キャノピーもより鋭角な形状に改められた。機尾部分も鋭く跳ね上がるような形状に変更されたため、全体的に機体の印象は格段に精悍になった。

さらに主翼の取り付け位置がやや高い位置に変更されるとともに翼面積も拡大された。

エンジンはＹａｋ-25用のＡＭ-５／ＲＤ-９に代えて、より強力なＲＤ-９ＦまたはＡＭ-11／Ｒ-11が搭載されることになった。ＲＤ-９ＦはＹａｋ-25の高速偵察型Ｙａｋ-１２２用に開発されていたエンジンで、アフターバーナーを装備する（最大推力３８５０キロ）。一方、ＡＭ-11／Ｒ-11については、アフターバーナーのないＲ-11Ｂと、アフターバーナー付きのＲ-11Ｆのどちらが想定されていたのか明らかでない。

地上掃射用に１００発のロケット弾を装備

もちろん、Ｙａｋ-25ＬＳｈからは迎撃機としてのアヴィオニクス一式はすべて降ろされ、代わりに対地照準器など襲撃機

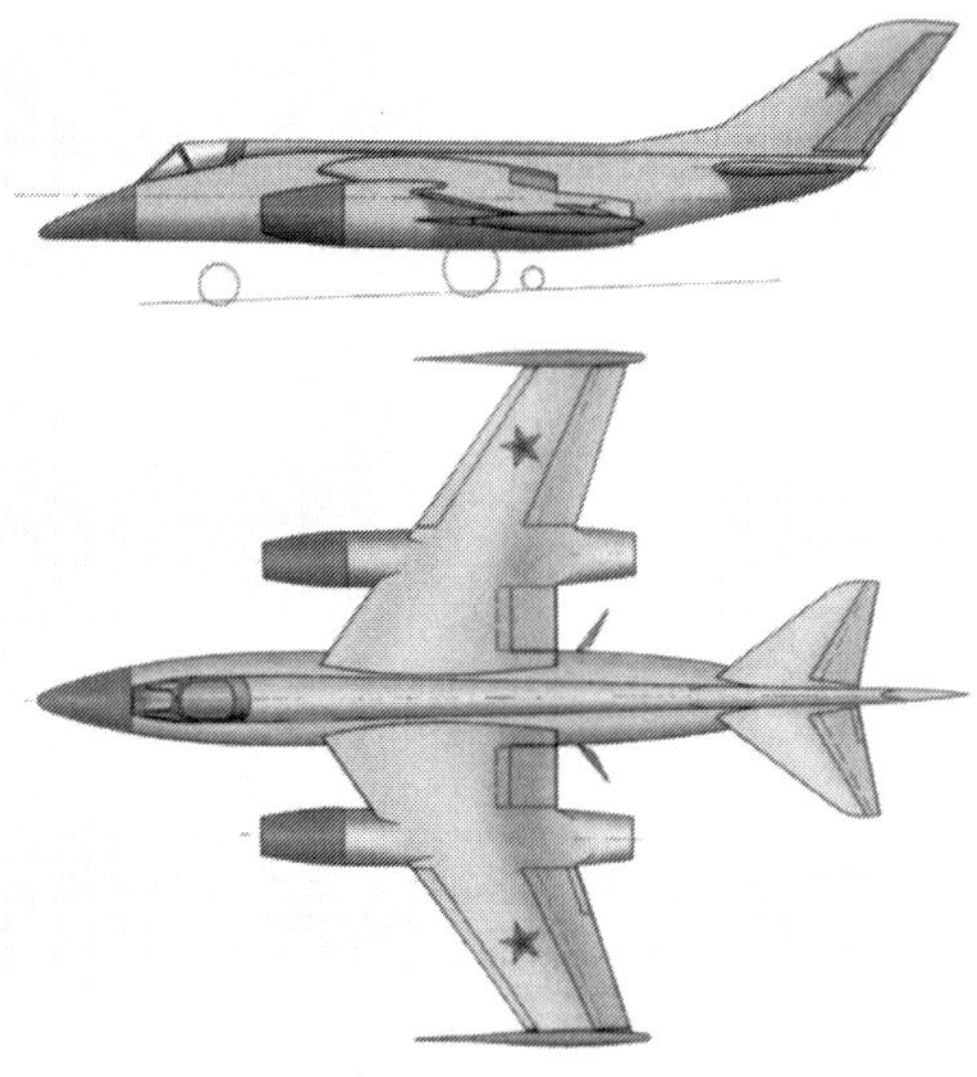

「Ｙａｋ-25ＬＳｈ」案の側面と上面図。機首と機尾がそぎ落とされたような形状になり、Ｙａｋ-25から印象が大きく変わっている。

Ｙａｋ-25と「Ｙａｋ-25ＬＳｈ」案の側面を比較した図（色が濃い部分がＹａｋ-25）。

用アヴィオニクスが搭載される予定であった。さらにコクピット、燃料タンク、エンジンといった機体の主要部分はすべて装甲化された上、Ｙａｋ-25にはなかった固定武装も搭載された。

機首に搭載される2門のＧＳｈ-23 23ミリ機関砲（携行弾数400発）に加えて、100発のＡＲＳ-57ないしＫＡＲＳ-57ロケット弾が後部胴体内に前方へ45度の角度を付けて搭載されているのが面白い。地上掃射用に斜め下方に機関砲を搭載する機体の構想はいくつかあったが、100発ものロケット弾で下方を掃射するというアイデアはかなり珍しいのではないだろうか。

それ以外の武装としては、機外に6ヵ所のパイロンが設けられており、Ｋｈ-23対地ミサイル、各種無誘導爆弾、ロケット弾など、通常で1500キログラムまで（最大3000キログラムまで）搭載することができる。

このほか改良点は、射出座席の採用や胴体後部左右に設置されたダイブブレーキなど多岐に渡る。ただし、自転車式の脚配

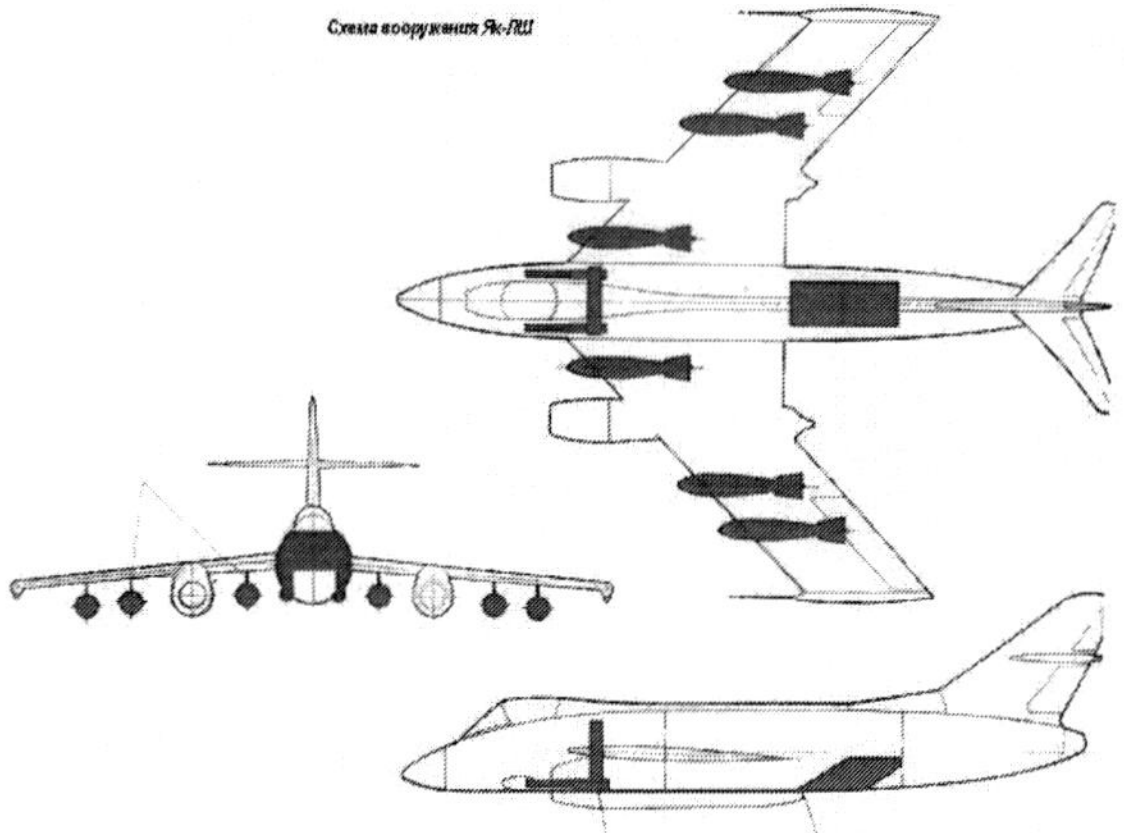

「ＭｉＧ-21ＬＳｈ」案の武装搭載位置を示す図。側面図の機体後方に描かれている、斜め矩形の部分がロケット弾の収納部となる。

置だけはＹａｋ-25ＬＳｈでもそのままであった。

ＭｉＧ-21ＬＳｈがＴ-８とともに最終選考まで残ったのに対し、Ｙａｋ-25ＬＳｈは第一次選考で落選した。やはり、基本設計の古さはいかんともしがたかったようだ。

27　ＩＬ-２後の〝シュトゥルモヴィク〟の系譜（３）――イリューシンＩＬ-40とＩＬ-102案

ＩＬ-２の生みの親イリューシンも参加していた

前回は、ソ連空軍の襲撃機計画に対して提案されたヤコヴレフ設計局のＹａｋ-25ＬＳｈ案とミコヤン設計局の一連のＭｉＧ-21改良案を紹介した。結局、勝者となったのはスホーイのＴ-８案（のちのＳｕ-25）であったわけだが、このコンペにはもうひとつの設計局が参加していた。イリューシンである。

前々回（【25　ＩＬ-２後の〝シュトゥルモヴィク〟の系譜（１）――イリューシン設計局（176頁）】参照）で紹介したように、イリューシンは第二次世界大戦でＩＬ-２、ＩＬ-10と傑作襲撃機を送り出したのに続いて、戦後もジェット襲撃機計画ＩＬ-40に乗り出していた。ＩＬ-40は初のジェット襲撃機であるが故の開発トラブルに悩まされながらも、ＩＬ-40Ｐとして完成間近の段階まで至った。

しかし空軍のドクトリン変更によって、ＩＬ-40Ｐはついに日の目を見ることはなく、この後、イリューシンの襲撃機は一度として制式採用には至っていない。

それでも、イリューシン自身は1990年代まで決して諦めることなく襲撃機開発を続けていた。冒頭で述べたソ連空軍向け襲撃機コンペについていえば、イリューシンが提案していたのはＩＬ-42と呼ばれる設計案である。

ＩＬ-40Ｐの発展型として「ＩＬ-42」案を計画

ＩＬ-42は前々回紹介したＩＬ-40シリーズの発展型という位置づけであったが、面白いことに、直接のベースとなったのは襲撃機型であるＩＬ-40Ｐではなく、砲兵観測型ＩＬ-40Ｋや雷撃型ＩＬ-40Ｔ用のエアフレームであった。

ＩＬ-40Ｐではジェットエンジンが機関砲の排気を吸い込んで失速（ストール）するのを防ぐため、機首に２つのインテイクを並べるという特異な設計を採用していた。それに対しＩ

L-40K/Tには、よりオーソドックスな、機体側面にインテイクを設置する方式が採用されていた。IL-40K/Tの場合は機首に機関砲を搭載しないためこれで良かったわけだが、IL-42は襲撃機である以上、機関砲を搭載したはずで、この辺をどう解決したのかは明らかでない。

おそらくはこの頃になると機関砲の搭載方式にもそれなりのノウハウが蓄積され、通常型のインテイクでもエンジンと干渉しないという確証が持てるようになったのだろう。後半で紹介するIL-102のように、機体下面に外部搭載する方式であったのかもしれないが、今ひとつはっきりしない。

尾部銃座がネックになった!?

IL-42の大きな特徴は、尾部銃座を備える計画であったことだ。これは機尾先端部に装備されたリモコン銃座で、ドーサルスパイン（背面部の張り出し部）の後部に搭乗する銃手が遠隔操作することになっていた。機体後方象限を防御するためには尾部銃座が必須であると考えるイリューシン本人の強い信念で搭載されたとされるが、1970年代の襲撃機としてはやはり古色蒼然《こしょくそうぜん》たる印象は否めない。IL-2であまりにも多くの銃手を死なせたイリューシンの怨念のごときものであったのかもしれない。

ただし、装甲重量は約700キロで、2トン近い装甲を搭載していたIL-40に比べるとかなり少ない。これは材料工学の進歩に加えて、機体主要部全体を覆うイリューシンの伝統的な方式を放棄し、パイロット・銃手席、エンジン、燃料タンクおよび燃料パイプ部分のみを覆う方式が採用されたことによるようだ。

その他の諸元についてはざっと以下の通りである（カッコ内はIL-40）

エンジン：AM-5Fターボジェット×2（AM-5F×2）
アフターバーナー推力：3250キログラム×2（3250キログラム×2）
空虚重量：1万2190キログラム（1万2190キログラム）
離陸重量：1万6480キログラム（1万6600キログラム）
最大離陸重量：1万7470キログラム（1万7600キログラム）
最大ペイロード：1400キログラム（1400キログラム）
最大燃料搭載量：4170キログラム（3300キログラム）
最大速度：時速997キロ（時速993キロ）
航続距離：1115キロ（1300キロ）

以上のように、ＩＬ-42はＩＬ-40と同じエンジンを搭載し、燃料搭載量も９００キロ近く増えているにも関わらず、ペイロードは変わらず、航続距離はやや低下している。また、装甲重量が大幅に低下していることは前述の通りで、どうもイリューシン御大の推す尾部銃座がガンになっている感がないでもない。

いずれにしても、ＩＬ-42はずっと近代的な設計のスホーイＴ-８に敗れ、試作機さえ製作されることなく終わった。このため、設計の詳細についても上記以上のことははっきりしない。

ＩＬ-42から大変更された「ＩＬ-１０２」案

ＩＬ-１０２は、ＩＬ-42の改良型としてイリューシン設計局が独自に開発した襲撃機である。設計はＧ・Ｖ・ノヴォジロフ設計官が担当した。

ＩＬ-42の改良型といっても、ＩＬ-１０２は外観、内容ともにＩＬ-42から大きく変化している。

外観に関していえば、機首が斜め下方に向かって鋭くそぎ落とされたような形状となったのが真っ先に目に付く。これは下方視界を確保するための手段で、ＩＬ-42のライバルであったＭｉＧ-21ＬＳｈやＹａｋ-25ＬＳｈでも採用された形状だ（Ｔ-８／Ｓｕ-25でも、これほど極端ではないが同様の形状が採用されている）。

また、コクピットとその後方のドーサルスパインはより角張った形状となり、全体的に精悍な印象を与える。面白いのは尾部銃座が継承されていることで、これを操作するための銃手席もやはりドーサルスパイン後端に依然として設置されている。

ただし座席はパイロット、銃手ともにゼロゼロ式（高度ゼロ・速度ゼロでも脱出可能なもの）の射出座席Ｋ-36Ｌ１０２が装備されており、駐機状態から最高速度で飛行中のあらゆるプロファイルにおいて脱出が可能となった。

尾部銃座自体はＧＳｈ-２-23連装23ミリ機関砲（各砲弾60発搭載。発射速度２４００〜３２００発／分）を装備する。また、機体下面には9A-4071 30ミリ機関砲1門（砲弾５００発搭載）が装備された。

固定武装以外の搭載兵装としては、ＩＬ-40以来の翼内爆弾層（片側3個・合計6個）に1発ずつ１００キログラム爆弾を搭載可能であるほか、翼下のハードポイントにＫｈ-23、Ｋｈ-25、Ｋｈ-29、Ｋｈ-58といった空対地ミサイルや２５０キログラムおよび５００キログラム誘導・無誘導爆弾を搭載することができるようになった。

また、自衛用にR-60M、R-73などの赤外線誘導空対空ミサイルを搭載することも可能で、攻撃・自衛能力が大幅に高まっている。ペイロードも７２００キログラムと、ＩＬ-40／42に比べて大幅に増大した。

ＩＬ-102の尾部銃座。銃身は並行ではなく、縦に並べられていた。

エンジンの換装により機動性は向上

機体構造は基本的にＩＬ-42のものを継承しているが、構造材料自体は材料工学の進歩によって大幅に変更され、軽量化・最適化が図られている。また、翼断面も変更された。装甲については、ＩＬ-42と同様、バイタル・パートのみを覆う方式が採用されている。このほか、赤外線シグネチャの低下による赤外線ステルスを採用することなどで、総合的な生残性の向上が図られている。

エンジンについては、ＭｉＧ-29用のＲＤ-33からアフターバーナーを除いたＲＤ-33Ｉターボファン２基が採用された。Ｒ

ＩＬ-102の翼内爆弾層。計６ヵ所あり、それぞれ100キログラム爆弾を１発ずつ収納することができた。

武装とともにモスアエロショウ-92で展示されたＩＬ-102。

Ｄ-33Ｉ（Ｉ-88とも呼ばれる）は１基あたり５３２０キログラムと、ＡＭ-５Ｆに比べて60パーセントも高い推力を発揮する。そのため空虚重量が1万３０００キログラムと大幅に増加しているにも関わらず、機動性はむしろ向上しているという。

ただし、最高速度は時速９５０キロ、燃料搭載量は機内３７００キログラム（プラス増槽）で航続距離は１０００キロ、戦闘行動半径２５０〜３００キロとＩＬ-42に比べてやや低下している。

Ｓｕ-25と比べて〝中途半端〟だった設計

ＩＬ-１０２の試作機はイリューシンの自社資金で1機だけ製作され、１９８２年2月には、製作中の試作機が空軍のクタホフ総司令官とシラーエフ航空工業大臣に対してお披露目されている。初飛行は同年9月25日のことで、イリューシンのテストパイロットであるＧ・ブリズノク飛行士の手で行なわれた。

だが、国防省および航空工業省の態度は冷淡だった。当時、空軍はすでにＴ-8（Ｓｕ-25）の実用化に向けた作業を進めており、同じような用途のＩＬ-１０２を新たに開発すればリソースが分散される恐れがあった。

また、空軍はＩＬ-１０２を〝中途半端な機体〟であると見なしており、搭載されるミッション機器についてもＳｕ-25に比べて不十分であると評価された。１９５０年代の基礎設計に基づくＩＬ-１０２は、いくらなんでも１９８０年代のソ連空軍で通用する機体ではなかったということであろう。

この結果、イリューシン設計局はウスチノフ国防相直々に「勝手な開発は行なわないように」との命令まで受けてしまう。

ＩＬ-102のコクピットの内部。

ＩＬ-102の銃手席内部。

自社資金で開発を強行するも、実らず

しかし、イリューシンはＩＬ-１０２の開発計画であるＯＥＳ-１（試作試験機１号）という名称を使わずに勝手に飛行試験を進め、ＲＤ-33Ｉの寿命が尽きるまで２４９回もの飛行試験を実施した。この間、重大な事故は１回も発生せず、また、搭載機器のサプライヤーからも供給が途絶えることはなかったというから、国防省としては「どうせ採用はしないのだから好きにやらせておけ」という姿勢であったと思われる。飛行試

験の成績自体は良好で、特に機動性については旋回半径400メートルという成績を残した。

1984年からはモスクワ郊外のジューコフスキー飛行場にある航空工業省飛行研究所（LII MAP）に試験の場を移したが、当時、すでにSu-25の量産体制が整いつつある段階であり、IL-102は空軍の注意を引くことはなかった。

1986年には一時期、IL-102の採用に前向きな感触が得られたこともあったようだが、すでに当時のゴルバチョフ政権は軍事予算の削減に乗り出した段階であり、結局、1987年に計画は正式に中止された。

ソ連崩壊後の1992年には、輸出に一縷の望みをつないでジューコフスキー飛行場での「モスアエロショウ-92」（のちのモスクワ航空宇宙サロン［MAKS］）に展示されたものの、外国からの発注が得られることはなく、IL-102は完全に息の根を止められた。これはまた、襲撃機メーカーとしてのイリューシンの終焉を示してもいた。

【スペック（IL-102）】
全幅：16・9メートル
全長：17・75メートル
全高：5・08メートル
翼面積：63・5平方メートル
空虚重量：1万3000キログラム
離陸重量：1万8000キログラム
最大離陸重量：2万2000キログラム
燃料搭載量：3700キログラム
エンジン：RD-33Iターボファン（推力5320キログラム）×2
最大速度：時速950キロ
航続距離：（フェリー）3000キロ／（通常）1000キロ
戦闘行動半径：250〜300キロ
実用上昇限度：1万メートル
兵装搭載量：7200キログラム

斜め後方から見たIL-102。機体背面の銃手席と、機体尾部の銃座が見える。

28 〝対テロ作戦を想定した〟スホーイのターボプロップ軽襲撃機計画「ＬＶＳｈ」

在来型の戦争とは異なる対テロ作戦のために、短期間で量産できる軽攻撃機を目指していた。１９７９年に始まったアフガニスタン戦争の影響を受けたものと考えられる。

アフガン戦争での教訓から生まれた軽襲撃機計画「ＬＶＳｈ」

前回までの３回にわたり、イリューシン設計局によるシュトルモヴィク（襲撃機）開発とその挫折について見てきた。第二次世界大戦において傑作襲撃機ＩＬ-２およびＩＬ-10を生み出し、ソ連を勝利へと導いたイリューシン設計局だったが、戦後はついにただの1機も実用襲撃機を送り出すことができなかった。

これに代わって新たなシュトルモヴィクのメーカーとなったのがスホーイである。スホーイが１９７０年代にT-８襲撃機案を空軍に提出し、これがイリューシンなど他の設計局を破ってSu-25として採用されたことは前回で紹介した通りである。そしてスホーイ設計局は１９８０年代末、新たなターボプロップ襲撃機構想を立てていた。

この計画は「特別な時期の襲撃機（ＳｈＯＰ）」と呼ばれ、

３種類の「ＬＶＳｈ／T-８V」案

ＬＶＳｈ／T-８Vの基礎設計を行なったのは、「１００-２旅団」と呼ばれていた設計官たちのグループだった。中心人物はアルノルド・アンドリアノフで、Ｓｕ-25開発の責任者を務めたユーリィ・イヴァシェチキンも顧問として設計作業に加わった。

最終的な設計案のとりまとめは、エフゲニー・グルーニン（彼はミコヤン設計局系の人間ながら、独自のグルーニン設計局を与えられていた）で、彼はT-４１１アイスト、T-１０１グラーチュ、T-４５１といった一連のターボプロップ機の設計を行なったことで知られる。

「100-2旅団」が打ち出したLVSh／T-8Vのコンセプトは、主に以下の3つに分けることができる。

・**基本型**：Su-25の複座訓練型Su-25UBの胴体・メカニズム・アビオニクスなどをほぼそのまま流用したタイプ

・**フレーム型**：アメリカのOV-10に似た三胴タイプ

・**トリプラン型**：シベリア航空研究所（SibNIA）での風洞試験の結果をもとに基本形状を大きく見直し、主翼、水平尾翼、カナードによる三舵面（トリプラン）制御を採用したタイプ

以下、それぞれについて解説してみたい。

Su-25UBを流用した基本型「T-8V／V1」案

基本型T-8Vについては、Su-25UBの胴体左右からジェットエンジンのナセルを撤去し、左右の主翼に1発ずつTV7-117ターボプロップエンジン（Mi-8シリーズ用のタービンエンジン。出力2800shp［軸馬力］）を搭載したものが想定されていた。

最も基本的なタイプである「T-8V」案低翼型のイメージ。

主翼には低翼型と高翼型が想定され、高翼型については機首に小さなカナードのようなものも付けられている。

また、単発型Ｔ-８Ｖ１も想定されていた。この場合は機首にエンジン（同じくＴＶ７-１１７）を搭載し、センサー類は機体下面に移されることになっていたようだ。このほうが主翼を丸ごと武装搭載スペースとして使用でき、攻撃機としては柔軟性が高いのだろう。さらに単発型の想像図では主翼の中《なか》ほどにバルジ（膨らみ部分）が追加され、機関砲を装備している。

飛行性能は、双発のＴ-８Ｖが巡航速度 時速６００キロ、最高速度 時速７００キロ、Ｔ-８Ｖ１で巡航速度 時速４９０キロ、最高速度 時速６００キロ。速度はＴ-８（Ｓｕ-25）（巡航速度 時速７５０キロ、最高速度 時速９００キロ）に大きく劣るが、航続距離はＴ-８（Ｓｕ-25）の５１０キロに対してＴ-８Ｖ／Ｖ１で１１００キロ／１０００キロとむしろ勝っていた。

また、Ｔ-８Ｖ案には攻撃ヘリコプターの機首を移植するという案もあったようだが、詳細ははっきりしない。

三胴タイプのフレーム型「Ｔ-710」案

続いてフレーム型のＴ-７１０である。「フレーム（ロシア語

アメリカのＯＶ-10ブロンコに外観が似ているフレーム型「Ｔ-710」案。

ではラーマ）」型というのは要するに、アメリカのＯＶ-10ブロンコに似た高翼・三胴機であり、上から見ると窓枠のように見えるということで付いた名のようだ。

ただし、Ｔ-７１０の双胴部分後半はミヤシーチェフのＭ-55ギオフィジカ高高度偵察／観測機の設計を流用しており、機体全体のサイズはＯＶ-10に比べて倍ほども大きい（最大離陸重量が７５００キログラム、最大ペイロード２９００キログラム、燃料１５００キログラム）。

またＴ-７１０がＴ-８（Ｓｕ-25）と共有しているのは機首部分のみで、中央翼と一体化した胴体後部は大きく膨らみ、ここに最大で７名の兵士を搭乗させることが可能だ。機体の右側にはスライドドア、後部はランプドアが開口されており、空挺降下や火力支援を行なうことができた。

左右の胴体に搭載されるエンジンについては、１４００ｓｈｐのＴＶＤ-20、ＴＶＤ-１５００などが想定されていたようだが、これだと最高速度は時速４８０〜４９０キロに留まるため、２５００ｓｈｐ級のＴＶ７-１１７Ｍの採用ものちに検討されたという。

ＴＶ７-１１７Ｍを搭載した場合には、航続距離の低下と引き換えに最高速度は時速６２０〜６５０キロに上昇することが期待されていた。プロペラは６翔式で、見た目はＴ-８Ｖ／Ｖ１とよく似ている。

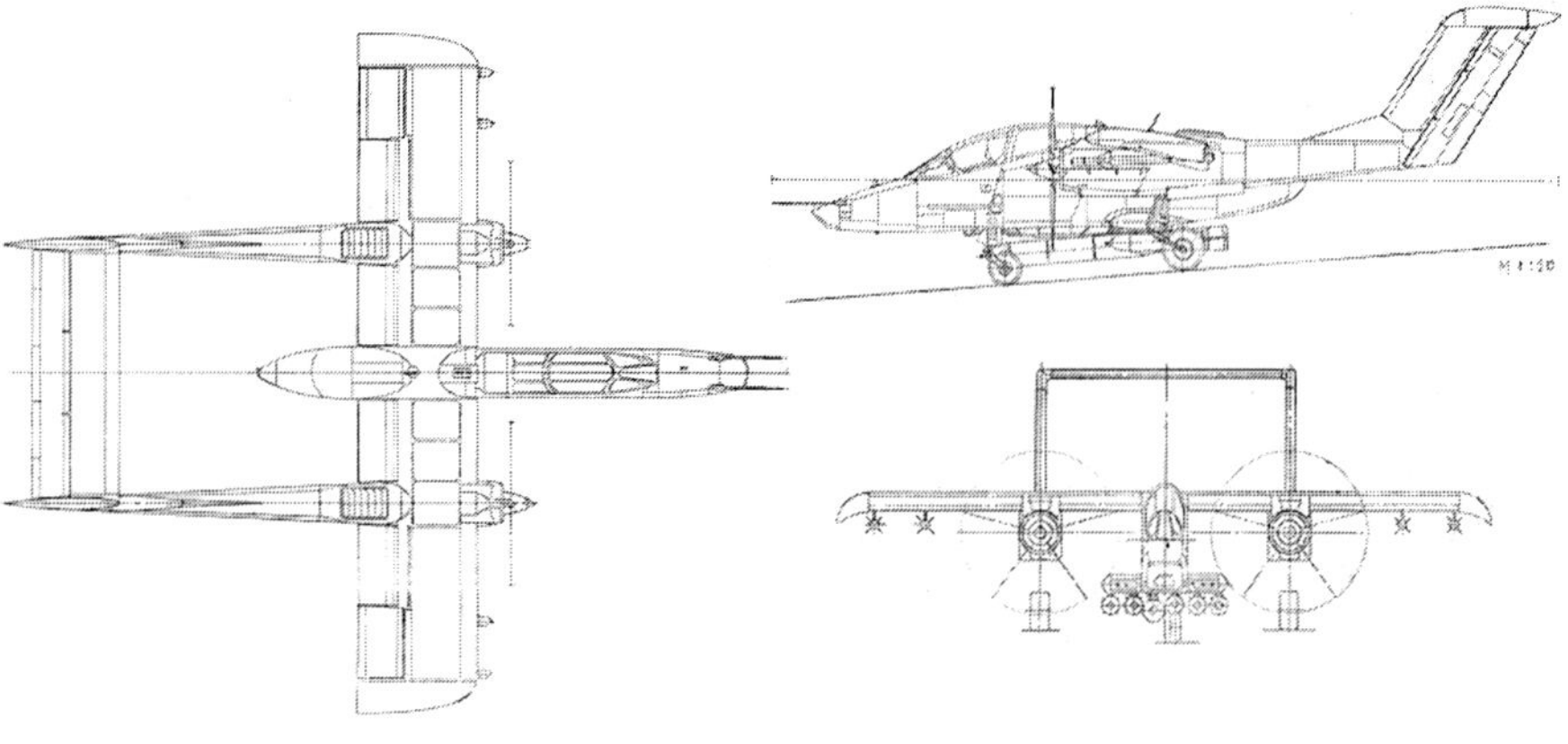

フレーム型「T-710」案の三面図。

武装はＳｕ-25の機首に搭載されているＧＳｈ-30 30ミリ機関砲をそのまま受け継いだほか、左右の主翼下に２か所ずつ、胴体とその左右に設けられたバルジ下面に４か所で、合計８か所のハードポイントが設けられている。

三舵面制御を用いたトリプラン型「T-720」案

前述のように、トリプラン型は三舵面（トライプレーン）制御を採用した案であるが、これについては43もの設計案が検討されたという。機体規模や性能についても、下は離陸重量６０００キログラムから上は1万６０００キログラムまで、速度もさまざまな領域が想定された。

ただ、共通していたのはプロペラを推進式に装備すること、機体の40～50パーセントを複合材製とすること、遠隔操縦も可能とすることなどであったという。

最終的に固まったＴ-７２０案の概要は次の通りである。離陸重量は７０００～８０００キログラム（うち50パーセントが燃料および武装）、最大速度は時速６５０キロ。エンジンには２２００ｓｈｐのＴＶ3-１１7を2発搭載し、ナセルは25ミリのチタン装甲板で防御する。プロペラはＴ-８Ｖ／Ｖ１やＴ-７１０と同じ6翔式だが、20ミリ機関砲弾が直撃しても飛

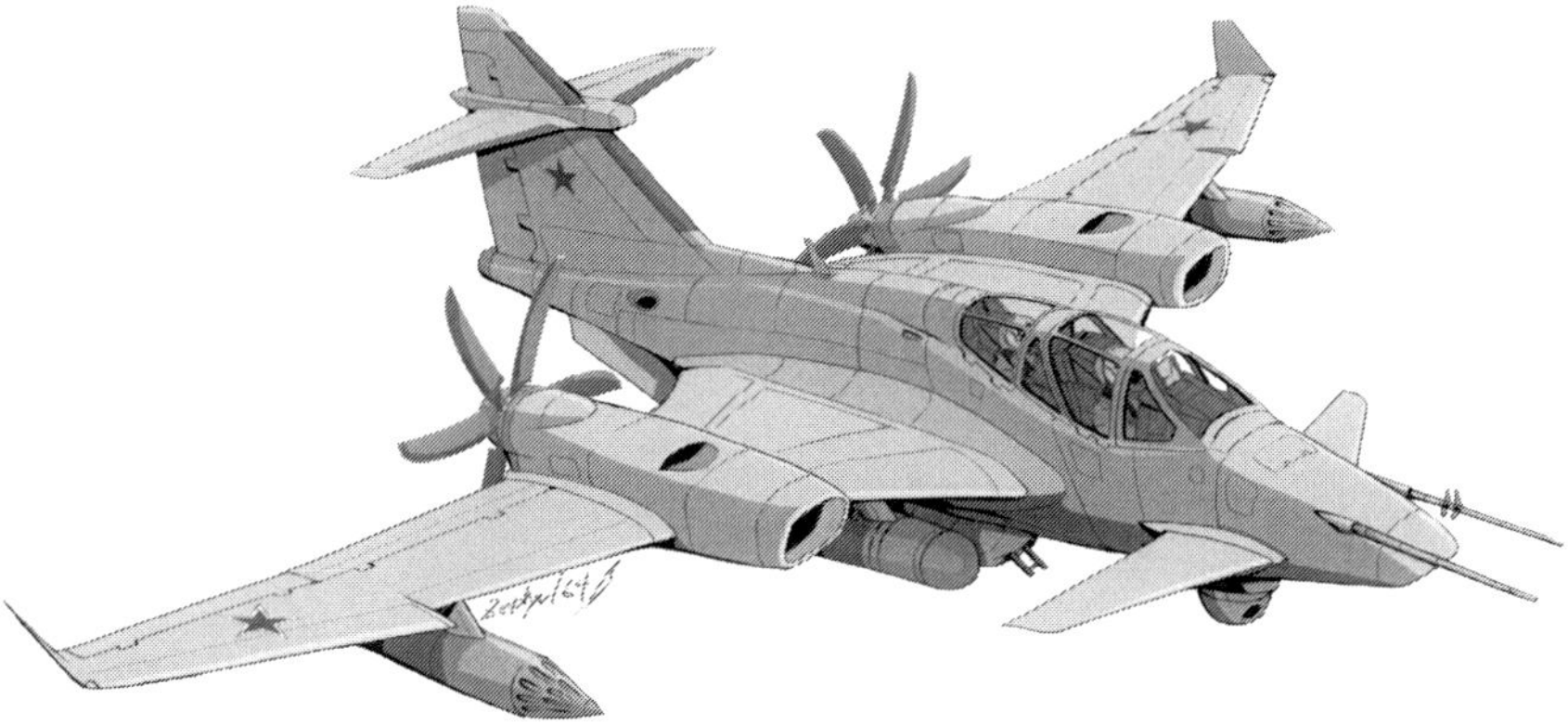

トリプラン型「T-720」案のイメージ。

散しない設計となっている（のちにＡｎ-70大型輸送機に使用されたのと同じ技術）。

また、レーダー反射断面積を抑えるために折り畳んで円状にできるとの説明が見られるが、これは駐機中の話であろう。また、Ｔ-720案では機首部分をＳｕ-25から流用するだけでなく、Ｌ-39練習機やＳｕ-27戦闘機からもコンポーネントを流用することになっていた。

Ｔ-720の空力設計は中央流体力学研究所（ＴＳＡＧＩ）で行なわれ、スホーイのシモノフ局長も大いに関心を持っていたとされるが、計画が実現することはなかった。軍としては軽襲撃機の必要性は認めつつも、こんな面倒なものを開発するよりも、練習機や農業用農薬散布機などを改造したほうが安くて手っ取り早いということになったようだ。

Ｓｕ-25のＬＶＳｈ改良案「Ｔ-8Ｍ」

一方、Ｓｕ-25についても大規模な改良案が存在していた。それがＴ-８Ｍで、胴体左右のエンジンナセルを撤去して、アメリカのＡ-10のように機体背面にポット上に装備しているのが特徴だ。それによりエンジンが胴体の陰に隠れ、少しでも対空砲火にさらされにくい設計である。これは以前、紹介したコルチャーギン設計局の汎用艦上機計画（【15　コルチャーギンのＫＯＲ-70垂直離着陸艦上機（３頁）】参照）とも一脈通じるアプローチだが、両計画に何らかの関係があったのかどうかははっきりしない。

また、Ｔ-８Ｍではエンジン自体も従来のＲ-95／１９５に代えて、ＭiＧ-29用のＲＤ-33からアフターバーナーを撤去したより強力なタイプ（出力５４００～５５００キログラム）が採用された。また、エンジンノズルにはスラストリバーサーが装備され、短距離離着陸性の改善にも注意が払われていたようだ。

29 ベリエフの途方もない〝超巨大〟飛行艇計画（1）

〝飛行艇開発の雄〟ベリエフ設計局

ベリエフ設計局といえば、ソ連における飛行艇開発の雄である。有名なところではBe-12対潜飛行艇や、最近になって開発されたBe-200消防飛行艇、A-40対潜飛行艇などがある。特にBe-200とA-40はジェットエンジンを搭載した大型飛行艇という点で希有な存在といえよう。

さらにペーパープランまで遡れば、ベリエフ設計局にはさらにユニークな飛行艇計画が多数存在していた。以下では、その中から、いくつかの興味深い計画をご紹介したい。

巨大飛行艇「LL-400」と「LL-600」計画

1960年代、ベリエフ設計局はいくつかの巨人飛行艇計画を構想していた。このうち、1960年代初頭に計画されたのがLL-400である。「LL」とは「飛行艇（letaiushchaia lodka)」の略で、「400」は最大離陸重量が400トンに及ぶことを意味する。用途としては輸送、対潜、爆撃などが考慮されていたようだが、詳細ははっきりしない。

1960年代後半に入ると、さらに巨大な1000トン級のLL-600が計画された。LL-600はきついデルタ翼の後端にジェットエンジンを8基装備したジェット飛行艇(最大速度 時速900キロ）で、インテイクは飛沫《ひまつ》を吸い込むことを避けるためにいずれも翼上面に設けられている。LL-600には爆撃機としての用途のほか、2000人という、途方もない数の人員を乗せることができる旅客／輸送機としての用途も考慮されていた。

爆撃機として使用する場合には、航続距離を延伸するため、洋上に着水し、潜水艦が敷設しておいた特殊な燃料コンテナから燃料を補給するという運用方法も考慮されていた。広い大洋で燃料コンテナと会合するため、200～300キロ離れた距離からLL-600が何らかの信号弾を投下。すると、海中に潜行している燃料コンテナのアンテナがこれを受信して、海上まで浮上してくるという凝った仕組みが考えられていたという。

ソ連がどうにか米本土に届く戦略核運搬手段を獲得しよう

デルタ翼の後端にジェットエンジンを８基装備した巨大飛行艇「LL-600」計画のイメージ。

と試みていた時代の構想だが、ソ連がＩＣＢＭ（大陸間弾道ミサイル）戦力を急速に増強させるとともに、爆撃機への空中給油が一般化したことにより、このような面倒な手段をとる必要性は薄れ、計画は中止された。

　また、ＬＬ-４００およびＬＬ-６００をベースとする対潜哨戒機も構想されたが、同様に実現することはなかった。

モジュール変更で多目的任務に対応する「Ａ-１５０」飛行艇計画

　ＬＬ-６００とほぼ同じ１９６０年代半ば、ベリエフ設計局内で構想されていたのがＡ-１５０多目的飛行艇計画である。Ａ-１５０は対潜作戦、対艦攻撃、偵察、捜索救難、空中給油といった多様な任務を、モジュールを載せ替えることによって単一のプラットフォームでこなそうというコンセプトの機体であった。

　Ａ-１５０の機体構成は無尾翼デルタ形式を採用しているが、主翼付け根から機首方向に分厚い延長部分が伸びているために、一見すると鏃《やじり》のような印象を受ける。この分厚い延長部分には、片側6基ずつ（左右合計で12基）のＲＤ-36-35Ｐ離陸補助用エンジンが内蔵されている。

　一方、メインエンジンは推力1万５０００キログラムのクズネツォフＮＫ-８ターボファンで、２基ずつポッド上にまとめて主翼後端上面に装備される（この装備方式は前述のＬＬ-４００やＬＬ-６００とよく似ている）。

　また、ＮＫ-８のノズルは０度から下方65度まで可変するよう設計されており、ＲＤ-36-35Ｐと併せて短距離離着陸（ＳＴＯＬ）を可能とする計画であった。もちろんＡ-１５０は基本的には飛行艇であるが、陸上の基地や北極圏の氷の上からでも運用することを想定していたらしく、そのためにＳＴＯＬ性が求められたのだろう。開戦劈頭に滑走路が先制攻撃を受けることを覚悟しなければならなかった、冷戦期の運用思想の産物である。

機体の構造に話を戻すと、Ａ-１５０は主翼の中央ウイングボックス内に２つの巨大なウェポンベイを持っており、ミッションに応じてその内部の搭載モジュールを入れ替えることで、多用途に用いることができるよう想定されていた。

Ａ-１５０の乗員は５名（正操縦士、副操縦士、航法士、ソナーオペレーター、レーダーオペレーター）で、パリョート長距離航法システム、ズーブル対潜兵器管制システム、ウスペーフ目標指示システムといったところが主要なアビオニクスであった。機尾には自己防御用の機関砲塔が装備される計画であったようだが、詳細は明らかでない。

Ａ-１５０の主要目は次の通りである。

最大離陸重量：１５０トン（水上発進時）
燃料搭載量：１００トン
巡航速度：時速９００キロ
実用上昇限度：１万５０００メートル
航続距離（時間）：１万１７５０キロ（10・５時間）

A-150多目的飛行艇計画のイメージ。主翼付け根の延長部分にＳＴＯＬ用のエンジンを12機も備えることになっていた。

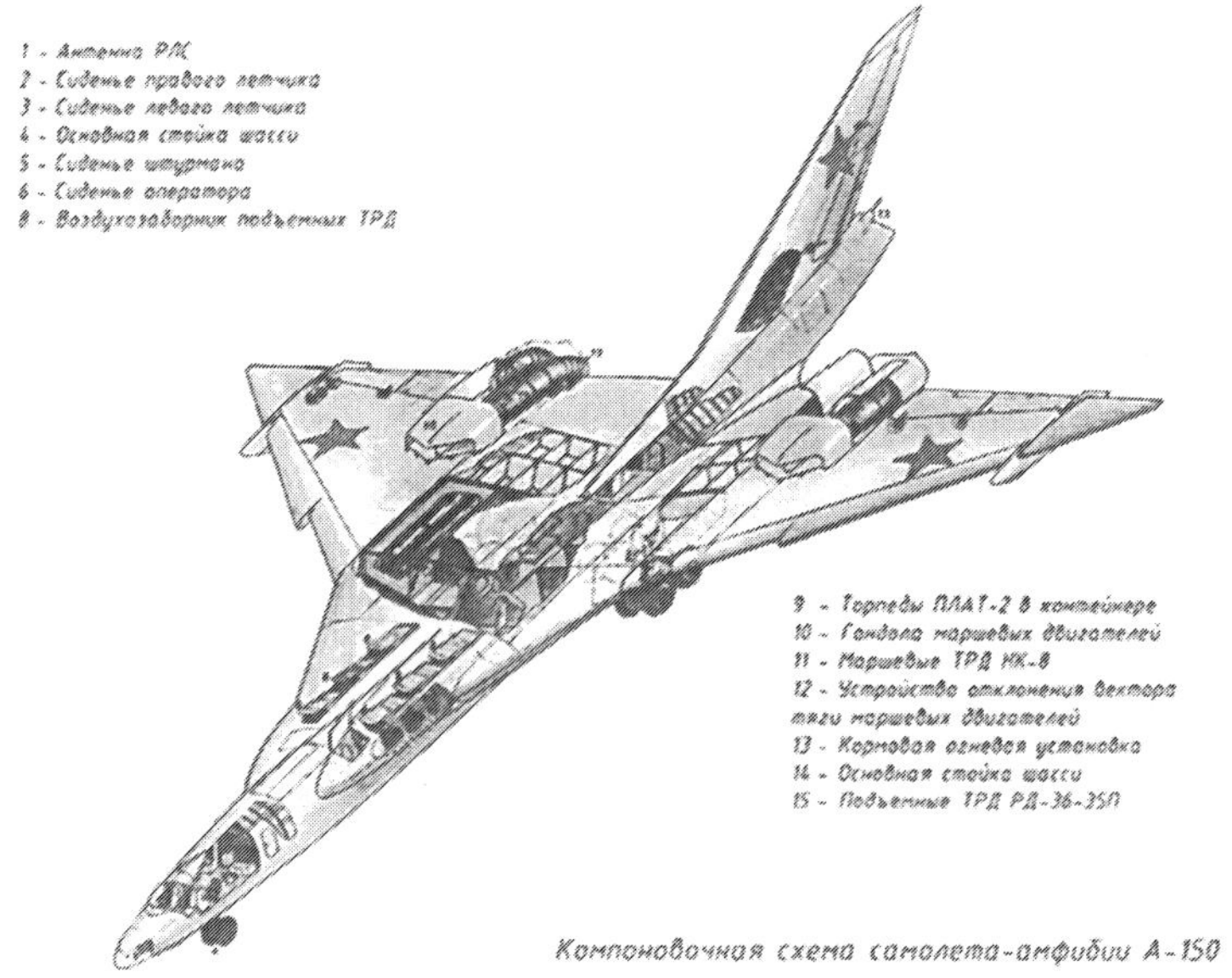

A-150多目的飛行艇計画の透視図。主翼の中央ウイングボックス内に巨大なウェポンベイを持っているのが分かる。

大型化した兵員輸送機版「A-150TD」

以上のように、A-150は同時期のLL-600に比べてずっと小柄な多用途機として想定されていたが、これをやや拡大して兵員輸送用に使用するという案も存在していた。これがA-150TDである。TDとは、ロシア語の「輸送・強襲(Transportno-Desantnyi)」の頭文字をとった略語である。

A-150TDは胴体の断面を拡大して内部容積を増加させるとともに、鋭く切り立った形状の機体後端部に観音開きのクラムシェル型ドアを設置して貨物や兵員の出し入れを可能としている(同様のドアはLL-600にも装備される予定であった)。また、輸送機という性格上、翼内のウェポンベイは不要であるため、この空間にR35-36Pを片側2基ずつ(合計4基)搭載し、STOL性を向上させることや、あるいは左右8基ずつ(合計16基)増設して垂直離着陸(VTOL)を可能とする案まであったという。

当時、ソ連はあらゆる航空機のVTOL化を試みていたが、離陸重量100トン級の大型飛行艇までVTOL化しようというのだから、やはり冷戦という時代に流れていた一種の狂気のようなものに思いを馳せざるを得まい。

水を散布している消防・捜索救難飛行艇Ｂｅ-200。

「Be-200」のファミリー化計画

冒頭でも触れたＢｅ-２００は消防・捜索救難飛行艇として国家非常事態省に採用され、実際に森林火災対策などに活用されている（２０１０年夏に猖獗《しょうけつ》を極めた森林火災の際は、プーチン大統領が操縦桿を握ったことでも有名だ）。

このＢｅ-２００シリーズには、対潜哨戒型と早期警戒型の構想が存在している。対潜型はＢｅ-２００Ｐと呼ばれ、ＩＬ-38対潜哨戒機の近代化改修型であるＩＬ-38Ｎと同じ、ノヴェーラ対潜・対水上捜索・攻撃システムを搭載するという。

想像図によると、ノヴェーラ用レーダーを搭載するためにＢｅ-２００Ｐのレドームはやや前方に延長して描かれているが、ソノブイや磁気探知装置（ＭＡＤ）をどのように搭載するのかは、はっきりしない。ＩＬ-38の場合、ソノブイはカートリッジに収めて魚雷や爆雷と一緒に胴体下面のウェポンベイ内に収容されるが、Ｂｅ-２００Ｐの場合、武装は機内または翼下のパイロンに搭載されるという（常識的に考えればソノブイなどは機内収容となるはずだが、コンテナに搭載することも考えられないではない）。

しかし、ロシア海軍は次期対潜哨戒機に飛行艇ではなく、陸上発進型とすることを決定しており、採用の見込みは薄そうだ。洋上監視専用のＢｅ-２００ＭＰというバージョンも提案されているが、やはり売り込みには成功していない。

また、Ｂｅ-２００の胴体構造下面を変更して陸上発進専用機とし、対潜哨戒機へと転用するＢｅ-３００ＭＰという構想もある。この構想はサンクトペテルブルクの軍用電子機器メ

陸上発信型の洋上監視機 Be-300MP のイメージ。対潜魚雷や対艦ミサイルは機内に収容されるようだ。

ーカーであるラダールＭＭＳが後押ししているもので、同社の「カサートカ」対潜システムや対潜魚雷、対艦ミサイルを搭載するというものだ。

フェーズドアレイ・アンテナを搭載する早期警戒型「Be-250」

また、側視レーダーを搭載して偵察・洋上監視に使用するバージョンも提案されているが、計画名は明らかでない。いずれにしてもロシア海軍はこの計画には興味を示しておらず、国外への売り込みもあまり有望とはいえなさそうだ。

一方、早期警戒型はＢｅ-２５０と呼ばれ、２０１０年の飛行艇展示会ギドロアヴィアでその構想が発表された。出回っている想像図によれば、Ｂｅ-２５０は一般的なＡＥＷ（空中早期警戒）機のように機体背面にロートドームを搭載するのではなく、軍用電子機器メーカーであるヴェガ社が開発した長大なフェーズドアレイ・アンテナを機体の上部側面に貼り付ける方式のようだ。

また、空中給油プローブも追加され、より長時間の滞空を意識していると見られる。現在までにＢｅ-２５０構想には続報がないが、ヴェガ社はロシア空軍向けの次期ＡＷＡＣＳ（空中早期警戒管制機）としてA-100システムを開発中であり、あるいはその開発成果がBe-250構想にフィードバックされることも考えられる。

このほか、Be-200にはいくつかの地味な発展構想もある。たとえば72席級の旅客機に転用することを想定したBe-210計画や、前述のBe-300MPを旅客用に転用するBe-310計画などがそれである。これだけ多数のファミリー化計画が出てくるということ自体、Be-200という飛行艇のポテンシャルの高さを示しているともいえようが、惜しむらくは、いずれも実現の見込みは立っていない。

30　ベリエフの途方もない〝超巨大〟飛行艇計画（2）

途方もない巨大飛行艇計画「Be-2500」

前回紹介したように、ベリエフ設計局ではLL-400、LL-600といった巨大飛行艇計画を1960年代に検討していた。これらの計画は結果的に日の目を見ることはなかったが、その後もベリエフ設計局の巨大飛行艇計画への情熱は衰えず、Be-800、Be-1000、Be-2000といった巨大飛行艇計画が次々と生み出されていった（ただし、その詳細は現在ではほとんど分かっていない）。

そして1980年代初頭、ベリエフ設計局は、中央流体力学研究所（TsAGI）、中央航空機エンジン研究所（TsIAM）、シベリア航空研究所（SibNIA）といった主だった航空研究機関とともに、途方もない巨大飛行艇の可能性に関する研究を開始した。離陸重量が実に2500トンにも及ぶというBe-2500計画がそれである。

Be-2500は、これまで紹介したVVA-14（【6　奇才バルティーニの〝空飛ぶ船〟（2）——飛行空母「2500構想」（45頁）】参照）などと同様、「エクラノリョート」として構想されていた。すなわち、表面効果を利用して地表スレスレを飛行する航空機（エクラノプラン）でありながら、通常の航空機（サマリョート）のように主翼を備え、必要とあれば高度を上げることもできるというハイブリッド型航空機だ。

このためBe-2500は、円筒形の胴体の左右に、カヌー上の巨大なアウトリガー（空気を抱え込むフェンスとなり、エアクッションとして機能させる）を持ち、それらの間を主翼がつなぐという形式を採用している。この主翼は機尾まで続いており、上面から見ると半ば全翼機のように見えるが、これほどの重量を支持するためには広い翼面積が必要なのだろう。さらに高度をとって飛行する場合に備え、アウトリガーの外側にも大きな主翼が突き出している。

「Be-2500」と「バルティーニのSVVP-2500」

Be-2500の機体構成は、前述のVVA-14をほぼそのまま拡大したかのように思われるほどよく似ているが、これは偶

斜め前方から見たBe-2500の模型。エンジンは機体後方に２基ずつまとめて計６基が装備されている。

然ではない。そもそもVVA-14は1970年代、天才的な亡命クロアチア人技術者ロベルト・バルティーニがベリエフ設計局その他と密接に協力しながら開発したエクラノリョートであった。そして1974年に死去したバルティーニが最晩年に抱いていた夢こそが、最大離陸重量2500トン級の垂直離着陸型エクラノリョートSVVP-2500計画だったのである。

いうなれば、Be-2500はSVVP-2500計画から垂直離着陸機能を取り去ったものということができよう。

もちろん、SVVP-2500とBe-2500とでは相違点も多い。たとえばSVVP-2500は中央胴体を持たず、コクピットは右側のアウトリガー内に設けられ、さらにエンジンはこのアウトリガーから突き出したパイロン下面に並べて搭載される設計であった。これに対してBe-2500のコクピットは中央胴体に設置され、エンジンは中央胴体の後方と左右のアウトリガー後方に2基ずつ、合計6基搭載されるという形式だ。

エンジンとしては、直径5メートルもある巨大なNK-116ターボファンが想定されている。NK-116は1990年代に開発された超大型機用エンジンで、推力は1基あたり105トンにもなる。また、ベリエフ設計局では、英ロールス・ロイス製のTrent800（ボーイング777旅客機用エンジン）の搭載も可能などとしている。

また、これだけ巨大な機体を通常の滑走路から運用することは非現実的であるため、湖や内海を離着水用に使用することが運用の基本と想定されている。このため、降着装置（脚）も装備されていないが、整備のために工場へ送り返される場合などに備え、外付けの降着装置を取り付けることは可能であるという（もっとも、滑走距離がすさまじく長大になることだろう）。

このほかの機体諸元や飛行性能は次の通りである。

全長：123メートル

全幅：156メートル

翼面積：3428平方メートル
最大離陸重量：2500トン
ペイロード（燃料含む）：1000トン
うち、貨物搭載量：700トン（高度1万メートル、距離7000キロ飛行時）／450トン（超低空、距離7000キロ飛行時）
巡航速度：時速800キロ（高度1万メートル飛行時）／時速450キロ（超低空飛行時）
航続距離：1万7000キロ（高度1万メートル飛行時）／1万7000キロ（超低空飛行時）

エクラノプラン寄りの「Be-2500P」

さらにBe-2500には、Be-2500Pと呼ばれるバージョンも存在する。

その詳細ははっきりしないが、Be-2500よりもエクラノプランとしての性格を重視したバージョンと思われる。大きな特徴は主翼とエンジンの装備方式で、主翼が高翼式に変更されるとともに、6基のNK-116のうち4基が機首左右のパイロン上面に搭載され、その排気を主翼下面に吹き付けることで表面効果を増強する設計となっている。これはVVA-14やSVVP-2500でも採用された方式だ。

また、左右のアウトリガーが大型化し、主翼前縁よりさらに前方まで突き出すようになった。

以上の結果、Be-2500Pの高高度飛行時における航続距離は1万5800キロに低下したものの、エクラノプランとして超低空飛行した場合の航続距離はむしろ1万2700キロへと増大している。

2005年に日本で開かれた愛知万博では、このBe-2500P案が単に「Be-2500」として展示されていた。ベリエフ設計局内でBe-2500といえば、Be-2500Pのことを指すのかもしれない。

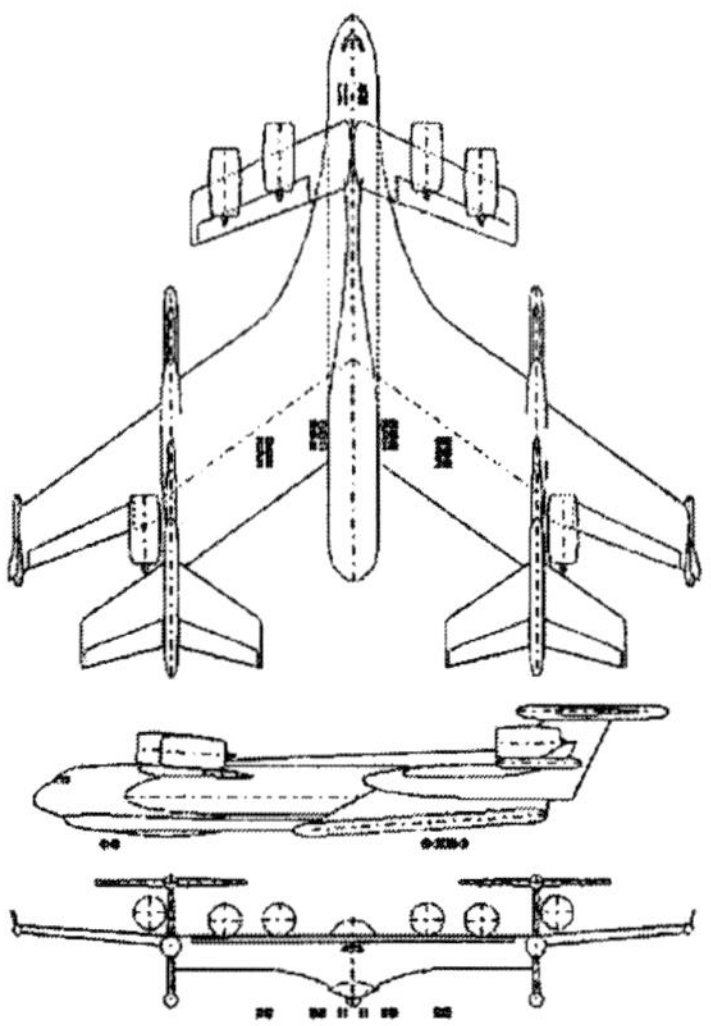

Рис. 2. Общий вид самолета Бе-2500П, оснащенного двигателями НК-116

Be-2500Pの三面図イメージ。4基のエンジンが機首左右のパイロン上面に移設されている。

「Be-2500」として愛知万博で展示された模型。エンジンの装備方式などから「Ｂｅ-２５００Ｐ」であると思われる。

問題はこの巨大な機体を何に使うかだが、ベリエフ側は大西洋や太平洋を横断する高速輸送手段や大洋における捜索救難などを挙げている。新たなインフラを整備しなくても従来の

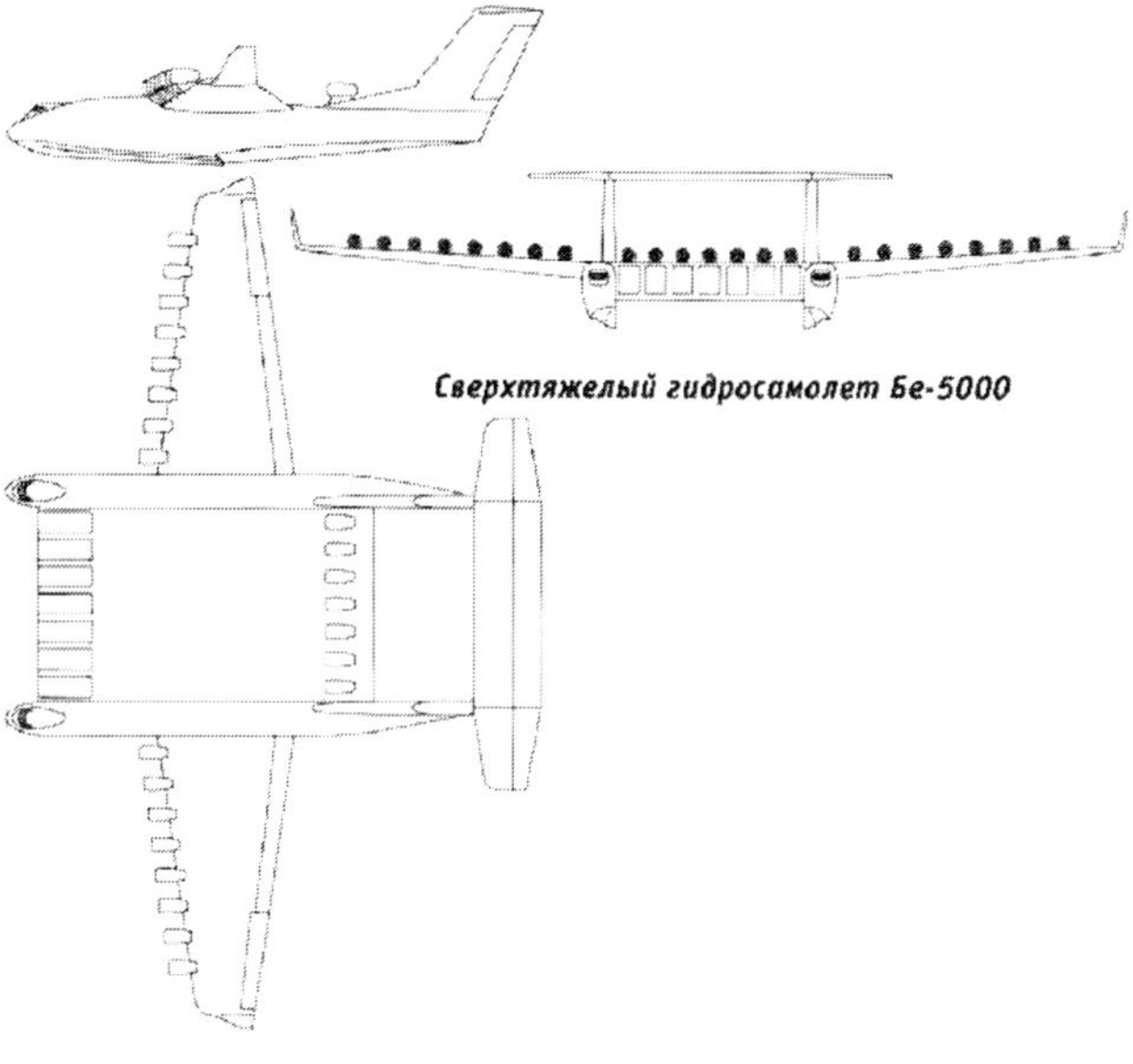

「Be-5000」計画の三面図イメージ。双胴式の機体を持ち、翼上面に目一杯エンジンを並べるという極めて特異な形状をしている。

港湾施設がそのまま使える利点もあるというが、これだけ巨大な代物がミッションに対してコスト的に見合うかどうかは怪しく、現在のところは〝夢〟のひとつといったところだ。

また、さらに巨大な５０００トン級のＢｅ-５０００と呼ばれる計画も知られているが、ペーパープランで終わったと思われる。

宇宙往還機を加速させるプラットフォーム「Ｂｅ-２５００-２」

使い切り型の打ち上げロケットが不経済である、ということは早い段階から指摘されてきた。一回の輸送を行なうごとに輸送システムを新造しなければならないわけだから、その他の輸送手段と比べてコスト面の非効率性は明らかであろう。

そこで世界のロケット設計者たちは複数回の再使用が可能な宇宙往還システムを追求してきたわけだが、最大の問題はロケットに初速を与えることであった。ある程度の速度が得られれば、あとはラムジェットなどを用いて極超音速領域へと加速していくことができる。

まず、初速を得るためのブースターまですべて内蔵した単段式宇宙往還機（ＳＳＴＯ）は理想的ではあるものの、技術的ハードルが極めて高い。そのため、ソ連では初速を与える母機と、実際に宇宙空間まで到達する往還機とが分離した二段式宇宙往還機（ＴＳＴＯ）が追求されてきた。

一方、初速は低くとも、宇宙往還機を航空機で空気の薄い高高度まで運んでやることで空気抵抗を低減し、Ｉｓｐ（比推力）を改善するという考え方もある。この2つの考え方を融合させた計画が、ソ連にはあった。すなわち、巨大なエクラノリョートの背中にＳＳＴＯまたはＴＳＴＯを搭載し、ある程度の速度と高度を与えたのちに発進させるという方式である。

宇宙往還機を背中に搭載したBe-2500-2のイメージ図。

ソ連崩壊後のＢｅ-２５００-２と呼ばれる計画の予想図を見ると、扁平なエクラノリョートの背中にＴＳＴＯが搭載され（つまり全体としては三段式ということになる）、高度７０００

～9000メートルで発進させる構想であったようだ。Be-2500-2の詳細はほとんど不明だが、形状から見る限り、Be-2500／2500Pとはほぼ別物に見える。

エクラノプラン型も提起されるが……

2000年代に入っても、この種の計画はなくなったわけではない。たとえばエクラノプランの研究開発で有名なクルィロフ記念中央科学研究所のアフラメーエフ博士が提起したのは、TSTOを搭載した最大離陸重量750トンのエクラノプランだ。

これは双胴式の機体で、前方に突き出た2つの機首の間に6基のエンジン（30～35トン級のターボジェットを想定）が並んで装備される。離陸重量約300トンのTSTOは広大な中央翼の上に搭載され、エクラノプランが時速600キロ程度まで加速した段階で離陸。高度3万メートルで母機が宇宙往還機を切り離して打ち上げ、母機は再び航走中のエクラノプランに戻ってくるという運用方法だ。

もっとも、エクラノプランを宇宙往還機の基礎として使うアイデアは面白いには面白いが、仕掛けが大掛かりに過ぎ、運用上の利便性を損ねたり、結果的にコスト低減の効果が限定的に

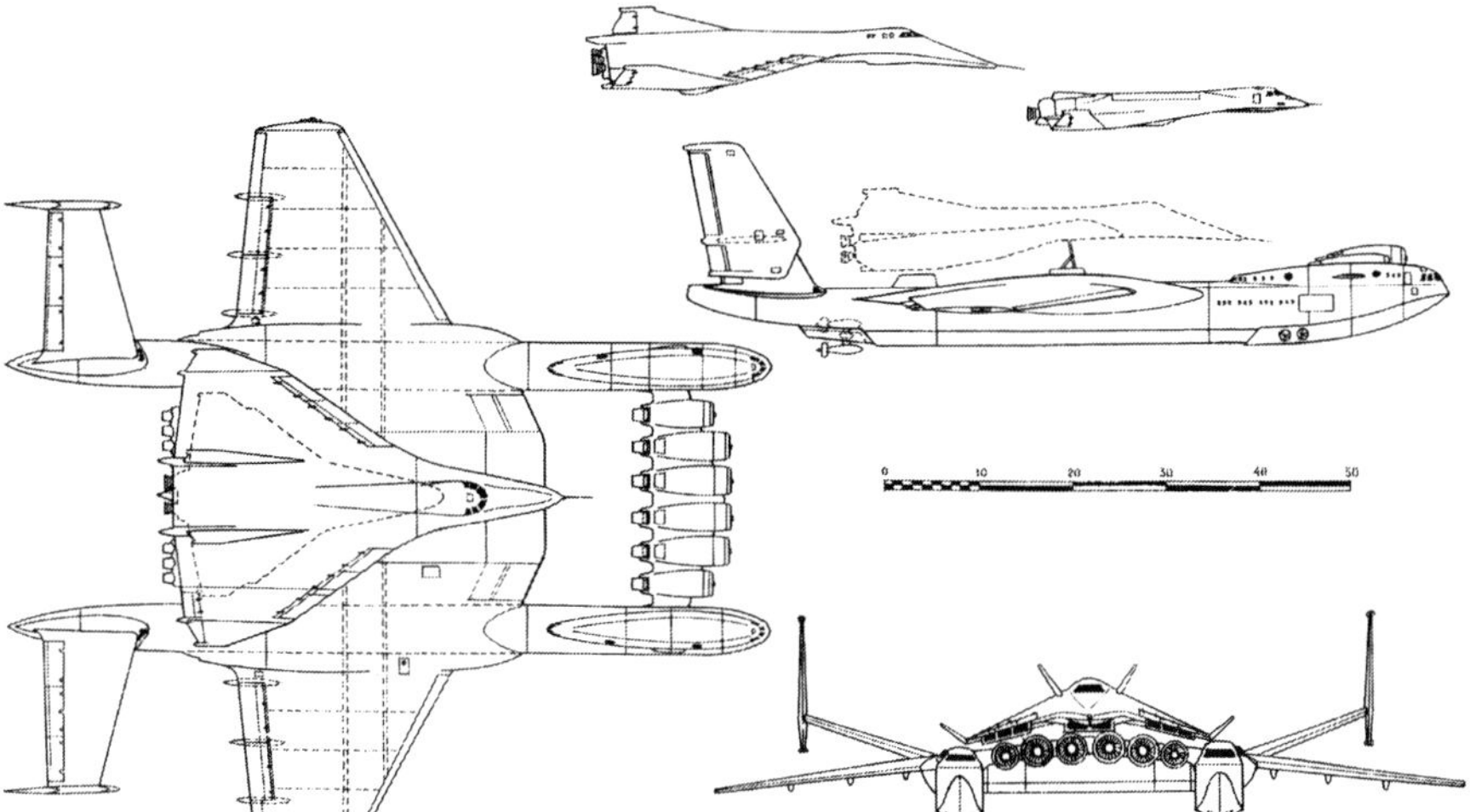

アフラメーエフ博士の構想に基づく宇宙往還機発進用のエクラノプランの三面図イメージ。

なってしまう可能性のほうが高そうだ。アメリカのDARPAが計画しているXS-1やイギリスのSKYLONといった新世代宇宙往還機はいずれも通常の滑走路を使用して離着陸する方式を想定しており、エクラノプラン型に比べて格段にシンプルである。今後、ロシアが再使用型宇宙往還機の開発に踏み出すにせよ、エクラノプラン型が選ばれる目は少ないのではないだろうか。

【参考文献】

・Yefim Gordon, Sergey Komissarov, Unflown Wings: Soviet And Russian Unrealised Aircraft Projects 1925-2010, Crecy Pub, 2013.

・Tony Buttler, Yefim Gordon, Soviet Secret Projects: Fighters Since 1945, Ian Allen Pub, 2006.

・Tony Buttler, Yefim Gordon, Soviet Secret Projects: Bombers Since 1945, Ian Allen Pub, 2005.

著者略歴

ユーリィ・イズムィコ　Yuriy Izgumyko

1982年、ソ連邦キエフ市生まれ、キエフ大学炒飯研究科修了（炒飯学博士）と主張しているが未確認。幼い頃から航空機に関心を持ち、なかでも実現しなかった幻の航空機を追い続けてきた。本書の翻訳者である未来工学研究所の小泉悠特別研究員の筆名であるとの説については頑なに否定している。

画像　Soviet Air Forces, Sukhoi Design Bureau, Myasishchev Design Bureau, Antonov Design Bureau, Tupolev Design Bureau, Beriev Design Bureau, Mil Design Bureau, Mikoyan and Gurevich Design Bureau, Maarten, Gos.Levibor, Pupsoid, Tosaka, Harrier, Jack Roberts, Wal Nelowkin, Airwolfhound, Newresid, Zephyr

恐ロシア航空機列伝

2018年11月1日　初版第１刷発行
2023年8月23日　五版第９刷発行

著者　ユーリィ・イズムィコ

表紙イラスト　Zephyr
表紙デザイン　WORKS 若菜 啓

発行者　松本善裕
発行所　株式会社パンダ・パブリッシング
〒101-0033　東京都千代田区神田岩本町15-1　CYK神田岩本町B1F
https://www.panda-publishing.co.jp/
電話　03-5577-2959
メール　info@panda-publishing.co.jp
印刷・製本　株式会社ちょこっと